Heidi Jovanovic

Griechenland erleben

Mehr als Säulen und Sonne

Genuss, Kultur und Lebensart

Heidi Jovanovic arbeitet als freie Journalistin und Übersetzerin und liebt das Reisen. Zahlreiche Länder auf fünf Kontinenten hat sie bereits auf eigene Faust besucht. Auf Reisen ist sie stets, auch wenn sie gerade nicht unterwegs ist. Dann finden die Reisen im Kopf statt, dann ist die Zeit der Vor- und Nachfreude, die die Beschäftigung mit der Kultur des fernen Landes bietet. Immer wieder zieht es sie in ihr Lieblingsland Griechenland, das sie schon weit über zwanzig Mal besucht hat.

1. Auflage

Einbandgestaltung: Jörg Bennert
Bildmaterial: Heidi Jovanovic, wenn nicht anders gekennzeichnet
Illustrationen: Nenad Jovanovic
Satz: Jörg Bennert
Druck und Verarbeitung: GGP Media GmbH, Pößneck

Printed in Germany

ISBN 978-3-934918-34-4

www.conbook-verlag.de

INHALT

INHALT

INHALT

Liebe Leserinnen, liebe Leser,
hier zunächst der Beipackzettel:

Gebrauchsinformation

***falls Sie Lust dazu haben**, lesen Sie diese Gebrauchsinformation sorgfältig durch, denn Sie zielt auf ein angenehmes und zielführendes Leseerlebnis.*
***Falls Sie keine Lust dazu haben**, überspringen Sie sie einfach und lassen Sie sich davon überraschen, wie das Buch auf Sie wirkt.*

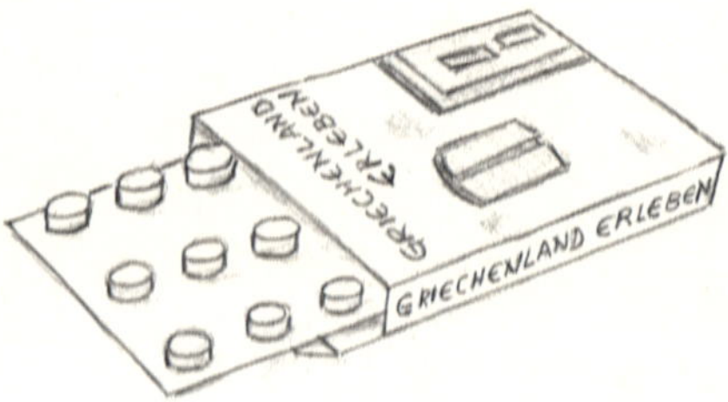

ZUSAMMENSETZUNG

Wirksame Bestandteile: **Informationen, Hilfen und Tipps** für Hellasreisende, mal prägnant, mal unterhaltsam verpackt, einschließlich eines kulinarischen Wörterbuchs, Weinführers und Festtagskalenders.

Sonstige Bestandteile: **Impressionen, Hintergrundinformationen und Anregungen**, die sich an Griechenlandliebhaber und solche, die es werden wollen, wenden. Sie wollen Vorfreude schüren und sich als Begleitung und Nachklang zum Reiseerlebnis anbieten.

DARREICHUNGSFORM & INHALT

Genuss, Kultur und Lebensart auf 256 Seiten.

Im Mittelpunkt dieses Buches steht der Mensch, der Mensch auf Reisen, der Mensch in Griechenland, ob Grieche oder Gast. Daneben werden Zeit und Raum, in denen er sich im heutigen Hellas bewegt, durchstreift. Es wird ausgelotet, wie der Grieche sie nutzt und wie der fremde Gast sie sich je nach seiner Vorliebe möglichst genussvoll erschließen könnte. Neue Pfade abseits der vom Massentourismus plattgetretenen werden gesucht. Mag auch zuweilen der Nachhall der Antike anklingen, so gilt das Hauptaugenmerk nicht ihr, sondern dem heutigen Land, seinen Menschen, seiner Kultur, seiner Lebens- und Wesensart.

Auf **Leib und Seele** und vollen Genuss mit beiden zielt das erste Kapitel ab. Es beginnt mit dem, was Leib und Seele zusammenhält: **Speis und Trank.** Dann geht es weiter zum **Leib** als solchen, seinem Einsatz als Kommunikationsmittel und allerlei, womit man ihn außer mit genußvoller Nahrungsaufnahme sonst noch verwöhnen kann. Nach einem kurzen Ausflug zur **Erotik** als Grenzbereich zwischen Leib und Seele sind schließlich **Gemüt, Gefühl, Seele** dran. Es geht um **Glauben und Aberglauben** und dabei ums Beobachten und Erkennen ebenso wie ums Eintauchen in diese faszinierende Welt und die erbauliche Teilhabe, sei es beim Besuch orthodoxer Kirchen und Klöster, sei es beim Mitfeiern der zahlreichen kleinen und großen kirchlichen Feste. Letzteres leitet schon zum nächsten Thema über, **Musik und Tanz.** Nicht nur bei Kirchenfesten, sondern auch im Alltag spielen sie eine große Rolle. Dabei ist nicht nur von traditioneller Volksmusik die Rede, sondern von aktuellen beliebten Musikstilen wie Rembetika und Chansons. Erstere spiegeln ein Kapitel griechischer Geschichte wider, Letztere sind eigene Meisterwerke der Poesie oder vertonen Werke großer Dichter. Und hier sind wir gleich bei dem nächsten Thema: der **Literatur.** Es wird moderne griechische Literatur vorgestellt, ebenso wie deren Wegbereiter. Das Schwergewicht liegt dabei auf ins Deutsche übersetzten Werken und auf solchen, die in besonderer Weise geeignet sind, auf das Land und die Lebens- und Wesenart seiner Bewohner einzustimmen. Auch wird kurz Griechenland im Spiegel der Literatur anderer Länder betrachtet und es werden nach Reiseregionen unterteilte Literaturtipps gegeben.

Mit **Raum und Zeit** ist der zweite Abschnitt überschrieben. In ihm geht es um das Lebensumfeld der Griechen und das Reiseland der Besucher. Gegenstand sind die **Weite des Landes**, das **Meer**, seine Küsten des Lichts, seine Bedeutung für die Anrainer einst und heute. Seine **Inselgruppen** werden kurz vorgestellt, ebenso wie **griechische Landschaften**, mal schroff und wild, mal geprägt von Generationen, die sie im Einklang mit der Natur bewohnten und bewirtschafteten. Nachdem der Raum abgeschritten wurde, dreht sich alles um die Zeit. **Zeitempfinden und -nutzung, Tages- und Jahresrhythmus** werden betrachtet und es folgt ein kleiner **Fest- und Feiertagskalender**.

Wort und Tat stehen im Mittelpunkt des letzten Abschnittes. Es geht ums Reden und Reisen, um die griechische **Sprache** und deren Eigenheiten ebenso wie um **Transportmittel**.

HINWEISE ZU DARSTELLUNG UND ANWENDUNG

Dieses Buch wurde so strukturiert, dass sich ein angenehmer Lesefluss ergibt. Es bietet sich jedoch genauso gut zum ›Kreuz- und Querlesen‹ und Nachschlagen an. **Als einzige Empfehlung zur möglichst frühzeitigen Lektüre soll das Kapitel ›Umschrift‹ ab ▶ Seite 199 genannt werden.** Es erklärt das verwendete Transkriptionssystem und erleichtert die richtige Aussprache der vorkommenden griechischen Namen.

Da ein Land ein Organismus ist, in dem fast alles mit allem zusammenhängt, ist die Einteilung des Buches in die drei Abschnitte ›Leib und Seele‹, ›Raum und Zeit‹ und ›Wort und Tat‹ mehr oder weniger willkürlich. So wird beispielsweise das Thema Religion in dem Kapitel ›Glaube und Aberglaube‹ des Abschnitts ›Leib und Seele‹ behandelt. Die Strukturierung des Jahres durch die religiösen Feste und ein Namens- und Festtagskalender hingegen sind im Kapitel ›Raum und Zeit‹ zu finden. Über Sport wird unter ›Lieblingsbeschäftigungen‹ in dem Abschnitt ›Raum und Zeit‹ geschrieben, obwohl das Thema freilich auch zu ›Leib und Seele‹ gepasst hätte. Hinweise der Art ›▶ Seite‹ und das **Stichwortverzeichnis** versuchen, dieses Dilemma zu lösen.

Stolpert man über ein unverstandenes Wort oder über einen Begriff, zu dem man gern mehr erfahren möchte, so sollte man im **Glossar** fündig werden, das auch Angaben enthält, auf welcher Seite ein Gegenstand ausführlich behandelt wird.

ANWENDUNGSGEBIETE

- schmerzhafte Langeweile
- Mangelerscheinungen aufgrund unzureichenden Lebensgenusses
- Gefühle akuter Urlaubsreife
- Reizzustände infolge unangenehmer Begleiterscheinungen des Massentourismus

GEGENANZEIGEN

Wann dürfen Sie dieses Buch nicht lesen? Sie dürfen dieses Buch nicht lesen bei bekannter Überempfindlichkeit gegen Neugierde anregende Wirkstoffe.

NEBENWIRKUNGEN

Welche Nebenwirkungen sind möglich? Wie alle Bücher kann ›Griechenland erleben‹ Nebenwirkungen haben, die aber nicht bei jedem auftreten müssen.

Häufig: steigende Reiselust; Drang zur Beschäftigung mit griechischer Literatur und Musik.

Gelegentlich: Verfeinerung des Gaumens, Sensibilisierung der Geschmacks- und Geruchsnerven, Erhöhung des Konsumdrangs griechischer Lebens- und Genussmittel.

Selten: Überempfindlichkeitsreaktionen beim Kontakt mit Massentourismusphänomenen.

LEIB UND SEELE

UND WAS DIE BEIDEN ZUSAMMENHÄLT

»...der wahre Grieche ist ein Gott, nicht ein vorsichtiges, exaktes, rechnendes Geschöpf mit der Seele eines Technikers.«

Henry Miller zitiert in seinem Werk ›Der Koloß von Maroussi‹ vermutlich Constantínos Tsátsos, den er ›Kyrios Ypsilon‹ nennt.

Soma und Psyché sind die griechischen Begriffe, die Leib und Seele entsprechen. Beide finden sich in unserem Fremdwort ›psychosomatisch‹ wieder. Wird die Seele durch den Tod vom Körper getrennt, so bleibt nur mehr ein schwaches Abbild des früheren ganzen Menschen, das nach Homer ein Schattendasein im Hades, dem Schattenreich, führt. Drum gilt es, Leib und Seele nach Kräften beisammen zu halten.

DAS LEIBLICHE WOHL

Deshalb soll unser Streifzug durch Griechenland und seine Lebens- und Wesensart bei dem ansetzen, was Leib und Seele zusammenhält, Speis und Trank. Soll also ruhig mal, bevor wir zu dem übergehen, was die Seele erbaut, das leibliche Wohl vornan stehen. Denn da gibt es jenseits von Oúzo, Retsína, Souvláki und Gýros jede Menge zu entdecken. Lässt man sich nicht gerade auf einer unbewohnten Insel absetzen oder schlägt sich durch menschenleeres Gebiet, so ›ist für das leibliche Wohl gesorgt‹, wie es im Deutschen so schön heißt, wenn man irgendwo außer Kulturellem auch etwas zu Beißen bekommt.

»dipsáo!« - »ich habe Durst!«

Einkehren

Kafeníons

Nahezu jedes Dorf - und zählt es auch nur wenige Seelen - hat zumindest ein **Kafeníon**, die größeren auch eine oder mehrere Tavernen. Nun sind ja Kafeníons normalerweise aufs Trinken spezialisiert, von Kaffee in erster Linie, doch auch von Bier, Retsína und Oúzo. Da die alkoholischen Getränke jedoch meist in Kombination mit kleinen Häppchen, den ›Mezédes‹, serviert

»pináo!« - »ich habe Hunger!«

werden, muss man schon mal nicht ganz darben. Selbst wenn es keine Speisekarte gibt und alle Gäste nur vor ihrem Kaffee sitzen, lassen sich auf Nachfrage meist zumindest ein ›Bauernsalat‹ oder Spiegeleier und dergleichen einfache Hungerstiller herbei zaubern. Gerade in abgelegenen Dörfern, wo sonst nicht viel los ist, nimmt das Kafeníon eine zentrale Rolle ein. Es ist Begegnungsstätte, Informationsumschlagplatz und teils auch rudimentäre Einkaufsstätte. ›Kafepandopolío‹ heißt es in letzterem Fall. Dann werden nicht nur Getränke ausgeschenkt, sondern es stehen auch Waren des täglichen Bedarfs auf den Regalen.

Ein Kafeníon in Markópoulo, Attika

Tavernen, Ouzerien, Restaurants und mehr

Die Vielzahl unterschiedlicher Restaurantarten ist verwirrend, für denjenigen, der die griechischen Bezeichnungen liest, noch mehr als für den, der sich auf die meist englische Übersetzung verlässt, denn diese macht nicht so feine Unterschiede wie das Griechische. Da heißt es einfach ›Taverna‹ oder ›Restaurant‹, manchmal mit dem Zusatz ›Fisch-‹, vielleicht noch stattdessen ›Grillroom‹ oder ›Ouzerí‹. Klarheit bringt schließlich nur der Blick auf die Speisekarte. Denn die Unterschiede sind fließend. So schreiben einige Lokale auch gleich mehrere der Bezeichnungen auf ihr Schild, um es jedem recht zu machen. Tavernen geben sich in der Regel traditioneller und schlichter

Ouzeri in Kamariótissa auf Samothráki

als Restaurants. Man wird in Tavernen meist Papiertischdecken finden, während Restaurants sich eher Stofftischtücher leisten und sich bei Ausstattung und Speisekarte manchmal an westlichen Vorbildern orientieren. Auch der Zusatz ›Fisch-‹ bedeutet keine echte Abgrenzung. Fast ausnahmslos bekommt man in Fischtavernen und -restaurants auch Fleisch. Am ehesten noch bedeutet die Bezeichnung ›Grillroom‹ eine Spezialisierung, so dass man hier neben Salaten und den üblichen Beilagen meist tatsächlich nur gegrilltes Fleisch findet.

Von den ›Ouzerí‹ genannten Ouzo-Lokalen verstehen sich manche tatsächlich eher als Trink- denn als Esslokal und servieren nur kleine, den spanischen Tapas ähnliche Happen zum Aperitif. Viele haben jedoch eine umfangreiche Speisekarte, so dass praktisch kein Unterschied zum Angebot anderer Lokale, die sich Taverne oder Restaurant nennen, besteht.

Auch herrscht in Tavernen und den meisten der Restaurants kein Speisezwang. Bestenfalls sollte man vielleicht in dem Moment, in dem der Kellner die frische Papiertischdecke aufziehen will, sagen, dass man nur etwas trinken will. So mancher Wirt lässt es sich aber auch nicht nehmen, dem Gast frisches weißes Papier, oft mit aufgedruckter Landkarte der jeweiligen Insel oder Gegend, unter seiner Bierflasche und seinem Glas zu bieten, auch wenn dieser sagt »Thélo móno káti na pió« - »Ich will nur etwas trinken«.

VERSCHIEDENE LOKALARTEN

Zum Essen

Tavérna (Ταβέρνα / ΤΑΒΕΡΝΑ) = Taverne - schlichtes, traditionelles (Speise-)Lokal
Estiatório(n) (Εστιατόριο(ν) / ΕΣΤΙΑΤΟΡΙΟ(Ν)) = Restaurant - Speiselokal
Psarotavérna (Ψαροταβέρνα / ΨΑΡΟΤΑΒΕΡΝΑ) = Fischtaverne - normalerweise gibt es neben Fisch auch Fleisch.

Grillstuben / Grillrestaurants

- **Psistariá** (Ψησταριά / ΨΗΣΤΑΡΙΑ) [kreáton / sta kárvouna][κρεάτων / στα κάρβουνα] = [Fleisch- / Holzkohlen-] Grill - die Bedeutung reicht vom Grillrestaurant, in dem sich ganze Lämmer und Zicklein am Grill drehen, bis zur Imbissbude.
- **Psitopolío** (Ψητοπωλείο / ΨΗΤΟΠΩΛΕΙΟ) - ähnl. Psistariá
- **Grílrum** (Γκρίλρουμ / ΓΚΡΙΛΡΟΥΜ) = Grill(room) - ähnl. Psistariá
- **Souvlatzídiko** (Σουβλατζίδικο / ΣΟΥΒΛΑΤΖΙΔΙΚΟ) = Souvlaki-Grill (Souvlakis sind kleine Fleichspießchen) - meist handelt es sich um Imbissbuden, die neben Fleischspießchen oft auch Gýros anbieten. Das Fladenbrot mit Gýros (píta me gíro) (πίτα με γύρο) ersetzt den Hamburger, der in Griechenland nicht den gleichen Siegeszug wie in vielen anderen Ländern angetreten hat.

Patsatzídiko (Πατσατζίδικο / ΠΑΤΣΑΤΖΙΔΙΚο) = Patsás-Suppenküche - im Zentrum des Angebots steht die Kuttelsuppe Patsás, daneben gibt es oft weitere Suppen.

Zum Aperitif oder zum Essen

Mezedopolío (Μεζεδοπωλέιο / ΜΕΖΕΔΟΠΩΛΕΙΟ) = Auf Vorspeisen spezialisiertes Lokal - manchmal gibt es hier wirklich nur Salate und Vorspeisen. Mezés (μεζέσ) (Plural mezédes (μεζέδεσ)) werden letztere genannt. Oft ist das Angebot jedoch umfangreicher und unterscheidet sich kaum von dem der Tavernen und Restaurants.
Ouzerí (Ουζερί / ΟΥΖΕΡΙ)- ähnl. Mezedopolío
Ouzomezedopolío (Ουζομεζεδοπωλείο / ΟΥΖΟΜΕΖΕΔΟΠΩΛΕΙΟ) - ähnlich Ouzerí und Mezedopolío

Zum Trinken

Bar (Μπαρ / ΜΠΑΡ) = Bar, Bistro
Kafenío (Καφενείο / ΚΑΦΕΝΕΙΟ) = Kaffeehaus - meist nur Getränke, auch alkoholische, selten auch einfache Speisen, wie Tyrópita oder Bauernsalat.

Zum Frühstück und zur Kaffeepause

Zacharoplastío (Ζαχαροπλαστείο / ΖΑΧΑΡΟΠΛΑΣΤΕΙΟ) = Konditorei - manche bieten auch Kaffee an, teils zum Mitnehmen, teils im Lokal.
Kafézacharoplastío (Καφέζαχαροπλαστείο / ΚΑΦΕΖΑΧΑΡΟΠΛΑΣΤΕΙΟ) = Kaffeehaus mit Konditorei

Kulinarisches - Genuss ohne Reue

Lesbos Ende Mai. *Nach zwei Wochen strahlenden Sonnenscheins, während derer es von Tag zu Tag wärmer geworden war bis schließlich sommerliche Temperaturen herrschten, waren plötzlich am frühen Nachmittag dunkle Wolken aufgezogen und es begann leicht zu regnen. Im Norden hatten sie sich am nächsten Morgen bereits verzogen und die Sonne trocknete schnell die Pfützen. Doch im Süden, wo die Orte Plomári und Vaterá liegen, regnete es weiter, in den frühen Morgenstunden kräftig, danach als leichtes Nieseln. Es ist Freitag. Zu einem Spaziergang lädt das Wetter nicht gerade ein, auch ist es nicht die richtige Tageszeit zur ›Vólta‹, dem abendlichen Auf- und Abspazieren auf der wenig befahrenen Uferstraße und Schwatzen in kleinen Gruppen. Es ist erst gegen neun Uhr morgens. Trotzdem sind ungewohnt viele Menschen auf den Straßen, Wegen und Wiesen unterwegs für diesen um die Jahreszeit gerade erst allmählich aus dem Winterschlaf erwachenden Ferienort am Meer. Die meisten der Familien, die hier während des Sommers Zimmer an Touristen vermieten oder kleine Geschäfte und Tavernen haben, wohnen oberhalb im etwa zwei Kilometer entfernten Ort Vríssa. Jetzt sind einige hier unten in der Strandsiedlung mit den letzten Renovierungsarbeiten beschäftigt und richten Pergolen und Terrassen der Tavernen für den Ansturm der Sommerurlauber her. Nein, Spaziergänger sind das nicht, die im Nieselregen unterwegs sind. Sie bücken sich dauernd und stecken etwas in Plastiktüten, die sie dabei haben. Da ist das Auto des Bäckers zu hören, der stets um diese Zeit mit frischem Brot und Blätterteigtaschen unterwegs ist. Die ersten beiden Touristen, die schon in dem Appartementhaus ›Irida‹ (›Regenbogen‹) am östlichen Ortsende wohnen, laufen die Treppe hinunter und auf die Straße hinaus, um ihn anzuhalten. Auch ihr Hausherr eilt von der Wiese neben seinem Haus herbei. Auch er braucht Brot. Nachdem sich alle begrüßt und mit Brot und ›Tyrópita‹ (Blätterteigtaschen mit Schafskäsefüllung) eingedeckt haben, gehen sie gemeinsam zum Haus. Endlich lüftet sich das Geheimnis der morgendlichen Spaziergänge mit Bückübungen.*

»Salingária« (»Schnecken«) sagt Giórgos, der Hausherr, und hält seinen Gästen stolz die offene Tüte hin. Der nächste griechische Satz wird nicht ganz verstanden, doch enthält er den Namen seiner Frau, María, und klingt nach einer Einladung.

Am nächsten Tag lichten sich die Wolken und die Sonne kommt immer wieder durch. Tags darauf, am Sonntag, ist der Himmel wieder makellos blau und die Luft ist mild und klar. Das Meer, das zwei Tage lang milchiggrau und aufgewühlt gewesen ist, bildet wieder eine leicht gekräuselte, tiefblaue Fläche, an deren Horizont sich deutlich und plastisch die Kontur der zuvor im Dunst verschwundenen, etwa drei Fährstunden entfernten Insel Chíos abzeichnet. Ein Fischer tuckert mit seinem kleinen Boot vorbei. Das ruhige, klare Wasser macht Lust zum Schwimmen. Nach dem Baden kehren die zwei Gäste des Hauses Irída auf ihren Balkon zurück, um ein wenig zu lesen. Schön, dass sich Griechenland noch einmal von seiner gewohnten Sonnenseite zeigt, bevor sie in drei Tagen abreisen müssen.

Allmählich steigen Düfte aus der Küche empor. Als erstes riecht es nach einem würzigen Sud aus Rotwein, Kräutern und Zwiebeln. Giórgos und María tragen zwei große Schüsseln in die Küche, in denen Schnecken wässern. Giórgos ruft zum Balkon hinauf: »Eláte stí mía i óra!« (»Kommt um ein Uhr!«). Bald gesellen sich weitere Düfte zum Kräuteraroma, bis Giórgos schließlich kurz vor 13.00 Uhr zu Tisch ruft. An den langen aneinander gerückten Tischen auf der Terrasse sitzt schon die Familie zusammen mit einem Nachbarn und einem Onkel aus dem Dorf. Giórgos und sein Sohn gießen allen Oúzo, Wasser und Wein ein. Bevor María die Schüssel mit den köstlichen Schnecken hereinträgt, prostet man sich zu »Stin ygiá mas!« (»Stin jámas!« - »Auf unsere Gesundheit!«) und bedient sich von den Tellern mit marinierten Sardellen, Oliven, Tomaten und Schafskäse. Die Schnecken sind festfleischig und etwa halb so groß wie Weinbergschnecken. Kräuter, Knoblauch, Wein und Essig verleihen ihnen ein delikates Aroma. María gibt Erklärungen zu ihrer Zubereitung. Nach Tisch wird sie den zwei Urlaubern zeigen, welche Sorte für den Verzehr geeignet ist und welche man meiden muss, da sie bitter ist. Als die Schüssel leer ist, holt ihr Sohn aus der Küche das nächste Gericht: Stifádo, ein Rindertopf mit vielen Zwiebeln, war es also, was zusammen mit den Schnecken ein Bukett an Düften verbreitet hatte, das das Wasser im Mund zusammenlaufen ließ. Er schmeckt nicht minder gut als er roch. Zartes, mürbes Fleisch in einer delikaten Sauce und glasige Zwiebelscheiben, dazwischen einige kleine, ganze, rosige Zwiebelchen. Giórgos gießt den Gästen Wasser und Wein ein. Lange sitzt die gut gelaunte Tischgesellschaft beisammen, bis schließlich Zeit zur Siesta ist.

Oft sitzt man in den Tavernen direkt am Meer.

Die griechische Küche

»Die gefüllten Tomaten sind zu einer Art Geheimsprache zwischen uns geworden. Nach fünfundzwanzig Jahren Ehe kann es vorkommen, dass wir einander schneiden und unsere Auseinandersetzungen tagelang andauern. Doch jedes Mal, wenn Adriani einen ersten Schritt zur Versöhnung einleiten will, bittet sie mich nicht um Verzeihung oder bricht das Schweigen, sondern bereitet ein Backblech mit gefüllten Tomaten vor und lässt sie auf dem Küchentisch stehen. Als Zeichen dafür, dass wieder alles in Ordnung ist.«

Pétros Márkaris in seinem Krimi ›Nachtfalter‹

Die griechische Küche ist köstlich, gesund und vielseitig. Um keinen Genuss ungenossen zu lassen und optimal von dem kulinarischen Angebot zu profitieren, sollte man zunächst einmal das meiste von dem vergessen, was man zu Hause, beispielsweise in Deutschland oder Österreich, vom ›Griechen‹ kennt, Mousakás, Tzatzíki, Taramás und Bauernsalat vielleicht einmal ausgenommen.

In der griechischen Küche spielen frisches Gemüse und Hülsenfrüchte, gut gewürzt mit Knoblauch und vielen aromatischen Kräutern wie Lorbeer, Thymian, Rosmarin, Salbei und Oregano, eine große Rolle. Von betörendem Duft sind diese Kräuter. Viele von ihnen wachsen wild auf magerem, felsigem, mineralhaltigem Boden und entwickeln in dem üppigen Sonnenschein ein unsägliches Aroma. Allgegenwärtig ist Olivenöl. In ihm wird mariniert und gegart, es wird über Schafskäse und andere Vorspeisen gegossen, in Saucen und - zusammen mit

Kräutern, Essig oder Zitrone - als Salatdressing verwendet. Einige Besonderheiten der griechischen Küche erklären sich aus der orthodoxen Religion und ihren strengen Fastenregeln sowie den Lebensumständen früherer Generation von Hirten, Bauern und Seefahrern. Griechisch-orthodoxe Christen neigen eher als beispielsweise die Katholiken deutschsprachiger Länder dazu, das Fastengebot zu befolgen, zumindest in einer dem modernen Leben angepassten, etwas gelockerten Form. Sind auch diejenigen, die eine 40-tägige österliche Fastenzeit beachten, nur wenige und jene, die neben Fleisch auch tierische Produkte wie Butter und Milch meiden, noch rarer, so ist Fasten zumindest in der Woche vor Ostern heute durchaus verbreitet. Zahlreiche Gemüsegerichte, aber auch Süßspeisen wie etwa Chalvás (▶ Seite 40) und viele Backwaren sind typische Fastenspeisen. Vor allem Hülsenfrüchte werden zu vielerlei nahr- und schmackhaften Gerichten verarbeitet. Auch Schnecken fallen nicht unter die Fastenregeln und sind beliebte Eiweißlieferanten während der fleischlosen Zeit.

Die aus Lamminnereien bereitete Ostersuppe **Magirítsa** wiederum eröffnet nach dem Messgang in der Osternacht das Fastenbrechen und bereitet den Magen nach der Zeit der Entsagung auf das traditionelle gegrillte Osterlamm vor. Kollýva wird aus Körnern und Nüssen zu Totengedenktagen zubereitet. Aus Paximádi genanntem, mehrfach gebackenem Brot bereitete Speisen, wie Dákos oder Koukouvágia, haben heute Einzug auf den Speisekarten vieler Tavernen erhalten. Ursprünglich griffen aber wohl vor allem Fischer, Seefahrer und Hirten zu dem zwiebackartigen Paximádi, weil es unterwegs besser als frisches Brot haltbar war. Angefeuchtet und mit Tomaten, Zwiebeln und ein wenig Féta und Kräutern belegt, wird daraus eine sättigende, gesunde und schmackhafte Mahlzeit.

Griechisch, türkisch oder mediterran?

Bekanntlich geht die Liebe durch den Magen. Die Gesundheit auch. Vielleicht auch die Völkerverständigung? Jedenfalls kennen beliebte Rezepte und Zutaten keine Ländergrenzen. Dafür gibt es zahllose Beispiele in der griechischen Küche. Das über die Ursprungsländer hinaus bekannteste davon: das griechische **Gýros**. Die türkische Entsprechung der sich am Grill drehenden hohen Kegel aus marinierten

Fleischscheiben ist Döner (kebab). Es gibt zwar kaum Unterschiede bei der Marinade und Zubereitung, allerdings sind die bevorzugten Fleischsorten nicht die gleichen. Während bei den Türken Borstenvieh aus religiösen Gründen tabu ist und deshalb Hammel, Lamm oder Kalb die bevorzugten Sorten des Döners sind, brutzelt auf Gýros-Spießen oft Schweinefleisch. Beide Varianten sind dank der guten Würze und reschen Zubereitung gleichermaßen lecker und eignen sich - mit etwas Salat und Sauce in Teigtaschen gefüllt - hervorragend zum Aus-der-Hand-Essen.

Fremdeinflüsse und gegenseitige Befruchtungen sind bezeichnend für die gesamte griechische Küche. Anders als in vielen westlichen Ländern sind sie weder Modeerscheinung noch Globalisierungsfolge, sondern haben historische Hintergründe. Sie spiegeln die Einflüsse wieder, denen Griechenland im Laufe seiner Geschichte ausgesetzt war. Neben dem Niederschlag, den die jahrhundertelange türkische Herrschaft in der Landesküche fand, machten sich italienische Einflüsse unter der venezianischen Herrschaft über weite Landesteile spürbar. Urbane Schichten orientierten sich zuweilen an Frankreich, was Küche und Vokabular beispielsweise um die als santigí (santijí) bezeichnete Schlagsahne und die Sauce besamél bereicherte. Letztere wird gern zum Überbacken von Mousakás verwendet und als Alternative zu der traditionellen Ei-Zitronensauce (avgolémono) über gefüllte Weinblätter (Dolmádes) gegossen.

Flüchtlinge brachten Rezepte aus ihrer kleinasiatischen Heimat mit, ›**Polítiki Kouzína**‹ nennt man eine raffinierte, unter dem kosmopolitischen Ambiente früherer Zeiten entstandene Küche Istanbuls. Diese Bezeichnung leitet sich vom historischen und heute noch gebräuchlichen griechischen Namen der Stadt ab. ›Konstantinoúpoli‹, oder kurz einfach ›póli‹, was schlicht ›die Stadt‹ bedeutet, nennen sie die Griechen. Das Wort ›Polítiki‹ hat hier also nichts mit dem abgesehen von der Betonung gleichen Wort für ›politisch‹ zu tun. ›Polítiki Kouzína‹ war auch der Titel eines erfolgreichen, 2003 gedrehten Films über Schicksale einer Vertreibungswelle zu Beginn der 1960er Jahre.

Gesund- und Jungbrunnen Mediterrane Küche

Im Westen hat sich der Begriff der mediterranen Küche als großer Deckmantel für Kochkunst und Lebensart der Mittelmeeranrainerstaaten durchgesetzt. Immer wieder belegen wissenschaftliche Studien ihren gesundheitlichen Wert. Sie soll das Rezept schlechthin sein, wenn es um die Vermeidung von Herz-Kreislauf-Erkrankungen geht und eine tendenziell höhere Lebenserwartung bescheren. Meist nimmt man sich in Griechenland noch Zeit zum Genießen und auch Zeit zum Kochen. Man isst, was einem die Natur beschert: Frisches Gemüse, kräftig gewürzt mit Kräutern, von Knoblauch und Rosmarin bis zu einer Unzahl an Wildkräutern, dazu Fisch, Meeresfrüchte, Schnecken, Hülsenfrüchte, Getreide- und Milchprodukte. Wo vor allem im ländlichen Raum noch Großfamilien und Dorfgemeinschaften intakt sind, finden sich leichter die zum Sammeln, Schälen, Putzen und Garen nötigen Hände. Darum haben sich dort am ehesten auch zeitaufwendige Zubereitungsarten erhalten.

Fleischgerichte - nicht das A & O der griechischen Küche

Die langen Listen verschiedener Grillteller, die auf den Speisekarten der ›griechischen Restaurants‹ im Ausland dominieren, sind untypisch. Freilich werden sie von Touristenlokalen imitiert und stehen dann neben Schnitzel und allerlei als international Empfundenem auf den Karten derjenigen Lokale, die sich auf Urlauber spezialisiert haben. Doch ansonsten sucht man die Fleischanhäufungen mit klangvollen Namen wie ›Syrtáki-Platte‹, ›Aphrodite-Teller‹ oder ›Akropolis-Teller‹ vergeblich. Sie sollten diese auch gar nicht erst suchen; finden werden Sie sie rechtzeitig wieder zu Hause beim ›Griechen‹ um die Ecke, genauso wie das Gýros in Metaxa-Sauce, das auch eine Kreation

Huhn mit Kartoffeln
in Zitronensauce

der Auslandsgriechen ist. Wem in Griechenland nach Fleisch gelüstet, der sollte lieber einmal **Lammbraten** oder **Zicklein in Zitronensauce** versuchen. Ruhig probieren, auch wenn man diese Fleischsorten bislang nicht gemocht hat, Kräuter, Knoblauch und Gewürze geben einen ganz neuen Geschmack. Oúzo, Retsína oder ein kräftiger lokaler Rotwein harmonieren hervorragend damit. Die Zubereitung im großen Stück hält das Fleisch saftig. Beilage zum Lammbraten sind fast immer Kartoffeln, die zusammen mit dem Fleisch im Backofen gegart werden und wunderbar golden und resch auf den Teller kommen, wenn der Koch sein Handwerk versteht. Also zugreifen, wenn diese Gerichte zu haben sind! In manchen Lokalen ist das nur am Wochenende der Fall, vor allem in der Nebensaison. Manche bereiten sie auf Bestellung und nur gut besuchte Restaurants und Tavernen haben sie ständig im Angebot, denn schließlich will man nicht auf dem Fleisch sitzen bleiben, sondern es dem Gast stets frisch anbieten.

Die Alternative heißt oft **›Arní kléftiko‹** (**›Räuberlamm‹**). Denn dieses lässt sich in kleineren Portionen zubereiten. Es wird mit Kräutern und Gewürzen sowie manchmal einem Stück Schafskäse und einigen Peperoni oder Paprika und Tomate in Pergamentpapier oder Weinblätter gewickelt und im Backofen gegart. Ein Standardgericht auf den meisten Speisekarten ist **Stifádo**, ein würziges Ragout mit vielen Zwiebeln oder Schalotten. Meist wird Rindfleisch oder Kaninchen dazu verwendet, manchmal aber auch Calamares, Tintenfisch oder Octopus.

Traditionell war entsprechend der überwiegend kargen Natur, die nur eine begrenzte Tierzahl zu ernähren vermag, der große Braten oder üppige Fleischtopf hauptsächlich Sonn- und Festtagen vorbehalten. In der Woche begnügte man sich mit Eintopfgerichten aus Fleischstücken mit reichlich Gemüse oder Nudeln, wenn man nicht stattdessen Fisch oder vegetarisch aß. Viele dieser leckeren **Eintöpfe** haben sich ihre Beliebtheit auch in üppigere Zeiten hinein bewahrt. Beispiele sind Fleisch mit Quitten und Maronen oder mit Bohnen und Tomaten, Rotkohleintopf mit Backpflaumen und Lammfleisch oder Ragout mit Sellerie. Doch sind der Phantasie keine Grenzen gesetzt. Je nachdem, was die jeweilige Jahreszeit hergibt, kommen viele schmackhafte Gerichte zustande. Weit verbreitet sind auch Suppen und Eintöpfe mit getrockneten Bohnen oder Kichererbsen als Hauptkomponente. Hier lohnt sich Schauen und Schnuppern. Gern zeigen einem Wirte ihre Kreationen, bevor man bestellt. Entweder sie präsentieren sie ohnehin in einer Vitrine oder sie nehmen den Gast mit in die Küche, wo sie Topfdeckel lüpfen und Backofentüren öffnen. Im Privathaushalt haben Eintopfgerichte den Vorteil, dass sie sich gut ›strecken‹ lassen, wenn sich spontan Freunde zur Tafelrunde gesellen, was häufig der Fall ist.

Fleisch vom Grill

Soll es trotzdem lieber etwas Gegrilltes sein, so geht man am besten zum Spezialisten: Psistariá heißt die Grillstube. Manchmal stehen auch (Tavérna) Psitopolío oder ähnliche mit ›Psito‹ beginnende Bezeichnungen auf dem Schild. Es kann sich dabei um kleine imbissartige Lokale handeln, die sich dann zuweilen auch Souvlatzídiko nennen und hauptsächlich die Souvláki genannten Fleischspießchen anbieten. Doch gibt es auch Grillrestaurants ganz großen Stils, in denen sich riesige Spieße mit Hühnern, großen Stücken Lamm- oder Schweinefleisch und manchmal ganzen Lämmern und Zicklein drehen. Es gibt sie in Thessaloníki und Athen, meist jedoch eher an den Ausfallstraßen und Verkehrsknotenpunkten als im Zentrum. Ansonsten findet man sie eher in Bergdörfern als am Meer, besonders in solchen, die bei den Griechen als Ausflugsziele beliebt sind, wie beispielsweise der Ort Panagía auf der waldreichen Insel Thássos, zu der Festlandgriechen gern am Wochenende und an Feiertagen von Kavála aus übersetzen. Aber auch in beliebten Kur- und Wallfahrtsorten stehen oft Grillrestaurants, in denen man seine Portion aus dem ganzen Tier geschnitten nach Gewicht bestellen kann, beispielsweise in dem großen Kurbad

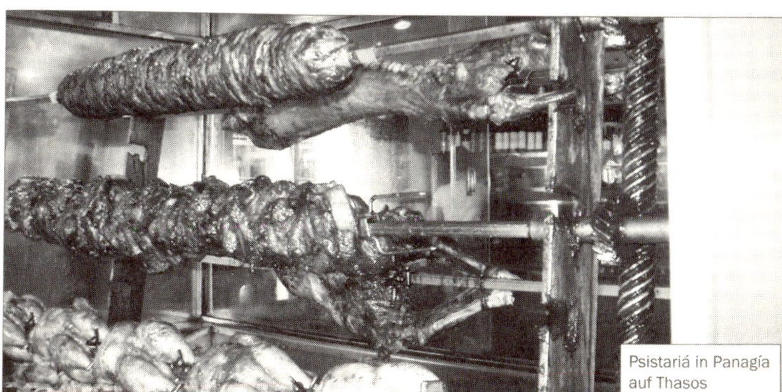

Psistariá in Panagía auf Thasos

Loutrá Edipsoú etwa 150 km nördlich von Athen an der Nordwestküste der großen Insel Evia oder in dem Pilgerort Tínos mit seiner berühmten Marienbasilika auf der gleichnamigen Kykladeninsel.

Auch die Tavernen haben meist einen Holzkohlengrill. Manche von ihnen zünden ihn aber nur abends an. So kann man sich nach Belieben seinen eigenen ›Aphrodite-Teller‹ oder seine ›Syrtáki-Platte‹ aus einer Auswahl von Spießchen (Souvláki), Kotelett (Brizóla oder Païdákia), Leber (Sykotáki), Hackfleischpflanzl (Biftéki) und Gýros zusammenstellen. Man sollte darüber aber nicht die anderen Köstlichkeiten der mediterranen Küche in ihrer griechischen Ausprägung vergessen, in der Fleisch eher eine Nebenrolle spielt.

Innereien und Wurst

Kokorétsi ist die Bezeichnung für große, mit einer darmumwickelten Mischung von Innereien besteckte und auf dem Holzkohlegrill gegarte Spieße. Auch gekocht werden Innereien gern gegessen. **Patsás** ist eine Kuttelsuppe, die meist zusätzlich mit Lämmerfüßen bereitet wird. Gern wird sie in einer darauf spezialisierten Suppenküche, der Patsatzídiko, gegessen. Diese Lokale bereiten das Gericht, meist neben weiteren Suppen, in riesigen Kesseln und haben oft rund um die Uhr geöffnet. Denn Patsás ist ein beliebtes Katerfrühstück. **Magirítsa** heißt die traditionelle Ostersuppe aus Lamminnereien. Schließlich finden Innereien gemischt mit Zwiebeln, Reis und Gemüse als Füllung Verwendung. Auf dem ziegenreichen Samothráki, der kleinen Insel mit dem hohen Bergmassiv in der nördlichen Ägäis, füllt man damit die im Ganzen gegrillten Zicklein.

Wurst ist Geschmacks- und Glückssache. Die Aufschnittware in Supermärkten schmeckt meist fad, Metzgereien liefern dagegen aber oft hervorragend gewürzte Grillwürste, die man auch in der Taverne als **Loukániko** auf der Karte findet. Die Qualität ist unterschiedlich. Manchmal sind diese Würste delikat, manchmal enthalten sie Knorpel. Für luftgetrocknete Würste gilt das gleiche. Im Norden des Landes würzt man stärker und schärfer als im Süden, was auch für Wurstwaren gilt. Als besonders schmackhaft gilt die makedonische Wurst. Vor allem in Thessalien ist die Spezialität **Spetzofái** beheimatet, ein scharfes Pfannengericht aus Wurststücken, Paprika, Tomaten, Zwiebeln und nach Belieben auch Auberginen.

Gefülltes und Geschichtetes aus Fleisch und Gemüse

Hackfleisch findet auch als Füllung verschiedener Gemüse Verwendung. Vielleicht kennt mancher die **Dolmádes** genannten gefüllten Weinblätter von zu Hause aus griechischen Geschäften und Restaurants. Während sie in Deutschland meist nur mit Reis und vielleicht einigen Pinienkernen gefüllt sind, ist die vegetarische Version in Griechenland selten anzutreffen. Meist enthält die Füllung neben Reis auch Fleisch. Ebenfalls Dolmádes, exakt Lachanodolmádes - also **Kohldolmádes** - heißen ›**Krautwickel**‹, die viel mehr Zwiebeln und Kräuter enthalten als ihre im deutschsprachigen Raum bekannten Verwandten.

Desgleichen die **gefüllten Paprikaschoten und Tomaten**, die kurz ›Gefülltes‹ (Gemistá, gesprochen Jemistá) heißen und normalerweise nur Reis, Zwiebeln und Kräuter, aber kein Fleisch enthalten.

Auberginen werden manchmal mit einer Füllung bereitet, die auch Hackfleisch enthält und heißen dann **Papoútsia** (Schuhe), während die vegetarische Variante **Imám** genannt wird.

Eine Delikatesse, die normalerweise nicht einmal teuer ist, sind **gefüllte Zucchiniblüten**. Mit einer Mischung aus Reis, Kräutern oder Schafskäse werden die durchscheinenden orangefarbenen Blüten meist gefüllt, bevor sie in Wasser und Öl gegart oder im Ofen gebacken werden.

Schließlich gibt es viele verschiedene **Auflaufgerichte**.

Mousakás ist auch außerhalb Griechenlands bekannt und im Land fast überall zu haben. Aus Kartoffeln, Auberginen und Hackfleisch, gekrönt von einer dicken Schicht Bechamelsauce mit etwas Käse, besteht dieser Auflauf normalerweise. Manchmal werden die Kartoffeln

Papoútsia (Schuhe) sind gefüllte Auberginen.

Mousáka

auch weggelassen oder andere Gemüse, wie Zucchini, verwendet. Außerhalb des Landes weniger bekannt, aber in Griechenland auch sehr beliebt ist der **Nudelauflauf Pastítsio**. Er ähnelt einer Lasagne, doch werden Nudeln anstelle von Teigblättern verwendet. Neben diesen bekanntesten Auflaufgerichten gibt es auch zahlreiche rein vegetarische Speisen, die geschichtet und im Ofen überbacken werden.

Bällchen

Was mancher schon vom ›Griechen‹ zu Hause kennt sind die **Keftédes** genannten **Hackfleischbällchen**. Dort werden sie aber meist nur gegrillt und weniger stark gewürzt. In Griechenland werden Hackfleischbällchen und die **Soutzoukákia** genannten Hackfleischröllchen auch in Tomaten- oder Zitronensauce serviert oder mit Tomaten und anderen Gemüsen zusammen geschmort. Außerdem sind **Gemüsebällchen** beliebt. Meist werden sie in der Pfanne gebraten

Kichererbsen-bällchen

oder frittiert und sind gut gewürzt. Die namens **Revithokeftédes** sind aus **Kichererbsen**, steht **Melitzanokeftédes** auf der Speisekarte, bestehen sie aus **Auberginen**, und heißen sie **Kolokithokeftédes** sind **Zucchini** in dem Teig, aus dem die Kugeln geformt sind.

Gemüse-, Käse- und Fleischpasteten

Sie sind der Stolz so mancher Hausfrau, denn sie lassen sich besonders phantasievoll gestalten und schmecken kalt ebenso wie warm. Sie werden für Überraschungsgäste bereit gehalten und zum Picknick mitgenommen. Frisch bereiteter Teig oder fertig gekaufter Blätterteig werden mit Gemüsen der Saison, Kräutern, Käse und manchmal auch Fleisch gefüllt und gebacken. Jede Region besitzt ihre eigenen Spezialitäten, viele Familien ihre eigenen Traditionsrezepte. Auch Bäckereien bieten neben den fast schon obligatorischen Blätterteigtaschen mit Käsefüllung manchmal Gemüse-, Käse- und Fleischpasteten vom Blech an.

Rein Vegetarisches

Gemüsegerichte und vegetarische Dips und Vorspeisen

Vegetarier werden sich in Griechenland wohl fühlen. Es gibt jede Menge Gerichte, die ohne Fleisch auskommen. Generationen von Griechen, die bemüht waren und es teils noch sind, die Fastenzeiten des orthodoxen Kirchenjahres mehr oder minder streng zu beachten, haben ihre Phantasie walten lassen und eine große Auswahl an schmackhaften und sättigenden Rezepten auf Basis pflanzlicher Pro-

Kichererbsenpüree

dukte geschaffen, die auch außerhalb der religiös bedingten Perioden der Entsagung beliebt sind, weil sie hervorragend schmecken. Neben den erwähnten Gemüseeintöpfen und -aufläufen mit Fleischeinlage gibt es auch solche ohne, wie z.B. das **Mischgemüse Briám** , das meist Karotten, Kartoffeln, Zucchini, Auberginen und andere Gemüsearten enthält, und den bunten **Gemüseeintopf Tourloú**.

Die vegetarische Variante der Auberginenschuhe (Papoútsia) mit Hackfleischfüllung ist das ebenfalls im Backofen zubereitete **Imám**. Außer den schon genannten gefüllten **Gemüsen** und **Gemüsebällchen** sind es vor allem **Hülsenfrüchte** verschiedener Arten und Zubereitung, die ohne Fleisch auskommen. Die Stars unter ihnen sind **Gigántes**, die riesigen trockenen Bohnen, die gut zwei Zentimeter Länge pro Stück haben können. Gekocht und mit Tomaten, Zwiebeln, Kräutern und meist kleinen Mengen anderer Gemüse in Öl gegart, stehen sie auf vielen Speisekarten. Gigantisch groß und gigantisch lecker! Auch als Salat in einer Marinade aus Olivenöl, Essig, Kräutern und Zwiebeln schmecken sie hervorragend. Für Bohnensuppe hingegen werden meist andere, kleinere Sorten bevorzugt.

Aus **Linsen** (Fakés) entstehen leckere Suppen und Eintöpfe. Viele schmackhafte Gerichte zaubern die griechischen Restaurants und Tavernen aus **Kichererbsen** (Revíthia). Außer den schon genannten Kichererbsenbällchen (Revithokeftédes) werden sie als kräftige, sättigende Suppe, als Salat oder als Brei serviert. Letzterer wird - mit Olivenöl und Zitrone gewürzt und oft zusammen mit Oliven und/oder Zwiebeln gereicht - weniger als Beilage denn als Vorspeise auf Brot gegessen.

Zu einem ähnlichen, **Fáva** genannten Brei werden **Erbsen** verarbeitet. Auch die Kartoffel-Knoblauchpaste **Skordaliá** ist von ähnlicher Konsistenz und wird oft als Vorspeise gegessen. Gern wird sie aber auch zusammen mit roter Beete oder als Beilage zu Fisch serviert.

Eine Welt für sich sind die **Chórta** genannten Wildgemüse. Je nach Jahreszeit gibt es viele Sorten. Sie werden gekocht und mit Olivenöl und Essig meist lauwarm serviert. Auf der Karte stehen sie normalerweise ebenso wie Tzatzíki, Skordaliá und Fáva unter Salaten.

Auf der Vorspeisenliste von Ouzeríen, Restaurants und Tavernen stehen stets mehrere **gebratene** oder **gegrillte Gemüse**: Zucchini (Kolokithákia), Auberginen (Melitzánes), Paprika (Piperiés) sind die beliebtesten. Manchmal werden sie mit Käsekrümeln bestreut.

Laderá nennt man in Öl gegarte Gemüse, besonders Okra, Artischocken, grüne Bohnen und Saubohnen werden gerne so zubereitet.

Salate

Auf der Beliebtheitsskala der Salate führt der allgegenwärtige, vorwiegend aus Tomaten, Gurken, Zwiebeln Oliven und Schafskäse bestehende **Bauernsalat (Saláta choriátiki)**. Will man ihn ohne Käse und Oliven, bestellt man Tomaten-Gurkensalat. Als grüner Salat wird meist **Maroúli** serviert, Römischer Salat oder Románasalat beziehungsweise Bindesalat. Seine Blätter sind dunkler und kräftiger als die des gewohnten Blattsalats und werden in schmale Streifen geschnitten. Sie eignen sich auch zum Dünsten und werden auch gern warm als Beilage zu Lamm in Zitronensauce und Fisch serviert.

Fisch - nicht alle Sorten sind teuer

Viele Reiseführer enthalten den Hinweis, Fisch sei teuer. Das kann man allerdings so nicht verallgemeinern. Tatsache ist, dass einem in Tavernen und Restaurants häufig teurer Fisch angeboten wird. Es gibt aber auch preiswerte Alternativen, von denen die meisten nicht minder schmackhaft sind. Oft liegen schöne große Goldbrassen, Goldstriemen und Rotbrassen neben kleinen kupferroten Meerbarben appetitlich präsentiert in einer Vitrine. Das sind alles Fische der Kategorie A. Sie werden nach Gewicht verkauft und kosten selbst in einfachen Tavernen zwischen 45 und 65 Euro pro Kilo. Das ist freilich nicht wirklich günstig. In den Kühlschränken im Innern der Fischtavernen verbergen sich jedoch meist weitere Köstlichkeiten, die nicht nur wesentlich preiswerter, sondern auch viel interessanter sind, da der Griechenlandbesucher sie in der eigenen Heimat meist nicht oder nur schwer finden wird, vor allem dann, wenn die eigene Heimat nicht am Meer liegt.

Auf Touristen spezialisierte Lokale enthalten sie dem Fremden oft vor. Das mag vielleicht daran liegen, dass manche von ihnen nur je nach Saison, Witterung und Glück der Fischer erhältlich sind und deshalb keinen Eingang in die Speisekarte finden, in eine fremdsprachige schon gar nicht, da man ihre Namen nicht zu übersetzen weiß. Kleinere und unscheinbarere Fischsorten und Filets lassen sich auch nicht so schön in Vitrinen präsentieren. Letztlich lässt sich mit den

Eine Portion gegrillte Zargána - die Grätenreihe der Zargána ist grünlich und lässt sich leicht auslösen.

billigeren Arten nicht so viel und so leicht verdienen wie mit teureren Sorten, die keiner speziellen Zubereitung bedürfen, sondern meist einfach auf den Grill kommen.

Solange man keinen ›persönlichen Draht‹ zum Wirt hat, ist es in Griechenland nicht anders als anderswo auf der Welt im Allgemeinen und in Touristenhochburgen im Besonderen. Fragt man nach Empfehlungen, sind es meist die teuersten Speisen, die empfohlen werden. Will man die ganze Vielfalt verkosten und seinen Geldbeutel schonen, so lohnt es sich, ausdrücklich nachzufragen und etwas außerhalb der eingetretenen Touristenpfade zu suchen.

Dort wird man vielleicht recht preiswert **verschiedene Arten kleiner Hechte finden**, **Zargána** zum Beispiel. Makrelenhecht oder Grünknochen heißen diese Hornhechte auf Deutsch, denn die Grätenreihe der extrem schlanken, schwärzlich-silbern glänzenden Fische mit ihrem langen, einem spitzen Schnabel gleichenden Maul ist grün. Man kann sie grillen, doch meist werden pro Portion drei bis vier etwa 25 bis 40 cm lange Fische in Mehl ausgebacken serviert. Ihre Gräten lassen sich gut auslösen, ihr Fleisch ist fest und lecker. Auf gleiche Art wird auch der ähnliche **Loútsos** serviert.

Länglich und dünn sind auch die jungen, **Bakaliaráki** genannten Seehechte, die zur Saison auf gleiche Art und Weise serviert werden.

Auch etwas preiswerter als die beliebten Brassensorten sind die bläulich-schwarzen, oft recht großen Blaufische, **Gofári** genannt.

Mit etwas Glück findet man vielleicht auch **Rochen**, deren Brustflossen, die sogenannten Rochenflügel, portionsweise in verschiedenen

Zubereitungen angeboten werden. Während sie in vielen anderen Ländern als Spezialität gehandelt werden, sind sie hier in der Regel nicht besonders teuer. Ab und zu werden sie filetiert serviert, doch meist kommen sie mit dem knorpeligen Skelett auf den Tisch. Das Fleisch lässt sich leicht abstreifen und man braucht keine Angst vor Gräten zu haben. Delikat schmecken sie in Mehl gewendet und in der Pfanne gebacken. Man kann sie auch einmal gekocht in einem mit Lorbeer, Thymian und anderen Kräutern gewürzten Weinsud probieren. Es gibt verschiedene Arten davon und Bezeichnungen dafür. Meist steht ›**Trygóna**‹ auf der Speisekarte, was ›Dreieck‹ bedeutet und damit ihre Form bezeichnet. Auch als **Saláchi** oder **Vátos** sind sie zu finden.

Seeteufel (Peskantrítsa) zu bekommen ist Glückssache und nicht ganz billig, doch zumeist preiswerter als in Deutschland.

Auf jeden Fall kann man sich aber in fast allen (Fisch-)Tavernen an **kleinen Fischen** satt essen, ohne das Urlaubsbudget allzu sehr zu belasten. Von den kleinen Fischen sind nur einige, als Spezialität gehandelte, teuer. Dazu zählen die kräftig kupferroten **Rotbarben (Barboúnia)** mit ihrem ausgeprägten Aroma. Die blasseren **Koutsoumoúra** sind ihnen verwandt, schmecken ähnlich und sind meist schon ein wenig erschwinglicher. Ansonsten bekommt man große Portionen kleiner Fische recht günstig.

Winzig klein sind **Atherína**. Diese Art Ähren- oder Streifenfische werden mit ›Haut und Haaren‹ - nein, richtig natürlich mit ›Kopf, Schwanz und Gräten‹ - gegessen. Es bleibt also eigentlich nichts auf dem Teller zurück, wenn man den richtigen Appetit mitbringt. Sie werden frittiert oder mit ein wenig Mehl bestäubt in der Pfanne ausgebacken. Etwas größer sind **Maridáki**, was die Verkleinerungsform von **Marída** ist, kleine Pikarelle, die ähnlich wie Athérina serviert werden.

Die nächste Stufe auf der Größenskala sind die **Gávros**. Hier isst man Köpfe und Gräten besser nicht mit. Schließlich gibt es fast überall **Sardinen**, auf Griechisch **Sardéla** (im Plural Sardéles) genannt. Auch sie muss man putzen. Wegen ihres hohen Fettgehalts schmecken sie wohl vom Holzkohlengrill am besten, doch auch aus der Pfanne sind sie nicht zu verachten. Zu der daraus zubereiteten kalten Vorspeise Sardéles pastés kommen wir weiter unten.

Mag man doch lieber etwas größere Fische, so sollte man einmal nach **Makrelen** Ausschau halten. Sie sind normalerweise nicht teuer

Marida oder Maridaki heißen diese kleinen Fische, die in Mehl gewendet und gebraten serviert werden. Noch winziger als Marida sind Atherina (links).

und in fast allen einschlägigen Lokalen zu bekommen. Der Geschmack ist anders, als wir ihn vom Steckerlfisch gewohnt sind - nicht so tranig. Es gibt verschiedene Sorten zum Durchprobieren. Am verbreitetsten ist die **Koliós**. Je kleiner, desto zarter ist der Geschmack. Größer, aber auch sehr schmackhaft ist die **Skoumbrì**. Als ähnlich den Sardéles pastés eingesalzene Skoubrí pastí wird sie auch scheibenweise als kalte Vorspeise serviert.

Auch **Kefalós**, Meeräsche, schmeckt hervorragend, ist meist nicht allzu teuer und nicht zu grätig. Es handelt sich dabei um die Fischsorte, deren Roggen bevorzugt für die **Taramosaláta** genannte, als Vorspeise und Beilage beliebte **Fischrogencreme** verwendet wird. Eine Augenebenso wie Gaumenweide sind die kräftig roten **Skorpionsfische**. **Gópa** ist eine kleine Brassenart, die preiswerter als etwa die beliebteren Rot- und Goldbrassen ist. Sie wird - ebenso wie in der Regel die Makrelen - der Kategorie B zugerechnet, die meist etwa die Hälfte der A-Kategorie kostet. Meist werden Gópes, wie der Plural von Gópa lautet, portionsweise statt nach Gewicht angeboten. Je nach Größe kommen ein bis drei Fische pro Portion auf den Teller, gegrillt oder mit etwas Mehl in der Pfanne gebraten. Gerade bei den kleineren muss man etwas Geduld für die Gräten aufbringen, geschmacklich sind sie aber sehr gut.

Fischsteaks und -filets

Recht preiswert sind auch Scheiben großer Fischsorten, die gegrillt oder gebraten angeboten werden, beispielsweise **Schwertfisch (Xifías)**,

Kabeljau oder **Dorsch (Bakaliarós)**, und **Hundshai (Galéos)**. Beim Schwertfisch kommt meistens Tiefkühlware zum Einsatz. Darum ist er auch oft in Tavernen erhältlich, die nicht auf Fisch spezialisiert sind, beziehungsweise außerhalb der Saison wegen mangelnder Nachfrage keinen frischen Fisch ins Lager nehmen. **Tiefkühlware** sollte auf der Speisekarte durch die Abkürzung **κατεψ**. oder **κατ**. (kateps. oder kat.) für κατεψυγμένος (katepsygménos = tiefgefroren) gekennzeichnet sein. Beliebte Beilage zum Schwertfisch und Hundshai ist ein Kartoffel-Knoblauch-Püree, **Skordaliá** genannt. **Bakaliarós** wird sowohl frisch als auch als gesalzener und getrockneter Stockfisch verwendet, letzterer meist geschmort mit Gemüse.

Eingesalzene und marinierte Fische als kalte Vorspeise

Sollte man unbedingt probieren. Richtig gemacht, zergehen sie auf der Zunge und haben ein unvergleichliches Aroma. Vortrefflich harmonieren sie mit Ouzo. **Roh eingesalzene Sardinen** heißen **Sardéles pastés**. Ihr Geschmack ähnelt dem der salzigen Sardellen, die man als Pizzabelag kennt, ist jedoch zarter und frischer. Sie kommen normalerweise nicht aus der Dose, sondern werden frisch gemacht. Fischer, Fischhändler und Wirte packen abwechseln eine Lage dicht aneinander geschichtete Fische und eine Lage grobes Meersalz in ein Gefäß. Je nach Größe und Umgebungstemperatur sind sie nach 12 bis 36 Stunden zum Verzehr bereit. Die Zeit, zu der man diese Spezialität am ehesten findet, sind die Monate Juli und August. Dann habe die Sardinen die richtige Größe. Der Ort, der berühmt für sie ist, ist Kal-

Gópes (so der Plural von Gópa)

Ganz frisch kauft man Fisch direkt beim Fischer.

loní auf der ostägäischen Insel Lesbos. Ab und zu werden auch andere Fische, wie z.B. **Gávros** so eingesalzen. Wenn man Glück hat, putzt und filetiert sie der Wirt der Taverne oder Ouzerí vor dem Servieren. Sonst muss man selbst Hand anlegen, um die Gräten zu entfernen. Dazu fixiert man den Schwanz und zieht die Filets mit der Gabel oder dem Messer von der Grätenreihe ab. Es sei denn, man will sie am Schwanz packen und durch die Zähne ziehen.

Während diese Köstlichkeit fast ausnahmslos frisch zubereitet auf den Tisch kommt, gibt es **Lakérda**, eine Thunfischart, auch mariniert aus der Dose. Da sie meist in großen Dosen auf den Markt kommt, bieten viele Geschäfte an der Frischtheke nach Gewicht etwa zentimeterdicke Scheiben an. Ähnlich zubereitet werden **Makrelen (Koliós** und **Skoubrí**).

Meeresfrüchte

Kopffüßler

Beliebt und fast überall erhältlich sind **Calamáres**, im Ganzen gegrillt, als in Mehl gewendete und in der Pfanne ausgebackene Ringe, gekocht in würzigem Wein-Kräutersud oder als Eintopf. Auch bei ihnen handelt es sich häufig um Tiefkühlware, die als solche gekennzeichnet sein sollte. Ähnlich in Geschmack und Zubereitung, doch weicher unter den Zähnen sind die **Soupiés** genannten kleinen Tintenfische.

Nun zum Octopus (**Chtapódi**), Aushängeschild griechischer Ouzerien und Fischlokale. Werbewirksam hängt er auf der Leine vor

Vor der Zubereitung wird Octopus lang auf Stein geschlagen und an der Sonne getrocknet.

manchem Lokal. Die Griechen verstehen etwas von diesen achtarmigen Kraken. Kaum sonstwo stimmen Biss und Aroma so wie hier. Das erfordert langes, kräftiges Schlagen, um das Fleisch weich zu machen, und anschließendes Trocknen und leichtes Andörren in der Sonne. Beim Liebhaber vibrieren in einem griechischen Hafenort alle Sinne. Das Ohr vernimmt den rhythmischen, klatschenden Laut am Hafenkai, gegen den die Fischer die fangfrische Beute unzählige Male schmettern, und weiß gleich, um was es geht. Die Nase nimmt den salzigen Duft auf und das Auge erfreut sich an den kräftigen Meerestieren mit ihren langen rosa- bis violettfarbenen, saugnapfbesetzten Fangarmen, die vor dem blauen Himmel baumeln, bis sie auf dem Holzkohlengrill Platz finden und sich der salzige Duft mit dem Holzkohlenaroma vermengt.

Doch nicht nur gegrillt ist der Octopus ein Genuss. Nicht weniger köstlich schmeckt er als Ragout mit Zwiebeln oder in würziger Tomatensauce gekocht oder kalt, als Vorspeise, mariniert in Essig, Zitronensaft, Öl und Kräutern.

Schalentiere

Von den **Garnelen (garídes)** sind die größeren recht teuer. Verhältnismäßig preiswert ist jedoch eine ordentliche Portion winziger Garnelen. Meist werden sie gekocht serviert, manchmal aber auch in der Pfanne gebraten. Die ganz kleinen isst man vollständig, manche essen auch den Kopf mit. Wenn einem das nicht behagt und vor allem, wenn Exemplare auf den Tisch kommen, die größer als ein kleiner Damenfinger sind, zupft man den Kopf und den harten Teil der Schwanzflosse mit den Fingern ab. Wer sich Ballaststoffe gönnen und richtig auf den Geschmack kommen will, zerkaut den Rest einschließlich der winzigen Füßchen. Ansonsten reißt man den Carapax auf und zieht das Fleisch mit den Fingern oder Zähnen heraus. **Garídes saganáki** werden in einer Käse-Tomatensauce serviert, meist leicht überbacken. So kommt ihr Geschmack gut zur Geltung.

Krebs (Karavída) und **Languste (Astakokaravída)** stehen in einfachen Tavernen selten auf der Karte, denn sie sind teuer und selten frisch zu haben. Ein besonders kostspieliges Vergnügen ist **Hummer (Astakós)**, manche teuren Fischrestaurants haben ein eigenes Becken dafür. Gern werden in Griechenland **Hummer und Langusten mit Spagetti** gegessen (**Astakomakaronáda**). Dann kann eine größere Tischgesellschaft den schönen Anblick dieser prachtvollen roten Meeresfrüchte genießen, wie sie auf einer riesigen Schüssel Nudeln thronen, und auch satt werden, weil das Schwergewicht auf Teigwaren und Sauce liegt.

Seeigel (Achiní) ist eine Delikatesse, die selten auf den Speisekarten steht. Seeigel sind teuer und werden deshalb meist in winzigen Portionen als Vorspeise serviert. Achinisaláta, Seeigelsalat, nennt sich ein Löffelchen des aromatischen, orangeroten Seeigelfleischs, teils mit Zwiebeln und Gemüsestückchen angemacht, auf einem Tellerchen, in einem Cocktailglas oder in einem Seeigelskelett serviert. Sie haben einen ganz eigenen, intensiven Geschmack und sind sicher einen Versuch wert.

Seeigel naturbelassen

Muscheln (Mýdia) werden im würzigen Weißweinsud gekocht oder als Mýdia saganáki in einer Schafskäse-Tomatensauce, meist leicht überbacken, serviert.

Gekochte und geschmorte Fische und Meeresfrüchte

Vielfältig sind die Zubereitungen von oder mit Fisch und Meeresfrüchten im Backofen oder in der Kasserole als Eintopf. Er wird mit Zwiebeln, Möhren, Sellerie, Kartoffeln, Tomaten, Spinat und vielem mehr zusammen geschmort und stets gut gewürzt. Jede Region hat ihre Spezialitäten. Oft präsentieren die Tavernen diese Speisen sichtbar hinter einer Vitrine in großen Reinen. Ansonsten nimmt der Wirt oder Kellner den Gast auch gern mit in die Küche, wo er Deckel lüpft und die Backofentür öffnet, so dass man am besten nach Anschauung und Geruch auswählt. Auch Fischsuppe (psarósoupa) wird zuweilen angeboten und schmeckt dank der vielen, kräftigen Kräuter, mit denen sie gewürzt ist, meist hervorragend. Es kann darunter sowohl ein kleiner Suppenteller mit Fischbrühe, ein wenig Gemüse und wenig Fisch als auch eine geräumige Schüssel voller großer Fischstücke, die eine komplette Mahlzeit ergibt, verstanden werden.

Milchprodukte

Joghurt

Traumhaft schmecken die griechischen Milchprodukte. Der **Joghurt** ist cremig und mit normalerweise rund 10 % Fett recht gehaltvoll. Es gibt ihn als Massenware im Supermarkt, abgepackt in Plastikbechern oder größeren Containern, neuerdings auch in fettärmeren Varianten. Viele Dörfer und Städte haben eigene kleine Käsereien, die den Joghurt neben dem Hauptgeschäft der Käseproduktion herstellen. Abgefüllt wird er meist in kleine Tontöpfchen oder Plastikbecher mit lose aufgesetzten Deckeln. Dieser Joghurt ist nuancenreich, noch schmackhafter und hat meist eine dicke Haut auf der Oberfläche, die sich interessant in Konsistenz und Geschmack von der cremigen Masse darunter abhebt.

Rohstoff ist Kuh- oder Schafsmilch. Mit etwas Zitronensaft, Olivenöl, grob geraspelter Gurke, Salz und Kräutern verrührt, ergibt der griechische Joghurt ›**Tzatzíki**‹, das auf so gut wie keiner griechischen

Speisekarte fehlt. Es wird mit Brot als Vorspeise gegessen oder zu gegrilltem Fisch und Fleisch gereicht. **Giaourtloú (Jaurtlú)** heißt eine würzige Joghurtsauce, in der Fleischgerichte zubereitet werden.

Auch als **Frühstück** oder **Nachspeise** ist Joghurt beliebt. Gern wird es mit Feigensirup oder Sirupfrüchten gegessen oder mit Nüssen und Honig angereichert.

Käsesorten

Auch Käse wird sowohl pur gegessen als auch in der griechischen Küche verwendet. Der vielseitigste und beliebteste Käse ist der auch im Ausland geschätzte **Féta** (übersetzt: ›Scheibe‹), der seit den Zeiten Homers hergestellt wird. Fast 12 Kilogramm pro Jahr und Kopf beträgt der durchschnittliche Verbrauch dieses schneeweißen, in Salzlake gereiften Schafs- oder Ziegenkäses in Griechenland. Er ist allgegenwärtig in der griechischen Küche und wird warm ebenso wie kalt genossen, im Bauernsalat, über gebackene Gemüse gebröselt, als Teil der Füllung beispielsweise von Blätterteigtaschen, Zucchiniblüten und Calamares. In der Pfanne ausgebacken nennt man ihn Saganáki. Er wird bis zum Verzehr in Salzlake aufbewahrt, die man vor dem Servieren oder der Weiterverarbeitung abwäscht.

Ähnlich vielseitig, doch nicht so weit verbreitet ist der Molkenkäse **Mizíthra**. Kreta betrachtet ihn als seine Spezialität, doch wird er auch andernorts hergestellt. Er ähnelt dem italienischen Ricotta. **Xynomyzithra Kritis** ist die geschützte Herkunftsbezeichnung für mindestens zwei Monate gereiften Mizíthra aus Kreta mit mindestens 45% Fettgehalt (i. Tr.).

Manoúri ist ein rindenloser, fetter, weicher, doch schnittfester, kompakter nordgriechischer Käse von mildem Geschmack. Er wird aus Molke, angereichert mit Schafs- und/oder Ziegenmilch und Rahm, hergestellt und weist einen Fettanteil von 70-80% in der Trockenmasse auf. Nach der Herstellung wird er in Stoffsäcken zum Abtropfen aufgehängt und dann in Folie eingeschweißt. Er ist neben dem Féta eine der wichtigsten Sorten für den Export. Meist wird er in großen Rollen verschickt, von denen der Käsehändler Scheiben in der gewünschten Dicke abschneidet.

Aneváto ist ein hüttenkäseartiger, lockerer, etwas körniger Frischkäse mit einem Fettgehalt von etwa 45 Prozent, für den man die Milch natürlich säuern lässt. Ähnlich, doch etwas fetter, ist die kretische Spezialität **Pichtógalo Chánion** aus Schafs- und/oder Ziegenmilch.

Kalatháki ist ein fétaartiger Frischkäse, der traditionell in Strohkörbchen abtropfte und deren Zeichnung aufweist, auch wenn heute stattdessen meist Plastikbehälter verwendet werden. Geschützt ist der Kalatháki Límnou von der Insel Límnos. Er schmeckt leicht säuerlich und hat einen Fettanteil von mindestens 43% (i. Tr.).

Galotýri ist ein cremiger Käse aus Schafs- oder Ziegenmilch oder einer Mischung davon, der in Leder-, Stoffsäcken oder Holzfässern mindestens 2 Monate reift. Geschützt ist die Bezeichnung für Käse aus Epirus und Thessalien.

Die beliebtesten Hartkäsesorten sind **Kefalotýri** und **Graviéra**. Für letzteren gibt es die geschützten Ursprungsbezeichnungen: Graviéra Agráfon (stammt aus dem Agrafagebirge in Thessalien und Evrytanía und wird hauptsächlich aus Schafsmilch, der auch eine geringere Menge an Ziegenmilch beigemischt sein kann, hergestellt); Graviéra Krítis (wird auf Kreta aus Schafsmilch, eventuell mit nicht mehr als 20 Prozent Ziegenmilch gemischt, hergestellt) und Graviera Náxou (auf der Kykladeninsel Náxos aus Kuhmilch, eventuell mit geringen Zugaben an Schafs- und Ziegenmilch hergestellt).

Ladotýri ist ein Hartkäse vorwiegend aus Schafsmilch, der etwas Ziegenmilch beigemischt sein kann. Er ist von kräftigem, salzigem Geschmack. Die kleinen Kegel werden auch Kefaláki (Köpfchen) genannt. Sie werden in Olivenöl gelagert, daher sein Name Ladotýri (Ölkäse). Der auf der Insel Lesbos hergestellte Käse trägt die geschützte Herkunftsbezeichnung Ladotýri Mytilinis.

Kaséri ist ein rindenloser, mindestens 6 Monate gereifter halbfester Schafs- und oder Ziegenkäse mit butterartigem, etwas ins süßliche gehendem Geschmack. Traditionell stammt er aus Thessálien. Mit frischen Trauben und Feigen gereicht, bildet er einen schönen Abschluss eines Mahls.

Chaloúmi heißt ein halbfester Käse aus der Milch von Kühen, Schafen oder Ziegen oder einer Mischung daraus. Er gilt als Spezialität Zyperns, wo er seit mehr als 2000 Jahren hergestellt wird, ist aber auch in anderen Ländern wie Libanon, Ägypten und Libyen bekannt. Er wird gern gebraten oder gegrillt serviert, da er beim Erwärmen im Gegensatz zu den meisten anderen Käsen seine Form behält. Dem

Biss widersetzt er sich mit einem charakteristischen leichten Quietschen. Er wird in halbkreisförmigen, zwischen 200 und 300 Gramm schweren Stücken mit einem typischen, herstellungsbedingten Spalt in der Mitte angeboten, der dadurch entsteht, dass der Käse nach mehrminütigem Kochen in Molke gefaltet und zusammengedrückt wird.

Metsovóne ist ein strohfarbener Räucherkäse, der aus dem Gebiet um die Gemeinde Métsovo in der Region Epirus, stammt. Er kann aus Kuh-, Schafs oder Ziegenmilch sowie Mischungen daraus bestehen.

Süßspeisen und süßes Gebäck

Süßigkeiten, Glyká genannt, gehören zur Gastlichkeit. Zusammen mit einem Glas kaltem Wasser und manchmal einem Kaffee werden sie Besuchern angeboten, kaum dass sie einen Fuß über die Schwelle gesetzt haben. Vor allem das ›Löffelsüße‹ und Loukoúmia, kleine Geleewürfel, werden so gereicht, letztere nicht nur im Privathaushalt, sondern auch beim Besuch von Klöstern. Tavernen und Restaurants haben selten eine größere Nachspeisenkarte und Desserts werden kaum bestellt. Zuweilen wird hingegen eine Scheibe Chalvás, ein Schälchen Joghurt mit Quitten- oder Kirschgelee oder etwas Obst als Dreingabe des Wirts nach dem Essen gebracht.

In Bäckereien und Konditoreien finden Schleckermäuler hingegen eine große Auswahl. Auffällig ist die Vorliebe für zucker- oder honigsirupgetränktes Gebäck. Die Griechen teilen sie mit ihren Nachbarn im

Pistazien als Sirupfrüchte

östlichen Mittelmeerraum, wo Europa endet und der Orient beginnt. Die Rezepte stützen sich vor allem auf frische Produkte des Landes, wie Walnüsse, Mandeln, Pistazien, Feigen und den aromatischen griechischen Honig. Diese Zutaten geben zusammen mit den beliebten Gewürzen Nelken und Zimt dem Gebäck zuweilen eine Nuance, die an das Weihnachtsgebäck westlicherer und nördlicherer Länder erinnert. Eine üppig verwendete Zutat ist außerdem Sesam, der heute normalerweise fix und fertig importiert wird. Wie Siránna Satéli in ihrem um die Wende vom 19. ins 20. Jahrhundert spielenden Epos ›Und beim Licht des Wolfes kehren sie wieder‹ beschreibt, war damals jedoch noch eine griechische Sesammühle eine funktionierende Geschäftsidee, die eine ganze Sippe ernähren konnte. (▶ Seite 130). Nun im Einzelnen zu den Schleckereien:

Süßspeisen

Sirupfrüchte / Löffelsüßes (Glykó Koutalioú)

Diese in Sirup eingekochten Früchte werden löffelweise auf einem kleinen Tellerchen serviert. Alles Mögliche wird dazu verwendet, der Phantasie sind keine Grenzen gesetzt. Bei weitem nicht nur von sich aus Süßes wie Kirschen, Aprikosen, Pflaumen, Feigen und Melonen, sondern auch ansonsten saure und bittere Früchte wie Limonen, Zitronen, Kumquats und Gemüse wie kleine Tomaten, Auberginen und Zucchini werden so veredelt. Auch Blütenblätter und junge Nüsse werden gerne eingesetzt. Mal wird sortenrein eingekocht, mal gemischt, mal werden dem Obst einige Nüsse beigegeben. Jede Gegend, ja jede Hausfrau hat ihre eigenen Spezialitäten und experimentiert gern. Besonders beliebt sind die Sirupfrüchte von der ostägäischen Insel Chíos.

Feigensirup (Vrásma)

Mehr Beigabe oder Rohstoff als eigenständige Süßspeise, wird er aus getrockneten Feigen gekocht. Da in den Familien oft große Mengen an Feigen anfallen und verarbeitet werden, wird diese Arbeit im Herbst gern in großen Kesseln im Freien über einem Holzfeuer verrichtet. Der fertige Sirup wird über Joghurt und Pfannkuchen gegossen, aber auch in Süßspeisen und Kuchen oder zum Einkochen von Früchten und Gemüse weiterverarbeitet.

Loukoúmi

Das Wort und das Konfekt kommen ursprünglich aus der Türkei. ›rahat-lokum‹ ist die volle türkische Bezeichnung des auch auf dem Balkan weit verbreiteten Gelees auf Basis von gelierter Stärke und Zucker, dem Zutaten wie Rosenwasser, Másticha, Zitronensaft und Nüsse Aroma beziehungsweise Biss verleihen und das meist in Puderzucker, manchmal auch in Kokosraspeln gehüllt ist.

Vanília

Nicht die Vanille als Würzschote, sondern eine meist gar nicht, wie der Name vermuten lassen könnte, mit Vanille, stattdessen mit Mastícha-Harz von Chíos (► Seite 44) zubereitete, süße, zähflüssige, schneeweiße Masse ist damit gemeint. Sie wird manchmal ähnlich dem Löffelsüßem serviert. Am liebsten machen vor allem die Kinder jedoch ein sogenanntes ›Vanília-U-Boot‹ (›**Vanília Ypovríchio**‹) daraus: Dazu wird ein Löffel davon in ein hohes Glas eiskalten Wassers versenkt.

Chalvás

Süßspeise aus Sesam(paste), Honig und/oder Zucker, Öl (oder Pflanzenfett oder Butter) und weiteren, variierenden Zutaten wie Grieß oder Mehl, Nüssen, Kakao, Zimt, Nelken und Zitronenschale. In vielen Abwandlungen ist sie nicht nur in Südosteuropa, sondern auch im Mittleren und Nahen Osten und in Asien beliebt. Ursprünglich stammt es wahrscheinlich aus Indien.

Mandoláto

Eine Art meist weißer Nougat, oft zwischen zwei Waffeln dargebracht.

Pastéli

Schnitten aus Honig und Sesam. Abgepackt aus industrieller Fertigung gibt es sie in fast jedem Kiosk und Supermarkt. Weicher und schmackhafter sind sie aber frisch aus der Konditorei.

Süßes Gebäck

Hier geht es nur um süße Backwaren. Brot und alles was Bäckereien sonst noch zu bieten haben wird weiter unten im Text unter dem Titel ›Die Bäckerei‹ beschrieben (► Seite 50).

Traditionelle Pastéli in einer Bäckerei auf der Kykladeninsel Sífnos

Zunächst einmal die in ganz Griechenland verbreiteten und großenteils auch in vielen Ländern rund um das östliche Mittelmeer in ähnlicher Form genossenen, **sirupgetränkten** Sorten. Sie werden oft auch in griechischen Läden und Restaurants im Ausland angeboten und sind nicht jedermanns Geschmack, da sie extrem süß sind. Die eigentliche Entdeckungstour beginnt etwas weiter unten im Text, wo Spezialitäten beschrieben werden, die eher für Gaumen geeignet sind, die den Großteil des Jahres weiter westlich und nördlich verbringen. Teils muss man nach ihnen jedoch etwas länger suchen, denn manche davon erfreuen sich regional oder jahreszeitlich eingeschränkter Beliebtheit.

Vorab die verbreitetsten und im Ausland als typischsten empfundenen Gebäcke. Sie stehen in großen Blechen in den Bäckereien und Konditoreien und werden meist stück-, seltener gewichtsweise verkauft.

Baklavás

Dieses sirupgetränkte Blätterteiggebäck mit Nussfüllung ist nahezu überall im Nahen Osten und auf dem Balkan zu finden und geht auf sehr alte Rezepte zurück, die je nach Epoche und Gegend abgewandelt und mit Gewürzen wie Kardamon, Zimt, Nelken und Rosenwasser verfeinert wurden, bis es den Griechen erstmals gelang, den hauchdünnen Blätterteig (Fýllo) herzustellen, aus dem dieses äußerst süße Backwerk heute besteht. Es wird auf dem Backblech gebacken und in kleinen Rauten serviert.

Kandaífi

Gebäck aus dünnen Teigfäden, in Sirup getränkt und mit Nüssen bestreut. Engelshaar-Gebäck wird es zuweilen in der Übersetzung genannt. Die Teigfäden für seine Zubereitung gibt es fertig zu kaufen. Sowohl Kandaífi als auch Baklavás passen hervorragend zum griechischen Kaffee.

Revaní oder Ravaní

In Sirup getränkter Grießkuchen, wie er auch in der Türkei als Revaní verbreitet ist. Er wird auch gern zusammen mit Eiscreme serviert

Loukoumádes

Loukoumádes sind in Fett frittierte kleine Teigkugeln, die mit Zimt bestreut und mit Honig oder Sirup übergossen werden. Auch sie werden manchmal mit Speiseeis serviert. In ähnlicher Form sind sie auch in der persischen und türkischen Küche bekannt. Auf türkisch heißen sie Lokma, was ›Mundvoll‹ oder ›Happen‹ bedeutet.

Nachdem das nun die beliebtesten der siruptriefenden Sorten waren, nachstehend die versprochene Entdeckungstour zu dem Rest der süßen Backwaren. Nach zwei blätterteigbasierten, die ebenfalls vom großen Backblech kommen, folgen mehrere Keks- und Kleingebäcksorten.

Galaktomboúreko

Diese Milchpastete besteht aus wenig Blätterteig und einer dicken Schicht grießpuddingartiger Milchcreme dazwischen. Sie ist weit verbreitet und hat es auch in ausländische griechische Restaurants geschafft.

Bougátsa

Dieses Blätterteiggebäck, bei dem zwischen den Teigschichten Füllung aufgetragen wird, gibt es hauptsächlich in süßer Variante als Bougátsa me kréma, doch auch mit salzigen Füllungen wie Hackfleisch, Spinat oder Käse zubereitet. Eine besondere Delikatesse ist die Bougátsa von **Kreta**, wo vor allem der zarte Molkenfrischkäse Mizíthra für die Füllung verwendet wird. Doch auch besonders in **Nordgriechenland** und vor allem **Thessaloníki** ist das Gebäck beliebt.

Skaltsoúnia

Kykladeninseln wie Páros und Sérifos reklamieren sie als ihre Spezialitäten. Doch sie sind weit verbreitet in Griechenland, wenn auch nach variierenden Rezepten zubereitet, diese kleinen, ein wenig an zur doppelten Portion geratene Vanillekipfel erinnernden, meist mit einer Masse aus Nüssen, Honig, Zimt, Nelken, Zitronensaft und -schale gefüllten Halbmonde.

Amygdalotá

Es gibt verschiedene Arten dieses Mandelkonfekts. Gemein ist ihnen, dass die Hauptbestandteile zu etwa gleichen Teilen Zucker und Mandeln sind. Viele Inseln wie Sífnos, Póros und Hýdra, aber auch Orte auf dem Peloponnes, wie zum Beispiel Monemvasía, sind auf ihre Spezialitäten stolz. Gern wird mit etwas Orangenblütenwasser aromatisiert und es gibt gebackene Versionen. Die Zutaten können aber auch einfach roh oder etwas erhitzt verrührt werden, bevor jeweils ein gehäufter Esslöffel davon zu kleinen Birnchen geformt wird. Konditoreien flachen die Birnenform meist etwas zu Kegeln ab, um die Nascherei besser verpacken zu können. Meist werden blanchierte Mandeln verwendet. Traditionell wird dieses Konfekt zu Hochzeiten bereitet.

Festtagsgebäck

Obwohl dieses traditionelle Kleingebäck auch das Jahr über geschätzt wird, hat es doch zur **Weihnachtszeit** Hochsaison, wenn

Verschiedene Formen von Amygdalotá von Sífnos

man Naschereien für Familie und Gäste bereit halten will: Die sirupgetränkten **Melomakárona** und die mürben **Kourambiédes**, die zuweilen unseren Vanillekipfeln ähneln, zuweilen auch rund geformt und in der Mitte mit einer Nelke gespickt werden. Gern pinselt man sie mit etwas Rosen- oder Orangenblütenwasser ein, das ihnen einen betörenden Duft verleiht.

Díples

Auch diese knusprigen, frittierten Teigschleifen oder -röllchen werden gerne zu Weihnachten, ebenso wie zu anderen größeren Anlässen wie Hochzeiten oder Kirchenfesten serviert.

Neujahrs- und Osterbrot

Ein Gebäck, das traditionell speziell zu diesen Feiertagen bereitet wird. Beim Neujahrsbrot (Vasilópita) wird eine kleine Münze oder ein Stückchen Gold eingebacken. Sein Finder wird im Neuen Jahr ein ausgesprochener Glückspilz sein. Das Osterbrot (Tsourékia) wird mit ganzen Eiern samt rot gefärbter Schale geschmückt.

Mastích(a) - Kleine, erhärtete Tränen

Als **Kaugummi** ist Mastích(a) (Mastix, Mastik, μαστίχα) seit weit mehr als zweitausend Jahren bekannt. Heute noch wird er entweder pur oder zusammen mit reinem Bienenwachs gekaut, nicht nur

Masticha von Chios

wegen seines guten Geschmacks, sondern auch wegen seiner **antibakteriellen** und **atemverbessernden** Wirkung. Auch die an fast jedem griechischen Kiosk erhältliche **Kaugummimarke ELMA** enthält natürlichen Mastícha als Aromastoff. Es handelt sich dabei um das Harz des Mastíchastrauches (Pistacia lentiscus), auch ›Wilde Pistazie‹ genannt. Der Strauch ist in der ganzen Mittelmeerregion verbreitet. Es kommt jedoch auf den Standort an, ob sich Mastícha aus ihm gewinnen lässt. Tradition, besondere Qualität und eine geschützte Herkunftsbezeichnung hat der Mastícha der ostägäischen Insel **Chíos**, wo die Sträucher und kleinen Bäumchen besonders ertragreich sind. Vier bis fünf Kilogramm liefert hier ein einzelner Strauch. Die darauf spezialisierten Mastíchadörfer (Mastichochória) im Süden der Insel brachten ihren Bewohnern einst reiche Einkünfte, da Mastícha auch in vielen Ländern außerhalb Griechenlands geschätzt wurde, nicht nur als Kaugummi, sondern zudem für medizinische Präparate und vor allem als Firnisbestandteil. Inzwischen gibt es für letzteren Zweck haltbarere und widerstandsfähigere Produkte, so dass die heutige Mastícha-Produktion nicht mehr den einstigen Stellenwert hat.

Schöne, leider teils im Verfall begriffene Häuser mit einzigartigem Kratzputzdekor auf den Fassaden erinnern heute an die Blütezeit der Mastíchadörfer.

Zur Gewinnung ihres Harzes werden die Stämme der Mastíchasträucher im Juli eingeschnitten, im August wird das erhärtete Harz gesammelt, gereinigt und an der Sonne getrocknet. In den Handel kommt es vor allem als kleine elfenbeinfarbige bis gelbliche Bröckchen und Kügelchen, wegen ihrer Form auch ›Mastíchatränen‹ genannt. Daneben gibt es gepulverten Mastícha, Mastíchaöl und mit Mastícha bereitete Produkte, wie Getränke und Kosmetika. **Kulinarisch** findet Mastícha Anwendung zum Aromatisieren von Saucen, Spirituosen und Süßspeisen, wie der schneeweißen, süßen, ›Vanília‹ genannten Masse und einer Harzaromavariante des weißen, nougatartigen Mandoláto. Sein **medizinischer Nutzen** wurde bereits in der Antike erkannt. Mastícha ist eines der rund tausend Arzneimittel, die der Arzt und Botaniker Dioscorides im ersten Jahrhundert in seiner Materia Medica beschrieb. Aktuelle Studien belegen seine Wirksamkeit u.a. gegen bakteriellen Zahnbelag, Gastritis und bestimmte Magen- und Darmgeschwüre.

Der Duft des Mastícha macht ihn auch als **Räuchermittel** beliebt, ob pur oder in Mischung mit Thymian und Pinien. Sein Duft vermittelt ein Gefühl der Helle und lässt Erinnerungen an die Küsten des Lichts, an Meeresrauschen und den Pinienduft griechischer Wälder wach werden. Manche behaupten, der leichte, balsamische, frische, zitronige, zartätherische Duft, den das Harz beim Verbrennen verströmt, stärke geistige Kräfte und Intuition, wirke gegen Depressionen, reinige, kläre und mache innerlich wach. Auch Insekten soll er fernhalten.

Webtipps

www.mastihashop.com
www.masticulture.com

Einkaufstipp

ELMA-Kaugummis mit echtem Mastícha gibt es in Griechenland fast in jedem Kiosk und Supermarkt zu kaufen. Vielfältige Mastícha-Produkte bekommt man natürlich auf der Insel Chíos, aber auch in den ›mastíhashops‹ am Athener Elefthérios Venizélos-Flughafen, in der Stadt Athen (Panepistimiou & Kriezotou 10671 Syntagma) und in einigen anderen Städten wie Piräus, Thessaloníki, Vólos und Iráklio auf Kreta.

Lebensmittel einkaufen

Die Agorá, der Markt

In einer Taverne direkt am Meer oder an einem Berghang mit Blick weit über das Land inmitten von Genussmenschen, die mit sichtbarem Appetit bei der Sache sind, zu sitzen und zu speisen, ist etwas Herrliches. Nicht minder reizvoll ist es jedoch, über einen der Märkte zu bummeln, sei es, um sich mit Essbarem in Rohform einzudecken, weil man eine Kochgelegenheit in seiner Unterkunft hat, sei es um einfach einzutauchen in das bunte Treiben, den Duft von Bergen sonnengereifter, frischer Tomaten und Melonen zu atmen, die Vielfalt der ausgebreiteten Fische zu bewundern und bei Metzgern vorbeizuschauen, bei denen das Tier noch nicht auf das Schnitzel reduziert ist, sondern als Ganzes vom Haken hängt, bevor es bei Bedarf vor den Augen der Kunden blutspritzend zerlegt wird.

Die zentrale Athener Markthalle

Mag man sich nur Appetit holen, ohne sich selbst in die Küche zu stellen, so gibt es auf den meisten Märkten auch **Gelegenheit etwas zu essen**. Bodenständig und preisgünstig sind diese Lokale, wie beispielsweise das **Papandréou im zentralen Markt Athens**. Durch seine hohen Glastüren und Fenster blickt man auf das Markttreiben, während man sich traditionelle Gerichte schmecken lässt, wie Lamm in Zitronensauce, Ziegensuppe, Calamares in Weinsauce, Aufläufe, gefüllte Auberginen, wechselnde Sorten Gemüse und Fisch, mit Kräutern und Gewürzen gekocht oder im Backofen gegart. Das Lokal hat rund um die Uhr geöffnet. In den frühen Morgenstunden kommen die Nachtbummler, um mit einer ›Pátsas‹ genannten Kuttelsuppe den Kater zu vertreiben. Später kommen Marktvolk, Hausfrauen, Spaziergänger, Pärchen und ganze Familien. Auf den blanken Marmorplatten der Tische stehen neben Salz und Pfeffer kleine Schälchen mit zerstoßenen trockenen Peperoni und Glasflaschen mit würzigem Essig, in dem zerschnittene Knoblauchzehen schwimmen. Vor allem die Pátsas-Esser streuen, beziehungsweise gießen daraus kräftig in ihre tiefen Teller.

Die lebhaftesten und reichhaltigsten Märkte befinden sich in großen Städten wie Athen und Thessaloníki. Dort gilt es neben den feilgebotenen Lebensmitteln und der einzigartigen Atmosphäre auch die Architektur der alten Hallen zu bewundern. Der **große zentrale Athener Markt** befindet sich in der Athinás-Straße auf halber Höhe zwischen

Die Fleischhalle des Athener Zentralmarkts

den Plätzen Monastiráki und Omónia. Auf der einen Straßenseite breiten die Gemüsehändler ihre Waren aus, umringt von Ladenzeilen mit Spezialitäten wie Oliven, Öl, Tee und Spirituosen. Auf der anderen stehen die drei großen 1879-80 errichteten Hallen, die zwei äußeren beherbergen den Fleischmarkt, die mittlere den Fischmarkt.

Metzger in blutbefleckten weißen Kitteln schwingen ihre Beile, Fischhändler mit schwarzen Schürzen und Gummistiefeln preisen lautstark ihre Waren an und scherzen mit Kunden und Kollegen. Schuhe mit festen Sohlen sind für einen solchen Marktbesuch von Nutzen. Denn es ist rutschig, vor allem auf dem Fischmarkt. Dauernd wird Eis nachgelegt und die Ware mit Wasser abgespritzt. Dafür fischelt es auch nirgends, sondern duftet angenehm nach Meer. Und es gibt Fische soweit das Auge reicht in ungeahnter Farben- und Artenvielfalt. Kräftig rote Skorpionfische von bizarrer Form, kleine rosige bis kupfrige Meerbarben, Brassen aller Größen und Tönungen, mal silbrig, mal golden, mal rötlich, mal gestreift, Makrelen, Barsche und Lachse liegen neben Bergen winziger ›Atherína‹, Steigen voller Sardinen und riesigen Schwertfischen, Haien und Thunfischen. Zwischen sauber ausgerichteten Reihen Krabben und Krebse türmen sich Meeresfrüchte wie Calamares, Garnelen, Langusten, Seeigel und Muscheln. Octopusse baumeln mit ihren langen Fangarmen wie Wäsche von der Leine.

Thessaloníkis Marktviertel ist weitläufig. In dem Rechteck zwischen den Straßen Aristotélous, Ermoú, Ag. Sofías und Egnatía haben Antiquitäten-, Münz- und Briefmarkenhändler und Tischler mit ihren Kleinmöbeln ihr Revier. Daran angrenzend bis zur Odós El. Venizélou werden in der nach ihrem jüdischen Erbauer benannten Modiáno-Markthalle aus dem Jahr 1922 und auf dem Vláli-Markt hauptsächlich Lebensmittel verkauft. Ähnlich bunt und lebhaft wie auf dem zentralen Athener Markt geht es hier zu. Wie dort kann man auch hier essen, direkt in der Halle und in kleinen Lokalen rundum.

Sind die **Märkte anderer Orte** auch nicht so riesig, so sind sie doch immer einen Besuch wert. Jeder hat seine Eigenarten und regionalen Produkte. Nicht immer sind sie täglich und ganztags geöffnet. Oft ist nur Samstags Betrieb, wie etwa in **Kalamáta** auf dem Peloponnes, wo die beliebten Kalamáta-Oliven heimisch sind. Oft auch nur in den Morgenstunden, wie in **Vólos** entlang des Hafenkais und an der Odós El. Venizélo bei der Platía Eleftherías. In **Rafína**, dem Ausgangshafen für den Besuch vieler Kykladeninseln, reihen sich Fischtavernen und Ouzeríen mit den Fischhändlern abwechselnd aneinander. Im Hafen der saronischen Insel **Egina** südwestlich von Athen werden jeden Tag Fisch, Obst und Gemüse vom Schiff verkauft. Gegenüber von diesem schwimmenden Markt breitet sich ein Fischmarkt in einer Gasse aus, die die Uferstraße mit der Einkaufsstraße verbindet. Auch hier kann man sich Fisch und Meeresfrüchte in einer Taverne am Ende der Gasse schmecken lassen, wenn man nicht selbst kochen kann oder will.

Fischmarkt im Hauptort der Insel Aegina im Saronischen Golf

Die Bäckerei

Artopoiío (Αρτοποιείο) heißt die Bäckerei. So steht es zuweilen auf dem Schild. Doch meist nennt man sie schlicht **foúrnos (φούρνοσ)**, was ›Backofen‹ heißt. Vor allem in den Morgenstunden duften diese Handwerksbetriebe von weitem nach frischen Backwaren. Wurden auch die alten Holzbacköfen weitgehend durch große Elektroöfen ersetzt, so wird doch noch fast überall traditionell handwerklich gearbeitet. **Fast alle Brotsorten sind weiß**, besonders herzhaft ist das **Bauernbrot (choriátiko psomí)**, dessen Teig meist Maismehl enthält und mehr oder weniger gelblich ist. Außer Brot werden täglich viele Sorten Gebäck hergestellt: **Sesamkringel (koulóuri)** und **Blätterteigpastete /tasche (píta)** gehören zum Standardangebot. Die beliebteste Pastetenart ist die **Käsepastete (týropita)**. In der **mizithrópita** steckt ein ricottaähnlicher Molkenkäse. Daneben gibt es oft **Spinatpastete (spanakópita)**, die ebenfalls salzig ist, sowie **süßes Blätterteiggebäck** (▶ Seite 42). Täschchen, die kleine Version dieser Blätterteigtaschen, heißen ›**pitákia**‹ und werden oft als Vorspeisen in Tavernen und Restaurants angeboten.

Weniger fett, doch nicht weniger schmackhaft als die Käsetasche ist das Käsebrot, bei dem Féta oder Hartkäse eingebacken wurde. Normalerweise wird es nicht als großer Brotlaib, sondern in Semmelgröße oder etwas größer angeboten. Ähnlich werden im Olivenbrot natürlich Oliven eingebacken, hier gilt es jedoch mit Vorsicht zuzubeißen, denn manchmal sind sie entkernt - aber eben nicht immer. Ab und zu bieten Bäckereien auch Pizza vom Blech an. Schließlich backen die meisten Bäckereien auch verschiedenen Kekse und Kuchen, womit sie sich mit dem Sortiment der Konditoreien überschneiden, die auf dem Gebiet mehr Auswahl und zusätzlich neben Torten und Cremes oft hauseigene Spezialitäten wie Löffelsüßes und kandidierte Früchte im Angebot haben.

Zacharoplastío (ζαχαροπλαστείο) heißt die Konditorei

Zacharoplástis ist das Wort für den Zuckerkünstler, bestehend aus den griechischen Worten ›záchari‹ für Zucker und ›plástis‹ für Schöpfer. Seine phantasievollen Kreationen liegen verlockend in den Vitrinen und warten darauf, liebevoll in kleine Hochglanzschachteln, die Kartoúles, verpackt zu werden. Mit einem Bändchen verschnürt, trägt man sie am Finger baumelnd nach Hause oder vielleicht zu einem Freund, der gerade Namenstag hat, ein guter Anlass ihn mit Glýka, wie die Süßigkeiten heißen, Torte, Kuchen (pásta) oder Schokolade (sokolatína) zu verwöhnen. Solche Kartoúles sind, neben Blumen, auch ein geeignetes Mitbringsel, wenn man als Gast in ein Privathaus eingeladen wird. Selbstverständlich bedarf es mehr als nur Zucker für die wohlschmeckenden Kunstwerke. Reichlich verwenden Bäckereien und Konditoreien die Produkte des Landes, wie Walnüsse, Mandeln, Pistazien, Feigen und den aromatischen griechischen Honig in ihren Kreationen. Viele Konditoreien schenken auch Kaffee aus, so dass man ihre Produkte auch vor Ort genießen kann. **Kafézacharoplastío** (Καφέζαχαροπλαστείο) steht dann manchmal auf ihrem Geschäftsschild. Ab ►Seite 40 werden die Zuckerbäckerprodukte im Einzelnen vorgestellt.

Mobile Händler

Nahezu überall, wo Fischer mit ihrem Fang im Hafen anlegen, kann man sich mit frischem **Fisch direkt ab Boot** eindecken. Vor allem wo es keine Märkte größeren Stils gibt oder wo sie nur an einzelnen Tagen stattfinden, überbrücken **Lastwagen**, vollbeladen mit Gemüse, Obst, zuweilen auch Fisch, lebendigen Hühnern, und Haushaltsartikeln, Schuhen und Textilien, diese Lücke. Mit lauter Bousoúki-Musik und

Direkt vom Boot verkaufen Fischer ihren Fang.

Megafonen machen sie auf sich aufmerksam. Ähnlich wie stationäre Märkte, sind auch diese fahrenden beliebter Treffpunkt. Man nimmt sich Zeit zum Einkaufen, diskutiert und beklopft horchend die Melonen, um ihren Reifegrad einzuschätzen. Wichtig sind diese fahrenden Händler vor allem für die Versorgung entlegener, kleiner Dörfer ohne Einkaufsmöglichkeiten, die oft vorwiegend von alten Menschen ohne Transportmittel bewohnt werden. Auch Bäckereien lassen ihre Lieferanten ausschwärmen, um die Bevölkerung rundum mit frischem Brot und Gebäck zu versorgen. Meist haben sie feste Zeiten und Routen, so dass man sich bequem bei ihnen mit dem Notwendigen eindecken kann.

Gemischtwarenhändler, Super-, Minimärkte und Kiosks

Pantopolío (παντοπωλείο) heißt der Gemischtwarenhändler, bei dem sich außer Lebensmitteln alle erdenklichen Waren meist bis zur Decke türmen. Heutzutage geben sich diese Geschäfte auch oft den Namen **Supermarkt**, ohne etwas mit den großen **Supermarktketten** zu tun zu haben, die es in größeren Orten, meist etwas am Rande, natürlich ebenfalls gibt. **Minimarkt** nennt sich das Gleiche eine Nummer kleiner und oft flexibler in den Öffnungszeiten.
Períptero (περίπτερο) nennt sich der Kiosk, eine typische Erscheinung im griechischen Straßenbild. Er ist zumeist auch außerhalb der üblichen Geschäftszeiten, manchmal (fast) rund um die Uhr geöffnet. Zum Standardangebot gehören Kaugummi (Tsíkla), Knabberzeug und Kekse, Feuerzeuge, Zigaretten, Wundpflaster und Zeitungen. Flankiert ist die kleine Bude normalerweise von einem Kühlschrank mit Getränken und Joghurt. Was es darüber hinaus hier sonst noch zu erstehen gibt, hängt ganz vom Inhaber und seinen Stammkunden ab. Das kann vom T-Shirt und Hemd über so unabkömmliche Dinge wie die Lesebrille und das Kombolói bis zu Spielzeug und kleinen Haushaltsartikeln reichen. Oft steht neben dem Kiosk eine Telefonzelle, zuweilen ein kleines mechanisches Reittier, Auto oder Karussel für die Kinder und eine Truhe mit Speiseeis. Praktisch sind die Kioske, wenn man unterwegs ist. Verhältnismäßig preiswert kann man sich hier mit frischem Trinkwasser eindecken und ein Pflaster für wundgelaufene Füße finden.

Flüssiges - Durstlöscher & Anlass zur Geselligkeit

»Bring' Wasser, bring Wein, Knabe,
bring uns blütenreiche Kränze,
bring' sie, auf dass ich nun
gegen den Eros mit der Faust kämpfe.«

Anakreon (ca. 550-495 v. Chr.)]

Wasser

Bei Tisch ist gekühltes Wasser stets das Grundgetränk. In Regionen mit ausreichender Trinkwasserqualität wird es normalerweise kostenlos sowohl zum Essen als auch zum Oúzo und Kaffee gereicht - leider nicht überall. Einerseits verfügen manche Gegenden über kein eigenes Quellwasser und das aufbereitete Meerwasser oder von weit her transportierte Wasser ist oft zum bedenkenlosen Genuss ungeeignet beziehungsweise geschmacklich unbefriedigend. Andererseits wird zunehmend selbst dort, wo es hervorragendes Quellwasser gibt, versucht, stattdessen Mineralwasser zu verkaufen, vor allem an Touristen. Dann lohnt die Nachfrage nach ›mía karáfa néro‹, obwohl auch das in Flaschen abgefüllte Tafelwasser ausgesprochen preiswert ist. Teurer kommen Wasser mit Kohlensäure, Limonaden und Cola-Getränke.

Gästen, die zu einem kurzen Besuch vorbeikommen, wird als erstes ein Glas frisches Wasser gereicht, oft begleitet von etwas Süßem. Die meisten Hausfrauen haben für diesen Zweck stets einige Gläser selbst gefertigtes ›Löffelsüßes‹ (Glykó koutalioú,) im Haus, also Früchte in Zuckersirup (► Seite 39). Freilich gibt es diese Süßigkeiten auch aus handwerklicher und industrieller Fertigung in Konditoreien und Supermärkten. Manchmal folgt dann das Angebot eines Kaffees. Ähnlich handhaben das auch die Nonnen und Mönche in griechischen Klöstern mit ihren Besuchern, nur dass man dort meist Loukoúmis statt Sirupfrüchte gereicht bekommt.

Prost!

»Ygiá mas!« (gesprochen »Jammas!« - ► Seite 204) heißt es kurz für »Stin ygiá mas!« (»Auf unsere Gesundheit!«), wenn man etwas Alkoholisches im Glas hat und es in Gesellschaft zum Zuprosten erhebt. Mit »(Stin) ygiá sas!« (»auf Ihre/eure Gesundheit!«) oder »(Stin) ygiá sou!« (»auf deine Gesundheit!«) trinkt man auf das Wohl seiner Tischgenossen.

Hochprozentiges

Oúzo

Oúzo wird in der Werbung und in der kulinarischen Literatur meist als ›griechischer Aperitif‹ bezeichnet. In der Tat ist dieser Anisschnaps der ideale Begleiter der vielfältigen kleinen Häppchen, die als Vorspeise serviert werden, Mezédes genannt. Selten trinkt man ihn pur (skéto). Meist wird er mit Eisstücken oder Wasser serviert. Dadurch bekommt er ein milchiges Aussehen, das von den im Anis enthaltenen ätherischen Ölen herrührt, die sich im Alkohol besser als in Wasser lösen. Man kann Oúzo sowohl in Bars und Kafeníons als auch in Tavernen und Restaurants bestellen. Spezialisiert auf Oúzo und Mezédes sind jedoch sogenannte Ouzeríen. Meist wird man beim Bestellen gefragt, ob man ein Glas (potíri, ποτήρι) oder eine Flasche (bukáli, μπουκάλι) bzw. kleine Karaffe (karafáki, καραφάκι) will. Letzteres sind dann 100 ml oder 200 ml und wird von Griechen, die ja meist in Gesellschaft trinken, bevorzugt. Die Angabe in der Speisekarte heißt 200 gr (γρ) statt 200 ml, denn man misst Flüssiges in Kilo und Gramm, nicht in Liter

Oúzo wird gerne zusammen mit kleinen Happen, den sogenannten Mezédes, genossen.

und Milliliter. Manche Griechen belassen es beim Oúzo als Begleiter der ganzen Mahlzeit, wobei sie ihn zunehmend mit Wasser verdünnen und schließlich ganz auf Wasser als Getränk übergehen, statt nach dem Aperitif Bier oder Wein zu bestellen. Einige behaupten, es empfehle sich ein Entweder-Oder. Also entweder man trinkt gleich nur Bier oder Wein und Wasser oder überhaupt nur Oúzo und Wasser. So kann man ebenso wie Oúzo-Mezé auch Bier-Mezé oder Wein-Mezé als Auftakt bestellen, wenn dies auch nicht so beliebt ist. Der Alkoholgehalt des Oúzo sollte mindestens 37,5% Vol. betragen, es werden aber auch höherprozentige Sorten angeboten. Jede Region hat ihre eigenen Marken, besonders geschätzt sind die von Lesbos, wie Plomári (Ούζο Πλωμαρίου) und Barbagiánni (Ούζο Βαρβαγιάννη), beides weit über 100 Jahre alte Traditionsbetriebe.

Barbagiánni bietet besonders hochprozentige Sorten an. Sein Sortiment reicht von 42% Vol. mit grünem Etikett, über 46% Vol. mit blauem bis zu 48% Vol. mit schwarzem, ›Aphrodite‹ genannt und in eine Spezialflasche gefüllt. Weit verbreitet ist auch die ebenfalls von Lesbos stammende Marke ›Mini‹ aus dessen Hauptort Mythilíni. Im deutschsprachigen Ausland haben sich vor allem ›Ouzo 12‹ und ›Tsántali‹ etabliert.

Tsípouro

Dieser Tresterschnaps wird meist von Weinbauern selbst gebrannt und erfreut sich vor allem in den Bergregionen der gleichen Beliebtheit wie Oúzo. Er ist die griechische Entsprechung des italienischen Grappa, spanischen Aguardiente und französischen Marc. Es gibt ihn ohne oder mit Anis. Die allgemein gängigste Bezeichnung dafür ist Tsípouro (τσίπουρο). Auf Kreta wird der Tresterschnaps vor allem Tsikoudiá (τσικουδιά) oder Rakí (ρακή/ρακί) genannt. Die auf Tsípouro und Mezédes spezialisierte Entsprechung der Oúzeri heißt Tsipourádiko.

Metaxá

Seit 1888 wird diese Weinspirituose hergestellt. Ihre Präsentation auf den großen Weltausstellungen der Zeit der Wende zum 19. Jahrhundert brachte ihr Weltruhm und zahlreiche Auszeichnungen. Die Firma des Spýros Metaxás belieferte europäische Königshäuser und bereits ab 1900 die USA. Beim Bau der ersten Fabrik war eine antike Münze mit der Darstellung des Salamina-Kriegers gefunden worden. Als Zeichen göttlichen Eingreifens empfunden, machte das Metaxa-Unternehmen sie sich zum Symbol, das die Ausstattung der Flaschen schmückt.

Hergestellt wird die Spirituose mit cognacähnlichem Aussehen und mildem Geschmack aus jahrelang gelagerten Weindestillaten, die durch eine Mischung aus Kräutern und Rosenblättern filtriert und mit Weinalkohol und Wein vermählt werden. Sie kommt in verschiedenen Qualitätsstufen auf den Markt, wobei fünf Sterne für eine mindestens fünfjährige Lagerung, sieben für eine siebenjährige stehen und Metaxa Grande Fine mindestens 15 Jahre in Limousin-Eichenfässern verbracht haben muss.

Likörspezialitäten

Jede Region hat eigene Likörspezialitäten. Meist liegen ihnen alte Familienrezepte zugrunde, die Kräuter und Früchte der jeweiligen Gegend nutzen. Auf Chíos, wo traditionell Mastikbäume zur Gewinnung ihres Harzes gepflanzt werden, bereitet man neben vielen anderen Produkten daraus auch einen **Mastícha-Likör**. Extrakte von Zimt, Nelken, Muskatnuss und Zitrusfrüchten geben dem seit dem 15. Jahrhundert in Pátras hergestellten **Tentoúra** sein Aroma. Auf der Insel Náxos wird aus Zitrusblättern der **Kítro** hergestellt.

Wein

»Es wäre leichter, in Griechenland die Sandkörner zu zählen, als die verschiedenen Rebarten.«

Vergil

Weinkultur

Griechenland gilt als die Wiege der europäischen Weinkultur, wenn sie auch für die Zeit der Osmanenherrschaft in einen Dornröschenschlaf verfiel, von dem sie erst nach der Befreiung ab 1821 wieder langsam erwachte. Bereits im Altertum hatte Wein große Bedeutung und zahlreiche Darstellungen von Wein, Rebstöcken, Trauben finden sich in der antiken Kunst, zahlreiche Erwähnungen in der klassischen Literatur.

Nicht nur im Alltag, sondern auch bei den religiösen Kulten spielte er eine Rolle. Selbst eine eigene Gottheit war für ihn zuständig, Dionysos.

Ἐν οἴνῳ ἀλήθεια.
(En oinō alētheia).
›Im Wein (liegt) die Wahrheit.‹

Wenn wir hinter der Offenheit und Redseligkeit eines Menschen seine Weinseligkeit vermuten, werfen wir gerne ›In vino veritas‹ ein, womit wir den römischen Gelehrten Plinius den Älteren (23-79 n. Chr.) zitieren. Genauso gut könnten wir uns jedoch auf den antiken griechischen Lyriker Alkaíos von Lesbos (630-580 v. Chr.) beziehen, einen Zeitgenossen der Dichterin Sapphó. ›Im Wein (liegt) die Wahrheit‹ soll, lange vor Plinius, schon er gesagt haben.

Eine ausgegrabene Steinkelter und zahlreiche Tongefäße aus der minoischen Kultur belegen, dass auf Kreta bereits in vorgriechischer Zeit Wein bereitet wurde. Von hier aus verbreitete sich der Wein auf den ägäischen Inseln und schließlich dem Festland. Auf der Ägäisinsel Thássos kannte man bereits vor 2400 Jahren ein strenges Weingesetz, das den Handel mit Trauben, Most und Wein, die Besteuerung und die Kennzeichnung der Amphoren mit Stempeln regelte.

Griechischer Wein in der Gegenwart - nicht alles ist Retsína

Als erstes denkt man bei griechischem Wein an den geharzten Retsína. Nicht jeder ungewohnte Gaumen mag ihn. ›Terpentinwein‹ nennen ihn manche abfällig, vor allem wenn sie an eine Flasche mit etwas

Weinfelder auf Límnos. Von hier kommen hervorragende OPAP-Weine der Rebsorte Moscháto Alexandrías.

zu intensivem Harzgeschmack geraten sind. Doch gibt es auch ausgezeichnete Rot- und Weißweine. Was schon Virgil aufgefallen ist, ist noch immer beachtlich: Die Menge der verschiedenen Rebsorten. Auf mehr als 200 werden sie heute geschätzt. Nicht nur die Vielfalt der Sorten, sondern auch die unterschiedlichen Böden und Verarbeitungsweisen, die eine riesige Palette an Variationen schaffen, sind faszinierend. Wie so oft kommt hier die Weltläufigkeit und Experimentierfreudigkeit, kombiniert mit dem Traditionsbewusstsein der Griechen zum Tragen.

Die größten Anbaugebiete sind Zentralgriechenland mit Evia (Euböa), der Peloponnes und Kreta. Doch auch von vielen Inseln, größeren wie ganz kleinen, kommen oft bemerkenswerte Weine. Die besonderen lokalen Gegebenheiten verleihen ihnen einen unverkennbaren eigenen Charakter. So sind die hervorragenden, auf eine lange Tradition zurückblickenden Weine von Santoríni durch Vulkangestein, die stete Brise der Ägäis und einheimische Rebsorten wie die weiße Assýrtiko geprägt. Manche Spezialitäten werden international geschätzt, andere haben nur regionale Bedeutung, vor allem weil es an der notwendige Menge fehlt. Der hervorragende, international prämierte Límnos-Wein etwa ist fast ausschließlich auf der Insel Límnos und den nahegelegenen Inseln Lesbos und Samothráki sowie in einigen gut sortierten Weinläden und Gourmetrestaurants andernorts in Griechenland zu finden.

Sámoswein versteht man im Ausland oft als gleichbedeutend mit süßem Dessertwein, doch gibt es auch hervorragende trockene Weißweine auf Sámos, die es allerdings vor Ort zu entdecken gilt, da sie kaum außerhalb der Insel erhältlich sind. Ähnliches trifft für viele andere kleinen Anbaugebiete zu. Das Erkunden ihrer Vielfalt ist ein reizvolles Erlebnis.

Viele Tavernen führen neben Flaschenabfüllungen regionaler und überregionaler Spezialitäten auch Fasswein im Angebot. Manchmal sind dies noch echte Holzfässer, oft aber auch Fassattrappen, teils mit Kühlung, hinter denen sich ein Plastiksack, ein sogenannter Weinschlauch befindet, den der Hersteller in einer Kartonhülle liefert. Diese offenen Weine sind sehr unterschiedlicher Qualität. Oft stehen sie den Flaschenabfüllungen nicht nach, da sie vom gleichen lokalen Hersteller kommen, manchmal sind es jedoch auch Billigprodukte großer Produzenten oder mehr oder weniger gelungene bäuerliche Eigenproduktionen. »Krasí apó varéli« oder »varelísio krasí«, also ›Wein vom Faß‹, verlangt man, wenn man sie probieren will. Auch die Bezeichnung Chýma ist für offenen Wein gebräuchlich. Das Maß für Flüssigkeiten ist das Kilo. Will man einen halben Liter Wein, so bestellt man »méso kílo krasí«.

Bei der Serviertemperatur wird in einfachen Tavernen kaum zwischen Rot- und Weißwein unterschieden. Beide kommen möglichst kühl auf den Tisch. Bei den sommerlichen Temperaturen bleiben sie das meist nicht lang, denn selbst bei edlen weißen Flaschenweinen ist ein Weinkühler keine Selbstverständlichkeit, sondern wird bestenfalls auf ausdrücklichen Wunsch gebracht. Hat der Wirt keinen, bringt er meist stattdessen Eis, was den Wein natürlich verwässert. Auch Steinkrüge sind selten, traditionell wird in leichten Aluminiummaßen serviert, die sich schnell erwärmen.

Retsína

Freilich: er ist omnipräsent, der oft für den griechischen Wein schlechthin gehaltene Retsína. Er geht eine hervorragende Symbiose mit einer deftigeren, knoblauch-, kräuter- und fettreicheren Richtung der griechischen Küche ein. Sein historischer Ursprung liegt in der Antike. Damals wurden die Amphoren mit Pinienharz im Gemisch mit anderen Materialien abgedichtet. Auch sollte teils eine Schicht aus Öl und Harz die Haltbarkeit erhöhen. Im Laufe der Zeit wurde das Harzen des Weins zur Tradition. Es verleiht dem Wein eine eigene Note und verhindert einen oxydativen Ton. Pro Hektoliter werden bis zu ein Kilo Harz der Aleppokiefer vor oder während der Gärung zugesetzt. Die Bezeichnung Retsína für diese griechische Eigenheit unter den Weinen genießt den Schutz der EU. Die Hauptsorten, aus denen der meist weiße Retsína bereitet wird, sind Savvatianó und Rodítis. Seltener wird ein geharzter Rosé, Kokkinéli genannt, angeboten. Er wird aus den Sorten Savvatianó und Mandilariá erzeugt. Noch rarer ist der rote Retsína, der allein aus der Mandilariá-Traube gekeltert wird.

Bedeutende und international bekannte Kellereien

Auf Chalkidikí, in der kleinen Ortschaft Ag. Pávlos an der Westseite der Halbinsel, steht das Stammhaus einer der größten Kellereien:

Tsántali (Τσάνταλης). Andere große von internationaler Bedeutung sind **Boutári** (Μπουτάρης) in Thessaloníki, **Kourtáki** (Κουρτάκι) in dem Ort Markópoulo in Attika und **Archáia Clauss** (Αχάια Κλάους) in Pátra(s) mit ihrer weit verbreiteten Marke ›Deméstica‹ (Deméstichas - Δεμέστιχας). Doch gibt es daneben zahlreiche weitere namhafte Produzenten, die oft auf eine lange Tradition zurückblicken. So beispielsweise **Chatzimicháli** (Χατζιμηχάλη) in Atalándi und **Merkoúri** (Μερκούρη) mit seiner etwa 140-jährigen Geschichte auf dem Peleponnes.

Immer mehr neue, größere und kleinere Betriebe, die nach Qualität und Anerkennung streben, innovativ arbeiten und ganz langsam auch von Weinliebhabern außerhalb des Landes entdeckt werden, gesellen sich dazu.

Unzählige kleine und kleinste Weinbauern

Schließlich gibt es zahlreiche kleine Bauern, die ihren Wein entweder selbst keltern oder von Genossenschaften verarbeiten lassen. Manche setzen professionelle, moderne Keltertechnik ein und erzeugen Weine guter Qualität und Haltbarkeit. Verbände, Genossenschaften und Gemeinden leisten dabei Aufklärungsarbeit und Hilfestellung. Immer mehr ambitionierte Jungwinzer studieren den Weinbau, viele von ihnen in Frankreich. Andere Bauern keltern noch immer wie einst mit einfachen Mitteln, vor allem für den Hausgebrauch. Was sie in ihre Holz- und Plastikfässer füllen, ist dabei zum baldigen Genuss bestimmt. Ungewohnt, mostartig, manchmal etwas trüb, aber dennoch oft köstlich sind diese hausgekelterten Naturweine. Den nächsten Sommer überleben sie kaum, zu gut munden sie, zu viel gibt es bis dahin mit Gästen zu feiern. Schafft es doch einmal ein Rest bis in den nächsten Herbst, so schlägt er leicht um und wird sauer.

Weinreisen

Systematisch widmet sich seit Jahren die Interessengemeinschaft nordgriechischer Weinproduzenten dem Ausbau des sogenannten Oenotourismus. Dazu hat sie ein Netz von Routen geplant und ausgeschildert, das acht Weinstraßen umfasst. Abseits der Schnellverbindungen führen sie, vorbei an so mancher Sehenswürdigkeit, durch die Landschaft mit ihren Weinfeldern und bieten Gelegenheit, Wein zu verkosten und Winzer zu besuchen. Andere Gebiete ziehen langsam nach.

Informationen

Wine Producers Association Of The Northern Greece Vineyard
Helexpo 154 Egnatia St., P.O. Box 1529, 54006 Thessaloníki, Greece
Tel: +30 2310 281617, +30 2310 281632 Fax: +30 2310 281619
www.wineroads.gr

Die wichtigsten einheimischen Rebsorten

Internationale Sorten wie Merlot, Sauvignon und Chardonnay werden auch in Griechenland angebaut und entwickeln dort je nach Region ihren eigenen Charakter. Der große Schatz des griechischen Weinbaus sind jedoch seine autochthonen Rebsorten, das heißt jene einzigartigen Sorten, die es nur in Griechenland gibt - und das oft schon seit langer Zeit. Griechenland konnte sich uralte Reben bewahren, denn die Mehltau- und Reblauskatastrophen des 19. Jahrhunderts, die in Westeuropa Hunderte von Arten zum Verschwinden gebracht hatten, trafen Griechenland nicht in dem verheerenden Ausmaß. Hier ein Überblick über die wichtigsten und charakterstärksten griechischen Reben:

Rote Sorten

Agiorgítiko (Αγιωργήτικο)
Diese auch als St.-Georgs-Rebe bekannte Sorte ist eine der ältesten der Welt. Sie stammt aus der Region Neméa und wird deshalb oft auch einfach ›Mavro Neméa‹ genannt, was schlicht ›schwarze Neméa‹ heißt. Sie reift spät, ist sehr aromatisch und farbintensiv. Sie braucht den Vergleich mit großen internationalen Sorten nicht zu scheuen. Oft wird sie mit Merlot verglichen. Die intensive Farbe der daraus gekelterten Rotweine hat ihr den Beinamen ›Herkulesblut‹ eingebracht.

Kotsifáli (Κοτσιφάλι)
Eine der Hauptsorten Kretas, die sich durch einen hohen Zucker- und niedrigen Gerbstoffgehalt auszeichnet. Sie bringt weiche Rotweine von manchmal ins rostbraune gehender Farbe hervor und wird oft mit Mandilariá verschnitten.

Mandilariá (Μανδηλαριά)
Durch ihre dicke Schale bringt die Traube viel Gerbstoff und Farbe in den Wein. Das macht sie vor allem als Cuvée-Partner beliebt. Auch

wird sie, meist rein, zu dem seltenen roten Retsína oder, im Gemisch mit der weißen Savvatianó-Traube, zum Retsína rosé verarbeitet. Sie ist hauptsächlich auf Rhódos, Kréta, Páros und einigen anderen Kykladeninseln verbreitet und wird auch Amorgianó (Αμοργιανό) genannt.

Mavrodáphne (Mavrodáfni – Μαυροδάφνη)
›Schwarzer Lorbeer‹ bedeutet der Name, dem der Kräuterduft dieses Weins gerecht wird. Es handelt sich um eine auf dem Balkan weit verbreitete Rebsorte, die andernorts auch als ›Mavroud‹ bekannt ist. Berühmt ist der Mavrodáphne aus Patras, ein samtiger, gehaltvoller, mehr oder minder süßer Wein, der an einen leichten Portwein erinnert. Auf Kefaloniá werden daraus sowohl ein Likörwein kontrollierter Ursprungsbezeichnung als auch der trockene Tafelwein ›Monte Nero‹ hergestellt.

Xynómavro (Ξινόμαυρο)
›Xynó‹ bedeutet ›sauer‹, ›mávro‹ ›schwarz‹. Kräftige, langlebige Weine lassen sich aus dieser sehr tanninhaltigen Traube keltern. Tatsächlich sind sie sehr dunkel und wirken etwas säuerlich. Das Aroma erinnert an Oliven und reife Tomaten. Sortenrein wird aus Xynómavro bei der makedonischen Stadt Náous(s)a der rote **Náoussa**-Wein produziert. Gern wird die Traube in den höheren Lagen angebaut. Sie ist in Nordgriechenland weit verbreitet. Aus den an den Ausläufern des Olymp in Thessalien wachsenden Xynómavro-Trauben wird zusammen mit den Rebsorten Krasáto und Stavrotó der bekannte Rapsáni-Wein gekeltert.

Rosé

Rodítis (Ροδίτης)
Schwach roséfarbene, recht spät reifende, dichtbeerige Traube mit ausgeprägter Fruchtnote und leicht an Mandeln erinnerndem Aroma. Sortenrein werden aus ihr roséschillernde und weiße Weine bereitet, wie beispielsweise in der AOC-Lage Pátras. Gerne wird sie auch für Retsína verwendet, meist im Verschnitt mit den weißen Savvatianó-Trauben.

Weiße Sorten

Aidáni (Αηδάνι)
Die autochthone Weißweinrebe ist vor allem auf Santoríni und einigen anderen Kykladen-Inseln beheimatet. Die daraus gewonnenen

Weine überzeugen durch blumige Frische und werden vor allem für Verschnitte mit den Rebsorten Asýrtiko und Athíri genutzt. So entstehen viele trockene Weißweine Santorínis, aber auch der Strohwein Liastós. Auch eine rote Variante des Aidáni existiert, der Aidáni Mávro.

Asýrtiko (Ασύρτικο)
Die Traube behält bei der Reife viel von ihrer Säure. Sortenrein liefert sie einen kräftigen, trockenen Wein mit leichtem Zitrusaroma. Auf Santorin, wo sie auf Vulkangestein wächst, gesellen sich mineralische, erdige Aromen dazu und ergeben einen hervorragenden OPAP-Wein. Doch wird die Sorte fast überall in Griechenland angebaut und auch gern mit anderen Rebarten wie beispielsweise Aidáni gemischt.

Athíri (Αθήρι)
Diese Traube reift recht spät. Sie ist vor allem auf Rhódos und auf der Kykladeninsel Santorín verbreitet, wo sie saftige, fruchtige Weine mit milder Säure hervorbringt. ›Nychtéri santoríni‹ nennt Santo-Wines seinen trockenen, aus Asýrtiko, Athíri und Aidáni gekelterter Weißwein. Der Name ›Nychtéri‹ steht für die Tradition, nach der die Weinbereitung die Santoriner die ganze Nacht wach hielt.

Dembína (Ντεμπίνα)
Dies ist die Traube des bekannten weißen OPAP-Weins Zítsa von Epirus mit weicher Säure und ausgeprägt fruchtigem, an grüne Äpfel erinnernden Duft und Geschmack. Neben vorwiegend trockenen Stillweinen werden aus ihr auch halbtrockene Perlweine produziert.

Moschofílero (Μοσχοφίλερο)
Charakterreiche, aromatische Traube mit graufarbiger Haut und würzigem, blumigem Aroma, die meist mehr oder weniger rosa schimmernde Weine liefert. Ein wenig erinnern sie an Grauburgunder. Die Sorte ist vor allem auf dem Peloponnes beheimatet, wo aus ihr der charakterstarke OPAP-Wein Mantinía gekeltert wird.

Robóla (Rombóla, Ρομπόλα)
Diese alte Sorte ist auf den ionisichen Inseln beheimatet. Zwischenzeitlich wird sie aber auch auf dem Festland angebaut. Sie ergibt ex-

traktreiche, saftige Weiße mit weicher Säure. Ein bekannter OPAP-Wein ist der Robóla-Kefaloniá von der ionischen Insel Kefaloniá.

Savvatianó (Σαββατιανό)
Diese Rebsorte herrscht auf Attika vor und ergibt elegante, ausgewogene Weißweine mit leichtem Citrus- und Blütenaroma. Sie stellt die Hauptsorte zur Herstellung von Retsína.

Vilána (Βηλάνα)
Diese Traube stammt von Kreta, wo sie weit verbreitet ist und sortenrein zu dem OPAP-Wein Pezá verarbeitet wird, einem frischen, leichten, säurebetonten Weißwein mit dezentem blumig-zitrusfruchtigem, leicht exotisch anmutendem Aroma.

Obwohl hier das Schwergewicht auf autochotonen Sorten liegen sollte, wollen wir zum Abschluss noch zwei weltweit, vor allem aber im Mittelmeerraum, verbreitete erwähnen, weil sie in Griechenland hervorragende Ergebnisse bringen:

Weißer Moscháto (Moskáto)
(Moscháto aspro/levkó - Μοσχάτο áspro/λευκό)
Mit ihrem typischen, würzigen Muskatduft liefert diese Rebsorte vor allem hervorragende Likörweine, wie die OPE-Weine von Sámos, Kefaloniá und Pátra.

Moskáto von Alexandría
(Moscháto Alexandrías - Μοσχάτο Αλεξανδρείας)
Auch diese Sorte gehört nicht zu den ureigenen griechischen. Sie ist auch als Moscháto chondró (Μοσχάτο χονδρό), Anglikó (Αγγλικό) und Zibibbo bekannt und wird weltweit als Wein- und Tafeltraube angebaut. Vor allem die Insel Límnos, die Ende des 19. Jahrhunderts Reblausschäden an ihren einheimischen Reben zu beklagen hatte, ist auf sie ausgewichen und gewinnt daraus sowohl süße OPE- als auch trockene OPAP-Weine hoher Qualität.

DAS QUALITÄTSSYSTEM GRIECHISCHER WEINE

OPAP (ΟΠΑΠ) = AOC

Das griechische Qualitätssystem orientiert sich an dem französischen Vorbild mit seiner Einteilung in Appellationen, Landweine und Tafelweine. Das griechische Pendant zur französischen Appellation d'Origine Contrôlée (kontrollierte Herkunftsbezeichnung) ist: **Onomasía Proeléfseos (oder Proélefsis) Anotéras Piótitas, kurz OPAP (Ονομασία Προελεύσεως Ανωτέρας Ποιότητας, kurz ΟΠΑΠ).**

Zum besseren internationalen Verständnis wird diese Angabe oft durch die französische Bezeichnung und/oder deren Abkürzung AOC ergänzt, manchmal auch stattdessen VQPRD oder auf Englisch ›Appellation of origin ... of high quality‹. Außerdem kennzeichnet diese Weine eine hellrot-weiß gemusterte Banderole, die über den Korken geklebt wird. Die OPAP-Weine sollen ein starkes Profil gewährleisten. Zurzeit gibt es fünfundzwanzig davon. Neben der Herkunft aus einem eng umgrenzten Gebiet wird von ihnen die Erfüllung weiterer strenger Kriterien gefordert, was u.a. Mindestzuckergehalt, Alkoholgehalt, verwendete Rebsorten und Höchsterträge betrifft. Doch werden auch außerhalb der Appellationen interessante und hochwertige Weine erzeugt, für die der komplizierte Anerkennungsweg nicht eingeschlagen wurde oder die andere, nicht klassifizierte Sorten enthalten.

OPE (ΟΠΕ) = Kontrollierte Herkunftsbezeichnung für Likörweine

Eine spezielle Kategorie, die der OPAP entspricht, jedoch nur auf Likörweine Anwendung findet, ist Onomasía Proeléfseos Elegchoméni (Ονομασία Προελευσέως Ελεγχομένη). Diese Qualitätsweine werden durch eine blau-weiß gemusterte Banderole gekennzeichnet.

Topikós Oínos (Τοπικός Οίνος)= Landwein

Diese Benennung wird weniger restriktiv gehandhabt als die der OPAP. So gibt es weit über hundert Weine, die diese Bezeichnung tragen dürfen. Auch sie sollten aus alten, bodenständigen Rebsorten erzeugt werden und aus bestimmten Anbaugebieten stammen. Viele Landweine sind teurer und hochwertiger als so mancher Appellationswein, denn gerade aus kleinen, unbekannten Gebieten kommen oft die überraschendsten Weine.

Epitrapézios Oínos (Επιτραπέζιος Οίνος) = Tafelwein

Unter die Bezeichnung fällt, was sich nicht so leicht in ein Schema pressen lässt - und das ist sehr viel, denn die Experimentierfreude griechischer Winzer ist groß. So können auch Winzer, die mit internationalen Sorten arbeiten, ihre Weine unter dieser Bezeichnung vermarkten. Oft sind ganz hervorragende Tropfen darunter.

Weitere Bezeichnungen

Reserve und Grande Reserve - Zusätzlich zu dem Qualitätshinweis OPAP und OPE dürfen deren Hersteller die Bezeichnung ›**Reserve**‹ (›Epilegménos‹, ›Επιλεγμένος‹) für ihre Weißweine, die länger als zwei Jahre gelagert sind, und für ihre Rotweine, die länger als drei Jahre gelagert sind, benutzen. Mindestens sechs Monate dieser Lagerzeit sind jeweils im

Fass und mindestens sechs Monate in der Flasche zu verbringen. ›**Gran Reserve**‹ (›Idiká Epilegménos‹,›Ειδικά Επιλεγμένος‹) dürfen sich Weißweine mit einer Lagerungszeit von drei oder mehr Jahren nennen (mindestens eines davon im Fass und eines in der Flasche) und Rotweine, die mindestens vier Jahre gealtert sind (zwei im Fass und zwei in der Flasche).

Cava

Steht dieses Wort auf griechischen Weinflaschen oder dem Schild hellenischer Wein- und Spirituosenhandlungen, so hat sie nichts mit dem spanischen Schaumwein zu tun. Es steht für das griechische Wort ›Κάβα‹ (›Káva‹), was (Wein-)Keller bedeutet, und wird gern für gereifte Weine verwendet, die der besondere Stolz ihrer Anbieter sind.

OPAP-Weine nach Regionen

Gegend und Bezeichnung	Art des Weins	Rebsorten
MAKEDONEN		
Amýnteo (Αμύνταιο)	rot; stiller und moussierender Rose	Xynómavro
Gouménissa (Γουμένισσα)	rot, trocken	Xynómavro, Nengóska
Náus(s)a (Νάουσα)	rot, (halb)trocken	Xynómavro
Plagiés Melítona (Πλαγιές Μελίτωνα)	weiß, trocken,	Athíri, Asyrtiko, Rodítis,
	rot, trocken	Limnió, Cabernet Sauvignon, Cabernet franc
EPIRUS		
Zitsa (Ζίτσα)	weiß, (halb)trocken, still oder moussierend	Debína
THESSALIEN		
Anchíalos (Αγχίαλος)	weiß, trocken	Rodítis, Savvatianó
Rapsáni (Ραψάνη)	rot, trocken	Xynómavro, Krassato, Stavroto
Mesenikóla (Μεσενικόλα)	rot, trocken	Carignan, Syrah, Mavro Mesenikola
IONISCHE INSELN		
Robóla-Kefaloniá (Ρομπόλα Κεφαλληνίας)	weiß, trocken	Ro(m)bóla
PELOPONNES		
Mantinía (Μαντινεία)	weiß, trocken	Moschofílero, Asproudes
Neméa (Νεμέα)	rot, (halb)trocken, Likörwein	Agiorgítiko
Pátra(s) (Πάτρα)	weiß, trocken	Rodítis
ÄGÄISCHE INSELN		
Límnos (Λήμνος)	weiß, trocken	Moscháto Alexandrías
Paros (Πάρος)	rot, trocken	Monemvasiá, Mandilária
	weiß, trocken	Monemvasiá
Santoríni (Sandoríni, Σαντορίνη)	weiß, trocken	Assýrtico
	weiß, Likörwein	Assyrtico, Aidáni
Rhodos (Ρόδος)	weiß, trocken	Athíri
	rot, trocken	Mandilariá (Amorgianó)
KRETA		
Achárnes (Αρχάνες)	rot, trocken	Kotsifáli, Mandilariá
Dafnés (Δαφνές)	rot, trocken und Likörwein	Liátiko
Pezá (Πεζά)	weiß, trocken	Vilána
	rot, trocken	Kotsifáli, Mandilariá
Sitía (Σητεία)	rot, trocken	Liátiko, Mandilariá

Bier

Auch der Gerstensaft ist bei den Griechen ein beliebtes Getränk. Es wird von wenigen großen Brauereien geliefert. Kleine regionale Brauhäuser sind die Ausnahme, obwohl neuerdings auch Minibrauereien in Mode gekommen sind, die Spezialbiere herstellen. Doch noch immer dominieren die großen Marken wie ›Mýthos‹, ›Amstel‹ und ›Heineken‹. Viele Gaststätten haben alle drei auf Lager. So antwortet die Bedienung oft auf die Bestellung »mía bíra« (»ein Bier«) mit der Frage »Mýthos?« »Amstel?«. Weniger verbreitet sind die Marken ›Alfa Hellenic‹, ›Fix‹ und einige eigene Produkte der Supermarktketten. In den Tavernen werden meist Flaschen angeboten, Fassbier (bíra (apó) varéli / μπίρα (από) βαρέλι) gilt als Spezialität, mit der vor allem Bars und schicke Cafés aufwarten. Somit ist es zusätzlich meist teurer als das Flaschenbier.

Erfrischungsgetränke

Frisch werden oft Orangen- und Zitronensäfte (Chymós portokáli oder Chymós Lemóni) angeboten. Beliebt ist eine Sauerkirschlimonade, ›**Vyssináda**‹ genannt. Dafür wird Sirup mit (Mineral-)Wasser aufgegossen. Eine Spezialität, die vor allem auf der Dodekánes-Inselgruppe zubereitet wird, ist Mandelmilch namens Soumáda. Bei den Flaschenabfüllungen gibt es neben den üblichen internationalen Marken beispielsweise das moderne, leichte Produkt ›Avra herbal‹ von Coca Cola Hellas. Dabei handelt es sich um ein natürliches Erfrischungsgetränk aus Mineralwasser, ein wenig Traubensaft und Kräutern, das in den Geschmacksrichtungen Pfefferminz, Zitronengras und Salbei zu haben ist. Tradition hat die Herstellung einer Tzizimbíra genannten Ingwerlimonade auf Korfu.

Kaffee und Tee

In dem Maße, wie die Engländer als Nation der Teetrinker bezeichnet werden, sind die Griechen eine Nation von Kaffeetrinkern, die Frage »Tee oder Kaffee?« wird kaum gestellt. Freilich bekommt man auf Wunsch auch Tee, beispielsweise zum Frühstück, doch eine Tee-

Preiswerte Tees und Kräuter werden vor der zentralen Athener Markthalle angeboten.

kultur wie die der Engländer oder eine Sortenvielfalt, wie sie auch in anderen westlichen Ländern angeboten wird, fehlt. Auch ist es nicht gebräuchlich, Tee als Durstlöscher zu trinken, wie es in den heißen Ländern Nordafrikas und Asiens geschieht. Durstlöscher Nummer eins ist Wasser. Schwarztee kommt meist als Beutelware in die Tasse, grüner Tee ebenfalls ab und zu. Daneben gibt es Kräutertees, allen voran den über die Grenzen des Landes hinaus bekannten und beliebten **Bergtee** (Tsái tou vounoú), eine einheimischen Pflanze aus der Gattung der Gliedkräuter (Sideritis), die getrocknet wird. Man brüht sie zur Teebereitung etwa zehn Minuten auf. Auf Kreta wird er meist mit Diptam-Dost gemischt. Man genießt ihn gern mit etwas Honig gesüßt zu einer Scheibe Zwieback. Er gilt als schmackhaft, gesund und entspannend. Man bekommt die getrockneten Teekräuter an Ausflugsorten, von Kräuterweiblein am Straßenrand, an Souvenirständen und auf dem Markt angeboten. In der Gastronomie jedoch führt er ein Schattendasein. Das Lebenselixier ist eindeutig der Kaffee.

Zubereitung des klassischen griechischen Kaffees

Es gleicht einer Zeremonie, wenn das Wasser zusammen mit dem stark gerösteten, fein gemahlenen Kaffee und Zucker in einem langstieligen Metallkännchen erhitzt wird. Es bedarf Konzentration, wenn die gewünschte, cremige Schaumkrone entstehen soll, ohne dass der

Kaffee überkocht. Dreimal lässt man ihn dafür aufwallen, während sich sein Duft verbreitet. Nach jedem brodelnden Aufsteigen des Gebräus nimmt man das Kännchen rasch vom Feuer, ehe sich die schäumende, dicke Brühe über den Rand ergießt.

Getrunken wird der Kaffee aus winzigen Tässchen. Mindestens ein gehäufter Kaffeelöffel Pulver pro Tasse und Zucker nach Belieben werden verwendet. Da der Zucker mitgekocht wird, gibt man bei der Bestellung an, ob man den Kaffee sehr süß (varí glikó), mittelsüß (métrio) oder ohne Zucker (skéto) will.

Die Zubereitung unterscheidet sich nicht von der in vielen Balkanländern üblichen und dort meist als ›türkischer Kaffee‹ bezeichneten.

Das Kafeníon

Der Kaffeegenuss hat seinen eigenen Tempel, das Kafeníon, feste Einrichtung selbst kleinster Dörfer, Ort zur Befriedigung mannigfaltiger Bedürfnisse. Dem nach Geselligkeit allen voran, traditionell der der Männer. Frauen fungieren zwar manchmal als Wirtin, doch sind sie kaum Gast. Die Männer hingegen - vor allem die älteren - verbringen Stunden vor einem Kaffee und einem Glas Wasser, miteinander

Griechischer Kaffee mit einem Tellerchen Mandelplätzchen (Amigdalotá)

im Gespräch oder Távli spielend. So mancher vermag aber auch mit Wasser, Kaffee und Kombolói Stunden in ruhiger Beschaulichkeit oder vertieft in seine Zeitung zu verbringen. Auch wenn er dabei lange kein Wort verliert, entgeht ihm nichts - vielleicht wartet er hier auch auf Kundschaft, denn wenn man den Taxifahrer oder einen Handwerker sucht und ihn nicht an seinem Fahrzeug oder in seiner Werkstatt antrifft, wird man oft im Kafeníon fündig. Hier wird nicht nur palavert, hier werden auch Ratschläge ausgetauscht, gemeinsame Pläne geschmiedet und Geschäfte angebahnt.

Das Kafeníon ist Nachrichtenumschlagplatz Nummer eins. Damit erweist es auch manchem Fremden gute Dienste, wenn er beispielsweise nach einem Zimmer sucht oder auch nur nach dem Schlüssel für die kleine alte Kirche mit den interessanten Fresken, die er versperrt vorgefunden hat. Schließlich findet man hier vieles von dem, wofür es in kleinen Dörfern ansonsten keine Einrichtung gibt. So werden teils auch Waren angeboten, Kafepandopolío nennt sich diese Kombination aus Café und Tante Emma-Laden dann. Teils fungiert das Kafeníon als Postamt. Es hält der Bus davor und es liegt darin der Fahrplan aus.

Das echte Kafeníon ist meist zweckmäßig und spartanisch eingerichtet, typisch sind kleine Holz- oder runde Blechtische und kleine mit Stricken oder Stroh bespannte Holzstühle. Ihre Sitzfläche ist knapp bemessen, dafür stehen sie in reichlicher Zahl zur Verfügung. Auf drei bis fünf von ihnen lässt es sich einigermaßen bequem machen. Einer etwas notdürftig fürs Gesäß, ein oder zwei für die Füße, ein oder zwei als Armablage. Sie lassen sich gut aneinander rücken, wenn es ein spannendes Spiel zu beobachten oder etwas zu besprechen gibt. Ab und zu hängen alte Bilder an den Wänden, manchmal auch irgendwelche Bekanntmachungen, Zeitungsausschnitte und alte Kalenderblätter. Ein alter Ofen steht im Eck oder in der Mitte, fast immer ist ein Fernseher vorhanden, der je nach Programm der Sender und Interesse der Besucher ein- und ausgeschaltet und mehr oder weniger beachtet wird. Große Mühe verwendet man nicht auf die Ausstattung. Die Akteure sind das wichtige, nicht die Bühne.

Trifft man auch selten Frauen als Gäste der Kafeníons an, so ist der Besuch dieser Kaffeetempel für sie doch kein Tabu. Das gleiche gilt natürlich auch für Touristinnen. Keiner wird Sie schief ansehen,

Kaffeeröstereien wie diese in Alexandroúpolis verströmen ihr Aroma großzügig über die Straße.

wenn Sie sich im Kafeníon niederlassen. Im Gegenteil, wenn es sonst gerade nichts Interessanteres gibt, wird man sich für die Fremden interessieren und versuchen mit ihnen ins Gespräch zu kommen, egal ob Mann oder Frau. Griechische Frauen frequentieren jedoch lieber die Konditoreien - **Zacharoplasteío** (ζαχαροπλαστείο) genannt - oder trinken ihren Kaffee daheim zusammen mit Freunden, Verwandten und Nachbarinnen. Dabei haben sie ihre eigenen Riten. Gern versuchen sie zum Beispiel, die **Zukunft aus dem Kaffeesatz** zu lesen. Sie stürzen ihn nach dem Genuss auf die Untertasse und interpretieren die Muster, die er darauf bildet. ›Léi to flitzáni‹ (›Sie sagt die Tasse‹) heißt es bewundernd über diejenigen, die sich besonders gut darin verstehen und die deshalb von anderen konsultiert werden, wenn es darum geht, etwas über das künftige Schicksal zu erfahren.

Kaffee darf nie fehlen

Der Kaffee ist Teil griechischer Lebensart. Mit ihm beginnt der Tag, zu ihm lädt man sich gegenseitig ein, weder in der Freizeit noch bei der Arbeit möchte man ihn missen. Wer seinen Arbeitsplatz nicht verlassen kann, lässt ihn sich bringen. Man sieht Kellner mit speziellen, an einer Aufhängung schwingenden, runden Tabletts über die Straße laufen, um die Angestellten an ihren Schreibtischen zu versorgen.

Frapé - der Kaffee-Longdrink

Schon lang bevor Coffeeshops à la Starbucks die Kaffeekultur westlicher Länder mit einer Vielfalt an Kreationen, zu denen auch Shakes gehören, aufzumischen begannen, war Frapé in Griechenland beliebt: Hohe Gläser mit einem Shake aus Instantkaffee, Wasser sowie, je nach Belieben, mehr oder weniger Zucker und Milch. Noch besser als vor den Minitässchen heißen griechischen Kaffees mit dem obligatorischen Glas Wasser lässt sich vor einem Frapé ewig sitzen und plaudern. Frapé ist auch die Lösung, wenn mal sonst gar kein Kaffee in Sicht ist. Nahezu jeder Kiosk, Super- oder Minimarkt hält neben preiswerten Plastikflaschen mit Wasser auch kleine Plastiktüten bereit, in denen ein Einweg-Schüttelbecher, ein Tütchen Kaffee, ein Päckchen Zucker und manchmal auch noch eine Portionspackung Kaffeesahne stecken. Der Inhalt der Päckchen wird je nach Geschmack in den Einwegshaker geschüttet, Wasser aufgegossen, kurz geschüttelt und fertig ist der schaumgekrönte Wachmacher.

Cappuccino

Allmählich haben die aufwendigen Maschinen für seine Zubereitung auch in griechischen Cafés Einzug erhalten. In den schlichten Kafeníons wird man sie selten finden, eher noch in Restaurants, Konditoreien oder sogar in Fastfoodläden und Bäckerein, die Kaffee vor allem in Pappbechern zum schnellen Konsum im Stehen oder über die Straße verkaufen. Vor allem aber sind es, ganz im Gegensatz zu den Kafeníons, Wert aufs Äußere legende und mehr oder weniger gelungen um ein mondänes Ambiente bemühte Cafés und Bars, die solche ausländischen Kaffeespezialitäten anbieten. Oft sind sie zwar sündhaft teuer, trotzdem haben sie meist reichlich Kundschaft. Offenbar finden es vor allem etliche junge Leute schick, vor ihrer Tasse oder ihrem Glas auf eleganten Korbstühlen mit bunten Kissen oder stoffbespannten Regiesesseln zu sitzen und sind bereit, für dieses Ambiente überhöhte Preise zu zahlen, die sich im Bereich von 3 bis 5 Euro bewegen können. Übrigens: Statt Schoko- oder Kaffeepulver wird in Griechenland Zimt auf die Milchschaumkrone gestreut.

SOMA, DER LEIB

»Der Umstand, dass alles, Tier und Mensch, nach der Lust verlangt und strebt, ist ein Zeichen, dass sie in gewissem Sinne das höchste Gut ist.«

Aristoteles, ›Nikomachische Ethik‹ ~ 322 v. Chr.

Nachdem wir uns nun ausgiebig damit beschäftigt haben, wie sich in Griechenland Leib und Seele auf angenehme Weise zusammenhalten lassen, kommen wir zu allerhand leiblichem, bevor letztlich die Seele auf ihre Kosten kommt.

Körpersprache

Sehr gestenreich sind die Griechen bei ihren Unterhaltungen. Sympathisch ansteckend wirkt ihr Gestikulieren. Doch Vorsicht! So manche der Gesten haben eine dem Westeuropäer nicht vertraute Bedeutung. Das fängt schon bei den allerwichtigsten an: denen für Zustimmung und Ablehnung. Gerade sie werden oft missverstanden. Jemand der zum ersten Mal mit griechischer Sprache und Gestik konfrontiert wird, neigt leicht dazu, eine Bejahung für eine Verneinung zu halten und umgekehrt. Denn das griechische Wort für ›ja‹ lautet ›ναι‹ (gesprochen ›ne‹), also genauso wie viele Deutschsprachige umgangssprachlich statt eines deutlich artikulierten ›Nein‹ sagen. Die entsprechende Gestik ist genauso missverständlich wie der sprachliche Ausdruck.

Zustimmung, Bejahung (das gestische ›ne‹, also ›ja‹) wird nicht wie in Westeuropa durch ausgeprägtes Nicken sondern vorwiegend durch kurzes Schließen der Augenlider ausgedrückt. Oft wird es begleitet von einer Neigung des Kopfes, meist nach vorn, manchmal aber auch seitlich. Vor allem Männer klopfen dem Gegenüber auch gern als Ausdruck der Zustimmung auf die Schulter.

Ablehnung, Verneinung (das gestische ›óchi‹, also ›nein‹) hingegen wird durch Anheben des Kinns ausgedrückt. Da sich das Kinn früher oder später wieder senkt und die Geste zuweilen auch wiederholt wird, wenn sie als unverstanden empfunden wurde, wird sie von demjenigen, der sie nicht kennt, leicht als Nicken interpretiert, was für die meisten Nichthellenen Zustimmung bedeuten würde. Auch hochgezogenen Augenbrauen, weit aufgerissene Augen und ein Schnalzen mit der Zunge bedeuten ›ochi‹, ›nein‹. Je nach Temperament und auszudrückender Bekräftigung werden diese Gesten oft kombiniert, das Kinn nicht nur leicht angehoben, sondern der Kopf weit zurück in den Nacken geworfen.

Beleidigend wirken gehobene und dem Gegenüber entgegen gestreckte Handinnenflächen, vor allem bei mehr oder weniger stark gespreizten Fingern. So schickt man jemanden zur Hölle. Je deutlicher man dabei die Finger spreizt und je kräftiger man die Hand in Richtung des Beschimpften und Verfluchten schiebt, desto mehr Nachdruck hat diese Geste der bösen Verärgerung und Beschimpfung. Je näher die ausgestreckte Hand dem Gesicht des derart Beschimpften kommt, desto bedrohlicher wird sie empfunden. Zusätzlich akzentuieren lässt sie sich, indem man beide Hände verwendet und mit der Innenfläche der einen zur Bekräftigung auf den Rücken der anderen schlägt. Auch findet manchmal eine akustische Untermalung mit »na!«, »órse« oder »par‘ta« statt, was soviel wie »da!«, »nimm das!« bedeutet.

Nicht zu spaßen ist mit dieser ›moúndza‹ genannten Gebärde. Nur in sehr vertrauter Umgebung mag sie zuweilen karikiert werden. Sie ist sehr alt und ist übler Schimpf und Fluch zugleich. Ihren Ursprung hat sie wahrscheinlich in der zur byzantinischen Zeit üblichen Bestrafung von Kriminellen, denen man mit in Asche getauchter, offener Hand das Gesicht schwärzte, bevor man sie in Ketten rückwärts auf einem Esel sitzend durch die Straßen führte. ›Moundzos‹ hieß im Griechisch dieser Epoche ›Asche‹. Modernes Griechisch kennt den Ausdruck ›moundzoúra‹ für ›Schmutzfleck‹.

Eher **warnend und drohend** wirken harmlosere Abwandlungen der ›moúndza‹-Geste. Dabei bleiben die Finger geschlossen oder es werden zwei zu einem V gespreizt. Alle diese Gesten sind jedoch durch die dem Gegenüber zugewandte Handinnenfläche gekennzeichnet. Darum am besten diese nie dem anderen zukehren, damit erst gar keine Missverständnisse aufkommen, will man zum Beispiel die Zahl fünf darstellen oder winken. Die Entsprechung unseres drohenden und tadelnden Zeigefingers ist eine sich karateschlagartig auf- und abbewegende, erhobene Hand. »Tha fas Xílo« (»Du wirst Holz essen«) lautet die verbale Entsprechung dieser Androhung einer Tracht Prügel.

Obszön wirken zu einem Kreis geschlossene Daumen und Zeigefinger. Das bedeutet ganz und gar nicht, wie in westlichen Ländern, ›alles in Ordnung‹, ›meine Anerkennung‹, sondern eine sexuelle Anspielung. Weitere Gesten mit Sexualsymbolik sind unmissverständlicher. So bedeutet eine kräftige Bewegung der Hand mit nach innen geneigter Handfläche in Richtung Genitalien, dass man sich um etwas einen Dreck schert, eine Forderung oder Drohung als hohl betrachtet. Nicht so gebräuchlich und deutlich obszöner ist die Entsprechung des ›Stinkefingers‹, der ausgestreckte Mittelfinger. Wird die Hand waagrecht gehalten und dabei rhythmisch hin- und herbewegt, kann man sich schon vorstellen, was darunter zu verstehen ist. Fremden gegenüber gebrauchen die Griechen solche Gesten nicht. Doch unter Freunden werden sie nicht übel genommen und oft spaßhaft eingesetzt.

Beziehungen, nicht unbedingt sexueller Art, sondern eher **Vetternwirtschaft**, unterstellen zwei aneinander geriebene Zeigefinger der vor sich mit nach unten weisenden Handflächen ausgebreiteten Hände.

Erstaunen findet meist in fragend hochgezogenen Augenbrauen, begleitet von einem Anheben der nach oben geöffneten Hände und einer leichten Drehbewegung derer Ausdruck. Je nach der Betonung, die in diese Mehrzweckgeste gelegt wird, kann sie bedeuten: »Was soll das?«, »Was nun?«, »Wie geht's?«, »Was willst du?«, »Was ist los?«, »Unglaublich!«, »Wie schrecklich!«, »Wie schön!«. Die verbale Entsprechung letzterer Ausrufe ist »Po, po, po!«

Jemanden der Lüge bezichtigen will man, indem man seinen imaginären Bart streicht.

»Komm her!« Die körpersprachliche Entsprechung des »Ela!« (»Komm!«) ist nicht, wie andernorts, der sich abwechselnd streckende und zum Rufenden hin krümmende Zeigefinder, sondern eine winkende Geste mit nach unten gerichteter Handfläche. Sie wirkt, als würde der Rufer in der Luft scharren und kann von dem, der nicht damit vertraut ist, leicht eher als Zeichen zum Abstandhalten oder als Abschiedswinken verstanden werden.

Küsse gibt man sich bei der Begrüßung enger Freunde auf jede Wange. Geküsst werden auch die Ikonen am Eingang der Kirchen. Fromme küssen auch nach altem Brauch die Hand des Priesters.

Schulterklopfen findet zur Begrüßung und als Zeichen von Bewunderung und Einverständniserklärung statt. Oft erfolgt es auch als Antwort, wenn man sich für etwas bedankt, also beispielsweise statt eines »parakaló« (»bitte«) als Antwort auf ein »efcharistó« (»danke«).

Wangenkneifen müssen kleine Kinder oft über sich ergehen lassen, meist begleitet von unverständlichen Tönen. Meist sind es ältere Frauen, die derart ihrer Bewunderung Ausdruck geben, wie hübsch das Kind doch ist, wie es gewachsen ist, wie gut es sich gemacht hat. Zuweilen packen sie es in gleicher Absicht auch schon mal am Kinn und drehen seinen Kopf hin und her.

Spucken gilt als eine Form der Abwehr des Bösen, des Unglücks. So wird mit Ausspucken oder lautmalerischem »ftou, ftou, ftou«, reagiert, wenn von einem Unglück berichtet wird. Auch den ›bösen Blick‹ (► Seite 106) gilt es durch Spucken abzuwehren. Da Komplimente als Auslöser dafür gelten, werden sie oft von einem mehr oder weniger angedeuteten, dreimaligen Spucken begleitet, vor allem wenn sie Kinder betreffen, die für den ›bösen Blick‹ als besonders anfällig gelten.

Wellness und Kuren

Die Kunst des Heilens und der Gesunderhaltung des Körpers geht, wie so vieles in Griechenland, bis in die Antike zurück. Der Eid des Hippokrates bestimmt noch heute die Ethik der Mediziner, wenn auch in seiner zeitgemäßen Version, der ›Genfer Deklaration‹, einige Anpassungen an moderne Gegebenheiten nötig waren. Hippokrates wurde 460 v. Chr. auf der Dodekanen-Insel Kos geboren. Dort wirkte er in einer riesigen, ganzheitlichen Heil- und Kultstätte, einem so genannten Asklepion, dessen Reste noch heute ein eindrucksvolles Bild von seiner Größe, Bedeutung und dominierenden, reizvollen Lage vermit-

Das antike Asklepion auf der Insel Kos

teln. Dem Gott der Heilkunst Asklepios waren diese Stätten geweiht, von denen es im Altertum zahlreiche gab. Weitere von Rang befanden sich beispielsweise in Athen, bei Paleá Epídauros (Epídavros) auf dem Peloponnes und Trikka (Tríkala) in Thessalien. Neben Krankenzimmern und Heilbädern umfassten sie auch Theater und Tempel.

Heilkräftige Thermalquellen gibt es auch heute noch vielerorts in Griechenland. Große Heilbäder wie **Edipsós auf Evia (Euböa)** und **Kaména Voúrla** an der gegenüberliegenden Küste in der Region Fthiótida sind sehr geschäftig und verfügen neben einfacheren Unterkünften auch über elegante Hotels und Therapie- und Wellness-Center. Noch kuren dort mehr Griechen als Touristen und es ist sehr erbaulich, sich unter das Kurvolk zu mischen. Neben dem Kuren spielen gutes Essen und Unterhaltung eine Rolle. Kaum irgendwo sonst, außer in der Hauptstadt Athen, ist das Angebot an Tavernen und guten Restaurants so groß wie in solchen Kurorten. Fast jeden Abend spielt irgendwo Musik und es werden ganze Lämmer und Zicklein am Spieß gegrillt.

Anderer Art kann man sich in dem viel besuchten **Loutráki** an der Nordseite des Golfs von Korinth vergnügen. Hier lockt ein Kasino Spielernaturen an. 1855 begann die öffentliche Erschließung von Loutrákis Heilquellen, die heute für Trink- und Badekuren genutzt werden. Doch bereits im Altertum war die Heilkraft des Wassers des damals ›Thermes‹ genannten Ortes, an dem Tempel zu Ehren Apollons und Heras standen, bekannt. Auch Touristenhochburgen mit großen internationalen Hotels, wie die Gegend um **Kyllíni** auf dem Peloponnes, werben mit Thermalquellen als zusätzliche Attraktion.

Andere Thermalbadeorte wie **Méthana** und **Kýthnos** sind in einen Dornröschenschlaf versunken, sie haben schon bessere Zeiten gesehen. 1912 war der große, weithin von der Fähre sichtbare, klassizistische Bau der Thermalanlage von Méthana errichtet worden. Bis zum ersten Weltkrieg herrschte mondäner Badebetrieb mit einer Infrastruktur von Cafés, Kasino und Theater. Dann blieben die reichen internationalen Badegäste weg und es waren vorwiegend die Krankenkassen, die ihre meist älteren Patienten schickten. 2002 schließlich wurde mit der Renovierung der Anlage begonnen, die zurzeit nur im Sommer geöffnet hat. Doch an die damalige Blütezeit konnte noch nicht wieder angeknüpft werden, der Ort wirkt verschlafen.

Andere wertvolle Heilquellen warten noch auf ihre Erschließung. So beispielsweise die von **Polichnítos auf Lesbos** mit ihrem radioaktiven, natriumchloridreichen Wasser, die als die heißeste Quelle Europas gilt. Sie ähnelt in seiner Zusammensetzung dem der Heilquellen von Wiesbaden und zeigt positive Wirkungen bei Rheuma, Arthrose, Frauenleiden und Hautkrankheiten. Die Quellen werden zwar schon sehr lange genutzt und außer den Ruinen alter Badehäuser gibt es am Rand von Polichnítos, an der Straße zu der Küstensiedlung Paterá, auch Neubauten mit Badebecken, zu einem echten Kurort hat sich

Das 1912 errichtete und ab 2002 renovierte Thermalbad von Méthana hat zur Zeit nur im Sommer geöffnet.

Polichnítos jedoch noch nicht entwickelt. Noch geht viel von dem wohltuenden Nass der so genannten Thérmopíges blubbernd, dampfend und farbenfrohe Ablagerungen bildend buchstäblich den Bach hinunter. Es tritt an vielen Stellen aus der Erde, bildet kleine heiße Tümpel und fließt in dampfenden Rinnsalen den Hang hinab. Gerade diese weitgehende Naturbelassenheit bildet einen Teil des Reizes dieser Thermalquellen.

Eine weitere, die auch genutzt wird, ist die von **Ag. Giánnis** bei dem zur gleichen Gemeinde gehörigen Ort **Lisvóri**. Verhältnismäßig groß, gepflegt und gut besucht ist die Heilbadeanlage mit geräumigen, getrennten Becken für Männer und Frauen in dem tiefen **Golf von Géra**. Sie liegt direkt am Strand, so dass man sich nach dem heißen Bad im kühlen Meer erfrischen und am Ufer erholen kann.

Renoviert wurde auch das **Eftaloú-Thermalbad in der Nähe von Mólyvos** an der Nordküste. Neben einem aus der türkischen Besatzungszeit stammenden, kleinen bienenkorbartigen Badehaus, in dem sich ein heißes Becken befindet, steht jetzt ein neues Gebäude, in dem man in individuellen Wannen baden kann. Thermalwasser sickert hier auch durch die Felsen an der Küste und mischt sich mit dem Meerwasser. Steinaufschichtungen um kleine Mulden herum halten das warme Wasser fest. Darin kann man das Thermalbadevergnügen umspült von Wellen im Freien genießen.

Ähnlichen frei zugänglichen Thermalbadegenuss in der Natur an Strand und Meer gibt es auch in anderen Gebieten, wie beispielsweise auf der Halbinsel Méthana und der Insel **Kos**. Mineralien sorgen auch oft für interessante Färbungen von Felsen und Stränden, mal rot vom Eisen, mal gelb vom Schwefel, beispielsweise auf den Kykladeninseln Santorín und Mílos, auf denen der Vulkanismus noch Fumarolen bildet. Auf **Mílos** kann man in den Thermalbädern des Fährhafenorts Adámas heiße Wannenbäder nehmen. Man kann sich aber auch etwas weiter südlich in der tiefen Mílosbucht beim Bad im Meer bei Kávana von aufsteigenden Thermalblasen an Beinen und Bauch kitzeln lassen. An den Stränden im Südosten der Insel bei Paliochóri zwischen farbenfrohen hohen Felsen kann man sich in den von heißen Dämpfen erhitzten Sand legen oder in kleine Felshöhlen kriechen, die die Dämpfe zu Natursaunen machen, um sich anschließend im Meer abzukühlen.

Auch außerhalb der Saison kann man auf der Halbinsel Méthana in dem schwefelhaltigen Thermalwasser baden, das am Strand ins Meer austritt und dieses milchigweiß färbt.

Sonnen und Schwimmen

Die Griechen wissen von altersher die Heilkräfte der Natur zu schätzen. Nicht nur auf Thermalquellen, sondern auch auf die wohltuende Wirkung des Meerwassers setzen sie dabei. ›Thalassotherapía‹ heißt die Ausnutzung letzterer von dem Griechischen Wort für Meer ›thálassa‹ abgeleitet. Um das Schwimmen geht es dabei nicht, man steht lange bis zur Brust im Meerwasser, unterhält sich, geht ein wenig umher, taucht eine Weile bis zum Hals ein, bewegt ein wenig die Glieder, schwatzt ein Weilchen.

Die Heliotherapie, die ›iliotherapía‹, wie das Sonnenbad auf Griechisch heißt, hingegen ist eher bei Touristen beliebt. Von ihnen wird sie allzu oft in mehr als therapeutischen Dosen eingesetzt, wohl weniger aus gesundheitlichen Erwägungen als aus kosmetischen, zur Erzielung knackiger Urlaubsbräune. Man sollte die Sonne nicht unterschätzen, sie hat hier eine ganz andere Intensität als in den nördlicheren Breiten. Auch wenn man die meisten seiner Urlaubsstunden im Schatten verbringt, wird man mit einer gesunden Tönung als Souvenir abreisen. Und was ist schöner, als an einem heißen Tag im lichten Schatten einer Platane zu sitzen und ganz entspannt, vielleicht bei einem guten Essen und einem Glas Wein, das unvergleichliche Licht und die flirrende Hitze rings herum zu genießen! Die Platanen sind für Griechenlands Tavernen und Cafés das, was für bayerische Biergärten die Kastanienbäume sind: Natürliche Schattenspender, unter denen sich hervorragend Speis und Trank genießen lässt. Man findet sie auf dem

Hauptplatz, der Platía, fast jeden Dorfes und meist stellen die Wirte darunter ihre Tische und Stühle auf. Nun gut, aber Biergärten hat man ja auch zu Hause, das Meer, den Strand und passendes Badewetter hingegen meist nicht. Wohl keiner, der der Strände wegen ins Land der Hellenen kommt, wird enttäuscht werden. Es gibt reichlich davon, die beliebten, flach abfallenden Sandstrände ebenso wie hervorragend zum Schnorcheln geeignete Felsbuchten mit kleinen Kiesstränden.

Auf manchen Inseln haben Vulkanismus und Mineralien dafür gesorgt, dass man fast jeden Tag an einem andersfarbigem Strand baden kann, mal schwarze Lava, mal rötliche, mal gelbliche, mal ganz bunte Felsen und Kiesel. Das Schöne ist, dass sie normalerweise alle öffentlich zugänglich sind. Auf die zahlreichen Strände Griechenlands einzugehen, würde den Rahmen dieses Buches sprengen, das sich stattdessen lieber mit den weniger augenfälligen Genüssen für Leib und Seele beschäftigen will. Dazu zählt sicherlich das Wandern.

Wandern auf alten Pfaden

Seine gebirgige Struktur, dünne Besiedlung und reizvolle Natur machen Griechenland zum idealen Wandergebiet. Lässt man den Blick in die Ferne schweifen, so bieten sich meist unvergessliche Ausblicke auf Küsten, Meer und ferne Inseln, heftet man ihn an den Wegesrand, so wird man eine interessante Flora und Fauna entdecken. Kleine Schildkröten kreuzen den Weg, Singvögel erfreuen das Ohr, seltene Schmetterlinge und Blumen das Auge. Das Land ist besonders reich an einzigartigen Pflanzenarten, von denen etwa 5500 bekannt sind. Die beste Jahreszeit zum Wandern ist die Zeit von April bis Anfang Juni, die beste Tageszeit die Morgen- und Vormittagsstunden, da nachmittags oft die Sonne unbarmherzig herunterbrennt und viele Gegenden wenig Schatten bieten.

Es gibt zahlreiche Naturschutzgebiete, zu deren Schutz sich Griechenland in internationalen Abkommen verpflichtet hat. Die Nationalparks umfassen den Olymp, Parnassós und Iti (Zentralgriechenland), Préspes und Víkos-Aóos (Epirus), Párnitha (Attika) und Samariá (Kreta). Außerdem existieren zahlreiche geschützte Feucht- und Vogelschutzgebiete. Während Attraktionen wie die kretische Samariá-Schlucht und das Schmetterlingstal auf Rhodos ganze Ströme von

In der Schlucht des Flusses Néstos in Westthrakien

Wanderern anziehen, ist man in den meisten Gebieten nahezu allein bei seinen Streifzügen. Mangels größeren Ansturms sind markierte und instandgehaltene Wanderwege selten. Doch gibt es unzählige, Monopáti genannte Eselspfade und Pilgerwege sowie alte Verbindungsstraßen, so dass es durchaus möglich ist, abseits der modernen Asphaltstraßen durch die Natur zu streifen. Eine gute topographische Karte, soweit verfügbar, festes Schuhwerk und lange Hosen sind von Nutzen, wenn man sich daraus seine individuellen Wanderrouten zusammenstellen und ihnen folgen will. Denn die Wege können unter Umständen stark beschädigt oder überwuchert sein. (▶ Seite 96 zu alten Pilgerpfaden und Klöstern als lohnende Wanderziele und ▶ Seite 145 zum Erwandern der Inseln)

Erotik

»Denn vergessen wir nicht, daß nur die griechische Sprache die Unterscheidung zwischen einem egoistischen Gefühl, dem Eros, und der Liebe, die zum Wir gehört, also einem altruistischen Gefühl, erlaubt.«

Mikis Theodorákis in seiner Autobiographie ›Die Wege des Erzengels‹

Bevor wir ganz zur Seele kommen, ein Blick auf einen Bereich, in den beide hineinspielen, Leib und Seele, die Erotik. Eros ist ein griechisches Wort und bezeichnet ursprünglich die sinnlich-geistige

Zuneigung, die ein Mensch einem anderen entgegenbringt. Eros ist auch der Name des griechischen Gottes der Liebe. Ihm entspricht in der römischen Mythologie Amor, oft auch Cupido oder Cupidus genannt. Homer erwähnt ihn nicht, nach ihm ist nur Aphrodite die Liebe erweckende Göttin. Nach Hesiod dagegen gehört er zu den ältesten Göttern und entstand zusammen mit Tartaros, Gaia, Erebos und Nyx aus dem Chaos, um als einigende und bindende Kraft zu wirken, durch die alle Wesen der Welt entstehen und zu harmonischer Ordnung gebracht werden. Später galt er als Sohn der Aphrodite (römisch: Venus) und des Ares (römisch: Mars). Seine Geliebte ist die Psyché. Psyché gebar Eros eine Tochter, Voluptas, die Lust. In der Kunst wird Eros meist mit Pfeil und Bogen dargestellt. Mit seinen Pfeilen entzündet er die Liebe bei den Getroffenen. Greift er statt zu den goldenen Pfeilen der Liebe jedoch zu einem eisernen oder bleiernen, so vermag er Hass zu erzeugen.

Das erotische Moment in griechischen Tänzen

»Liebreizende und köstliche Frauen erstrahlen allerorten zuhauf. Der Augen und Herzen jedoch, sie zu erkennen und verfallen zu machen, sind wenige.«

Jórgi Jatromanolákis, ›Erotikon‹

Wer hofft nicht auch heute noch zuweilen auf des Eros‘ Pfeil? Inzwischen gilt es freilich, das Objekt seiner Begierde zu umwerben, will man seine Aufmerksamkeit wecken, dazu eignen sich Musik und Tanz. Die Anführer der volkstümlichen Reigentänze führen oft akrobatische Figuren aus und zeigen mit kraftvollen Sprüngen ihre Kraft. Von Männern allein oder zu mehreren ausgeführte Tänze wie der **Zembékiko** oder **Chasápiko** sind von Wucht und Leidenschaft geprägt. Ähnlich wie für den argentinischen Tango und den andalusischen Flamenco ist besonders für die zum Umfeld des Rembétiko gehörenden Tänze das erotische Moment typisch. Welche Ausprägung es nimmt, hängt von der Umgebung und dem Charakter des Tänzers ab, denn es wird stets improvisiert. Generell fehlt diesen griechischen Tanzformen jedoch das machohafte des Flamenco und die im Tango praktizierte Dominanz des männlichen über den weiblichen Körper. So wechseln beim Zembékiko Demonstrationen von Leidenschaft,

Stolz und Draufgängertum mit solchen der Versunkenheit und Ergebenheit. Übermütigen Sprüngen und kraftvoll stampfenden Schritten folgen oft unsichere, suchend wirkende. Nicht Imponiergehabe, sondern Herauskehren des Innersten ist das Ziel, Zähmung und ekstatisches Ausleben der eigenen intensivsten Gefühle wechseln sich dabei ab. Lang war es verpönt bis gefährlich, einen Tänzer bei diesem Akt zu stören. Weder Applaus noch Mittanzen sind erwünscht. Für die Dauer seiner Darbietung markiert der Tänzer durch sie sein Territorium, das niemand zu verletzen hat und das er in früheren Zeiten schon mal mit dem Messer zu verteidigen imstande war.

Die weibliche Entsprechung ist der **Tsiftetéli**. Auch hier wird improvisiert, so dass der Tanz ganz unterschiedliche Formen annehmen kann. Oft spontan in Rembétiko-Lokalen getanzt, eignet er sich hervorragend zum Flirten. Zuweilen gesellt sich dann auch ein Mann der Tanzenden hinzu und nimmt bei der Ausführung eine eher passive, bewundernde Haltung ein. In ausgelassener Stimmung wählen Tänzerinnen auch manchmal den Tisch als Bühne, wo sie - angefeuert von den Umsitzenden - zwischen Gläsern und Tellern ihre schlangenartigen Bewegungen ausführen. Dabei sind es mehr ihre Schultern, Hüften, Arme und Hände, die sie bewegen, als ihre Füße.

Weniger paarweise im Tanz wie im Alltag

Paartänze sind selten. Wird nicht vorwiegend allein getanzt, wie beim Tsiftetéli und Zembékiko, so tanzt man in einer Reihe oder im offenen Halbkreis, wobei man sich an den Händen, Schultern oder Gürteln fasst. Hier findet die Tanztradition ihre Entsprechung im Alltag. Weniger als in den meisten westlichen Ländern verbringt man seine Freizeit paarweise. Viel mehr haben Frauen und Männer unterschiedliche Gewohnheiten und bewegen sich in getrennten Räumen. So sieht man im Kafeníon kaum eine Frau, die sich unter die dort versammelten Männer mischt. Gemischte Gesellschaften von Männern und Frauen sind meist nicht eine Zusammenkunft einzelner Pärchen, sondern eine ›Paréa‹, eine bunt gemischte Gemeinschaft von Paaren und Alleinstehenden, oft auch von Jung und Alt. Mag durchaus sein, dass das die erotische Spannung besser erhält, als sich dauernd gegenseitig auf der Pelle zu sitzen. Jedenfalls ist die Scheidungsrate in Griechenland eine der niedrigsten in Europa.

Alles zu seiner Zeit und mit Genuss

»Der Eros und die Lust nach der wahren und endlosen Vereinigung, was anderes sind sie denn als die lebendige Flamme unseres Lebens und unser unauslöschlich Begehren, uns mit der anderen Hälfte zu verbinden?«

Jórgi Jatromanolákis, ›Erotikon‹

»Die Liebe, das, was man Leidenschaft nennt, öffnete und verschloß uns die Augen. Sie öffnete uns die Augen, so dass wir uns selbst als Reflex der Welt sahen; eines riesenhaften, unheilbaren Herzens. Und gleichzeitig verschloß sie uns die Augen, so daß wir die Realität - Menschen, Autos, Gehsteige - nur noch als Ausdehnung dieses Herzens wahrnahmen.«

Amánda Michalopoúlou, ›Oktopusgarten‹

Zieht man sich gemeinsam ins Private zurück, so geschieht das gern in der lang ausgedehnten Mittagspause, der Zeit der Siesta. Sie dient der Ruhe, der Regeneration, bietet sich jedoch auch für die Erfüllung der ›ehelichen Pflichten‹ an. Derart erfrischt und unbeschwert kann man den Abend zum Ausgehen im Freundeskreis nutzen und bis tief in die Nacht ausdehnen, um bei der Heimkehr ohne schlechtes Gewissen auch mal sofort in einen Tiefschlaf zu versinken. Ernst genommen werden sie, die ehelichen Pflichten, so dass deren Erfüllung nicht nur innerhalb des Familien- und Freundeskreises angemahnt wird. Zu den ersten Fragen beim Treffen unter Fremden gehört »Seid Ihr verheiratet?« »Habt Ihr Kinder?« Wird dies verneint, folgt prompt die Aufforderung »kánete« (»Macht welche!«).

Die fremde Weiblichkeit im Visier: Der Kamáki

Touristinnenanmache und die darauf spezialisierten Aufreißer werden von den Griechen mit dem Wort ›Kamáki‹ bezeichnet, was ›Harpune‹ bedeutet. Man kann sich darunter auch einen Dreizack vorstellen, das Attribut des Poseidon, ein bestens zum Aufgabeln geeignetes Gerät, zum Aufgabeln von weiblicher Beute.

Seit den Sechziger Jahren, als neben Kulturreisenden auch leger und aufreizend bekleidete Sonnenhungrige vieler Nationen Griechenland zu entdecken begannen, schwingen die selbsternannten jungen Götter ihre imaginären Gabeln. Die Motive waren und sind vielfältig. Heute geht es wohl vor allem um das Angeben in einschlägig spezialisierten Freundeskreisen, einer paréa, die prahlend strandbasiertes Seemannsgarn spinnt. Zu den Anfangszeiten des Kamáki mag es noch ein Ventil gewesen sein, eine der raren Gelegenheiten für die Jungen, erste romantische und erotische Abenteuer zu finden. Denn die Sitten für griechische Mädchen waren damals noch streng und ließen ihnen kaum Bewegungsraum außerhalb des Familienklans, an voreheliche Beziehungen war nicht zu denken. Seit einerseits die Vorstellungen von Anstand, Tugend und Moral europaweit immer weniger auseinander klaffen und andererseits Aids zur Vorsicht mahnt, ist dieser Sommersport rückläufig. Man muss heutzutage nicht hinter jeder Anrede und Annäherung eine Anmache vermuten, sondern kann ruhig erst einmal entspannt abwarten, in welche Richtung sich ein Gespräch bewegt, bevor man gleich ›Kamáki‹ dahinter vermutet.

Sexualausdrücke in der Alltagssprache

»Maláka!« (»Wichser!«) ist ein Schimpfwort und eines der Worte, die sich dem Reisenden ins Ohr drängen, wenn er - der Sprache noch nicht mächtig - ins Stimmengewirbel öffentlicher Orte, wie Plätze, Märkte, Fähren, Busse und Straßenbahnen hineinhört. Zwischen den alltäglichen Begrüßungen wie »Kaliméra« (Guten Morgen), »Kalispéra« (guten Abend), »Jásu« (Giá sou - Grüß Dich), »Ti kánis?« (Wie geht's Dir?) und Beschwichtigungen wie »sigá, sigá« (langsam, langsam!) bohrt sich dieses »Maláka!« förmlich ins Ohr, denn es liegt stets ein Nachdruck darauf, mal ein zorniger, mal ein liebevoller. Es taugt nicht nur zum Schimpfen, sondern auch für die vertrauliche Begrüßung. In der Art wie unser »Du Gauner« ist es oft augenzwinkernd gemeint, statt als Ausdruck der Missachtung. Auch in den Flüchen wimmelt es nur so von Sexualausdrücken (► Seite 90).

Kleidung

Aufreizende Kleidung bleibt meist den ganz Jungen vorbehalten und hat ihren Platz vorwiegend in den Discos und Nachtclubs. Sonst dominiert im Alltag schlichte Kleidung, wobei man sich in den meisten Situationen auch nicht an Spuren des Verschleißes stört. Elegant tritt man aber bei festlichen Anlässen auf, wozu auch gemeinsames Ausgehen und Besuche bei Freunden zählen. An den zu solchen Gelegenheiten angelegten Sonntagskleidern fällt der betont persönliche Stil auf. Weniger als anderswo macht man jeden Modeschnickschnack mit. Es fallen Kleider auf, die offensichtlich Maßarbeiten sind, in gediegenen Materialien gefertigt und perfekt auf die Persönlichkeit der Trägerin abgestimmt. Ab und zu werden zu Festtagen auch noch generationenalte Trachten heraus geholt. An wenigen, abgelegenen Orten, wie zum Beispiel im Norden von Kárpathos, gehören sie in ihrer weniger kostbaren Variante auch noch ins alltägliche Dorfbild.

Literaturtipps

›Dáphnis und Chlóe‹
Einer der schönsten Liebesromane der Weltliteratur. Der antike Autor Longus schrieb ihn vermutlich im 3. Jahrhundert auf der ägäischen Insel Lesbos.

›Erotikón‹ von Jórgi(s) Jatromanolákis (Giórgis Giatromanolákis)
Eine Art modernes ›griechisches Kamasutra‹, das von ›erreglichen Teilen des Körpers‹, ›erotischen Stellungen und Verbindungen‹, aphrodisischen Speisen und Gerüchen, von Verwünschungen und Zauber und vielem mehr rund um die Liebe spricht. So auch von den ›Arten und Weisen, eine verlorene Liebe zu beklagen‹. In anspruchsvoller, barockisierender Sprache geschrieben, wirkt es nie pornographisch, lädt eher zum Sinnieren und Träumen als zum Nachmachen ein. Die deutsche Übersetzung des Werkes ist 2002 auch bei Random House Audio als Hörbuch erschienen. Sprecher ist der Schauspieler Otto Sander.

Psyché, die Seele

»Die Gewißheit verstärkte sich, dass viel Verdecktes durchbrochen, Ablenkendes übergangen, gewohnte Vorstellungen zurückgelassen werden mußten, sollte das gesuchte Griechentum noch in Athen selbst erscheinen dürfen.«

Martin Heidegger, ›Aufenthalte‹

Nun zu des Eros Geliebter: Psyché. Im Mythos ist sie eine sterbliche Prinzessin, in die sich der unsterbliche Gott Eros verliebt und die durch ihn schließlich auch Unsterblichkeit erlangt. Sie personifiziert die Seele. Im Altgriechischen war ihr Name gleichbedeutend mit ›Atmen‹ und hatte eine weit gefasste Bedeutung, die den lebenden Menschen als solchen ebenso wie Lebenskraft, Lebendigkeit, Lebhaftigkeit, Gemüt, Denkvermögen, Geist umfasst. All dies will ebenso genährt und ge-

Kirche Epta Martyres unterhalb von Kastro auf der Kykladeninsel Sifnos

pflegt werden wie der Leib. Nachdem wir uns redlich bemüht haben, den Körper nicht zu kurz kommen zu lassen, wollen wir Gleiches für die Seele tun. So lang wie möglich soll der Fährmann Cháron auf sich warten lassen, bevor er sie über den Fluss Acheron setzt und ins Totenreich, den Hades, bringt. Darum soll sie erbaut und gestärkt werden, sich erfreuen und erblühen. Ganz wenigen Auserwählten mag die Endstation Schattenwelt gar erspart bleiben, weil sie vergöttlicht werden. Psyché wurde die Unsterblichkeit geschenkt, ebenso wie Héraklés. Sie wurden zu den Göttern gesellt, nachdem die eine ihr Leben der Liebe, der andere das seine zahlreichen Heldentaten gewidmet hatte.

Glaube und Aberglaube

»Kann sein, daß an jeder Ecke Griechenlands Kirchen und Kapellen stehen, aber Athen wird immer noch von den zwölf Göttern des Olymp regiert, die einen bestrafen, auch wenn man nichts verbrochen hat, und die einen belohnen, auch wenn man nichts geleistet hat.«

Kommissar Charitos in Pétros Márkaris Krimi ›Der Großaktionär‹

Religion gehört zum Alltag

Vor Unheil behütet und mit den Heiligen auf Du und Du. *Der junge Antónios fährt den örtlichen Bus auf der Halbinsel Méthana. Enge Bergstraßen und zahlreiche Kehren in schwindelerregender Höhe umfasst* *die nördliche der beiden Strecken, auf denen er verkehrt. Kleine Ikonen zwischen den Plastikblumen auf dem Armaturenbrett und am Blech über der Windschutzscheibe leisten ihm dabei Gesellschaft. Vom Rahmen des Sonnenschilds baumelt ein himmelblauer, etwa pflaumengroßer, dicker Glastropfen, auf den ein plastisches, rundes Auge aus weißem Glas mit einer türkisfarbener Iris und schwarzer Pupille aufgesetzt ist. Dieser Talisman soll den ›kakó máti‹ genannten bösen Blick abwenden.*

Meist startet Antónios an Werktagen früh um 7.00h im Hauptort und fährt über die südlichen Hänge zur Westküste nach Vathý. Dann kehrt er um und liest die Schulkinder von den Dörfern Mégalopotami, Megalochóri und Dritsaiíka auf, um sie zur Schule zu bringen. Nach einer Pause bricht er in die andere Richtung auf, zu den Bergdörfern im Inneren des Inselnordens. Alle kennen ihn. Man grüßt sich freundlich, tauscht Neuigkeiten aus. Ab und zu hält ihn eine Frau an, um ihm ein Päckchen für ihre Verwandte in einem der Dörfer an der Strecke mitzugeben. Oft hupt er kurz, wenn er an einem Haus oder einem Passanten vorbeikommt und winkt hinaus. Immer wieder bekreuzigt er sich. Dann tun es ihm viele der Fahrgäste gleich. Folgt man ihren Blicken, entdeckt man eine Kirche am Wegrand oder auch nur eine kleine Kapelle irgendwo oben am Hang oder unten am Meer. So geht es auf der gesamten Strecke weiter, ist ein Gotteshaus in Sicht, machen Fahrer und Fahrgäste das Kreuzzeichen.

Die Kirche Panagia Poulati auf der Kykladeninsel Sifnos

Wie Antónios, so stehen viele Griechen, ob alt oder jung, auf Du und Du mit Gott und noch mehr mit der Gottesmutter, der Panagía, und den Heiligen. Sie grüßen sie, wenn sie an ihren Kirchen vorbei kommen, küssen ihre Ikonen, wenn sie ein Gotteshaus betreten, zünden Kerzen für sie an und wenden sich mit ihren Wünschen und Sorgen an sie. In den Wallfahrtskirchen sieht man dünne Silberplättchen, auf denen die Gegenstände ihrer Bitten dargestellt sind: Körperteile, Häuser, Autos, Boote, was immer Genesung, Hilfestellung oder Segen braucht. Der wichtigste persönliche Festtag ist nicht der Geburtstag, sondern der Namenstag, der Patronatstag des Heiligen, dessen Namen man trägt und unter dessen persönlichem Schutz man sich wähnt. Dieses vertrauliche Verhältnis lässt die Namen der Muttergottes und der Heiligen auch locker einfließen, wenn es etwas zu bewundern, stöhnen oder fluchen gibt. »Panagía mou«, »meine Muttergottes« fällt in manchem Gespräch nach fast jedem Satz. Doch auch mit Sexualausdrücken gewürzte Flüche beziehen sich nicht selten auf Maria und andere Heilige. So kann ein »Gamó«, das »ich ficke« bedeutet, von der Bezeichnung Familienangehöriger ebenso wie von Heiligennamen gefolgt sein.

Es menschelt rundum stark in der Gottes- und Heiligenbeziehung, was nicht verwunderlich ist, hatten sich doch die antiken Götter in vielfältiger Weise mit Sterblichen verbandelt. Warum sollte heute größere Distanz herrschen? Respektlosigkeit ist das keinesfalls, nur ein vertrauter, unverkrampfter, fast schon familiärer Umgang, dem deshalb aber nichts an Innigkeit und Hochachtung vor dem Heiligen fehlt.

Strenge Sitten, fröhliche Feste und uralte Riten

»Kapitän Stefanis bekreuzigte sich, nahm die Ikone des heiligen Nikolaos und stellte sie vorn an den Bug. Er flüsterte ihr zu: ›Ich stelle dich vorn an den Bug, mein heiliger Nikolaos, da deine Augen mehr sehen als zwei Menschenaugen. Sage nicht hinterher, daß du in der Kajüte warst und nichts gesehen hast!‹ Der kurzbärtige Seeheilige blickte ihn stumm an. Er trug in seinen salzzerfressenen Händen ein Spielzeug, ein Schiff mit kleinen Menschen darauf. Er lächelte. Kapitän Stefanis beugte sich über ihn und küßte ihn.«

Níkos Kazantzákis, ›Freiheit oder Tod‹

Keinesfalls darf man einer **Ikone** in einer Kirche den Rücken zudrehen. Nicht der Dekoration dienende Kunstobjekte, sondern Fenster in die geistige Welt sind diese Bilder, daher auch der oft goldene Hintergrund, die Zweidimensionalität und die nicht naturalistische Malweise. Verstärkt wird die Fensterwirkung, wenn sich eine getriebene Metallverkleidung über das Bild legt, die nur Gesicht und Hände frei lässt. Ikonen werden ehrfurchtsvoll gegrüßt, indem man sich bekreuzigt und sie küsst. Nicht auf den Gegenstand aus Holz und Farbe, sondern auf den Dargestellten bezieht sich solche Verehrung.
Anständige Kleidung beim Betreten eines Gotteshauses ist eine Selbstverständlichkeit. Recht konservativ gibt man sich dabei, freie Schultern und Shorts sind natürlich tabu. In Klöstern werden an Frauen nicht einmal lange Hosen geduldet. Sonn- und feiertags kleidet man sich zum Kirchbesuch festlich und lässt so den Alltag zurück. Doch

Mariä Himmelfahrt am 15. August in Pentávriso in der westmakedonischen Präfektur Kastoria

Bild: Stavros Abatzidis

die gedrückte Stimmung, die zu katholischen Gotteshäusern gehört, herrscht in griechischen Kirchen nicht. Die Kirchgänger kommen und gehen während des Gottesdienstes, Kinder laufen umher, Erwachsene begrüßen sich und wechseln ein paar Worte. Inniges Aufgehen im Geschehen und gespannte Ruhe in den wichtigen Momenten wechseln sich mit einer entspannten Haltung während des Restes der Zeit ab. Die Atmosphäre ist intensiver und unverkrampfter zugleich.

Mit großen, geselligen Festen, die oft über zwei oder mehr Tage andauern, feiern die Gemeinden die Heiligen oder Mysterien, denen ihre Kirchen geweiht sind (Überblick Festtermine ▶ Seite 174). Diese **›Panigýri‹ genannten Kirchweihfeste** gestalten sich von Ort zu Ort verschieden. Beginn ist meist am Vortag oder -abend des jeweiligen Gedenktages. Stets gehört ein feierlicher Gottesdienst dazu, meist auch gemeinsames Essen und Trinken. Ansonsten kann es Prozessionen, bei denen Ikonen mitgeführt werden, Blumen- und Fahnenschmuck, Blumenteppiche auf dem Kirchplatz, Jahrmarktbuden, Musik, Tanz und Wettkämpfe geben, je nachdem, welche Gepflogenheiten sich in einem Ort über Jahrhunderte herausgebildet haben.

Manche religiösen Bräuche knüpfen gar an jahrtausendealte Riten an. So werden auf der ostägäischen Insel **Lesbos** heute noch, ähnlich wie in der Antike, **Stiere geopfert**. Am zweiten oder dritten Wochenende nach den orthodoxen Ostern strömen die Pilger zu einem solchen Fest im Hof der Taxiárches-Wallfahrtskirche bei Mandamádos. Mit Autos und Bussen, bevorzugt jedoch auf Eseln, Pferden oder zu Fuß, sind sie unterwegs. Der Strom, der in die Klosterkirche drängt, um die Ikone des Erzengels Michael zu küssen, reißt nicht ab. Der Legende nach wurde sie aus Lehm und Blut gefertigt, dem Blut bei einem Piratenüberfall erschlagener Mönche. Draußen im Hof stehen Reihen von Kesseln und großen Töpfen über Holzkohlefeuern. Frauen schneiden Zwiebeln und werfen sie zusammen mit Getreide, Kräutern und Gewürzen in das kochende Wasser. Am Nachmittag werden der blumengeschmückte Stier und einige Schafe auf den von alten Klostermauern umgebenen Festplatz geführt. Als erstes wird der Stier mit einem Bolzenschuss getötet und gut sichtbar für die dichten Menschenmassen, die sich um das Schauspiel drängen, in einem Baum aufgehängt. Mehrere Männer machen sich an das Häuten und Zerlegen. Bald läuft reichlich Stierblut die Steinrinnen des Hofs entlang. Alte Frauen tauchen Tüchlein hinein und benetzen damit die Stirn kleiner Jungen. Mit raschen, geübten Bewegungen zerhacken die Männer das Fleisch des Opfertiers und füllen es in die Kessel, in denen schon lange Getreide, Zwiebeln und Kräuter köcheln. Kiskek heißt die Speise, die so zubereitet wird, um die Pilger zu verköstigen.

Ähnliches spielt sich bei dem Stierfest der Kapelle **Ag. Charálambos** ab. Traditionell wird das Opfertier am Gedenktag des Heiligen, dem 10. Februar, ausgewählt, während das eigentliche Opferfest im Mai oder Juni stattfindet. Mit Blumen geschmückt wird der Stier zunächst durch die Altstadt von **Ag. Paraskeví** geführt. Mädchen nähern sich ihm, um ihn zaghaft zu berühren, mit weiteren Blumen zu schmücken und Gelübde und Bitten vorzubringen. Am Samstag macht sich der Pilgerzug auf den 18 km langen Weg zur Kapelle. Dort wird die Nacht über kampiert, bevor am Morgen Glockengeläut zur Opferstätte ruft, wo ein ähnliches Zeremoniell wie bei Mandamádos abläuft. Während die Zubereitung des Opfermahls viele Stunden in Anspruch nimmt, werden ringsum Zicklein und Lämmer gegrillt und verspeist, es wird getanzt und musiziert. Am nächsten Tag findet ein Pferderennen statt, danach wird im Ort weiter gefeiert. Ähnliche Opferfeste werden in **Nordgriechenland** nach dem türkischen Wort ›kurban‹ für ›Opfer‹ ›**Kourbáni**‹ genannt. Sie finden zum Beispiel in dem Dorf Kalambáki südlich von Dráma in Ostmakedonien-Thrakien zu Ehren des heiligen Athanásios am 18. Januar statt und ähnlich auch im makedonischen Gouménissa am 1. Februar für den heiligen Trýfon.

Auch der in einigen **makedonischen Dörfern** am 21. Mai, dem Tag der Heiligen Konstantínos und Eléni, praktizierte Brauch des **Feuertanzes** hat zurück liegende Ursprünge. »Einen götzendienerischen Überrest des orgiastischen Dionysoskults, der mit den spirituellen Mitteln der Kirche abgeschafft werden muss«, hatte der Präsident der Heiligen Synode der griechischen Kirche ihn 1947 dem zuständigen Bischof gegenüber genannt. Inzwischen hat sich die orthodoxe Kirche mit dieser Art der Religionsausübung, zu der auch die Ikonen der Heiligen hinzugezogen werden, abgefunden. So wird dieser ›**Anastenária**‹ genannte Brauch noch heute in dem 15 km südlich des ostmakedonischen Ortes Serres gelegenen Dorf Ag. Eléni praktiziert. Weitere Dörfer, in denen der Brauch verbreitet ist, sind Langadás bei Thessaloníki und Mavroléfki bei Drama.

Gottes Vertreter auf Erden

Ähnlich leger, aber doch respektgeprägt, wie der Umgangston mit Gott und den Heiligen ist, ist auch der Verkehr mit ihren Vertretern auf Erden. Der Priester, der Papás, mit seinem im Nacken zusammengebundenen Haupthaar, dem wallenden Bart und der langen, schwarzen Kutte ist allenthalben zu sehen: Im Weihrauchdunst der Kirche zelebriert er die Messe. Auf den Märkten und an den Fischkuttern feilscht er um die besten Stücke und im Kafeníon ist er auch schon mal zu einem Plausch oder Távli-Spiel bereit. So sind seine Vorlieben und Schwächen seiner Gemeinde bekannt. Ioánna Karystiáni berichtet in ihrem Roman ›Die Frauen von Andros‹ von den Schlichen ihrer Protagonistin, der Ehefrau des Kapitäns Sávvas Saltaféros. Immer wenn sie zur Beichte ging, nahm sie ein Kästchen Havanna-Zigarren aus dem Schrank: »Die Schwächen von Papa-Filippas waren bekannt, die Zigarren, die sie stets vorrätig hatte, sollten ihr die Vergebung jeglicher Sünde oder Schuld erleichtern.« Um das Vermögen ihrer Familie zu mehren, versucht sie, sich nicht nur mit Rechtsanwälten und Maklern gut zu stellen, sondern auch mit den Heiligen. Sie unternimmt Wallfahrten und gibt anderen Pilgern Gaben mit auf die Reise, etwa wenn sie zu dem Kloster bei Jerusalem kommen, das dem Heiligen geweiht ist, dessen Namen ihr Ehegatte trägt.

In den Gassen von Kastro auf der Kykladeninsel Sifnos

Wallfahrten

Wallfahrten sind eine der wenigen Gelegenheiten, zu denen sich die sonst eher fußfaulen Griechen auf Schusters Rappen aufmachen. Selbst deren Komfort noch scheuend, mühen sich manche frommen Frauen auf ihren Knien die Treppen zu Wallfahrtskirchen empor. Sehr viele Treppen sind das bei einigen von ihnen, wie der bedeutenden von Tínos, die, weit vom Meer sichtbar, die Insel dominiert und große Pilgerscharen anzieht. Qualvoll ist ihr Erklimmen auf den Knien. Oft läuft der Ehemann oder eine Verwandte, Patin oder Freundin nebenher, spricht Mut zu und reicht ein Tuch zum Schweiß abwischen. Sind die Buß- oder Bittaufgaben erfüllt, geht es an das Souvenir- und Ansichtskartenkaufen und an die Sorge um das leibliche Wohl. Die von Wallfahrern frequentierten Orte kommen diesen Bedürfnissen nach. Devotionalien-, Kräuter- und Souvenirläden säumen die Wege zu den Wallfahrtskirchen. Tavernen und Restaurants haben oft Spezialitäten im Angebot, die sonst selten zu finden sind, wie aufwendige Gemüse-, Fisch- und Fleischgerichte in großen Kasserolen und ortstypische Süßigkeiten. Sehr beliebt sind Grillrestaurants, in denen sich neben Kokorétsi, den in Därme gepressten Innereien, Hühner und ganze Zicklein oder Schafe drehen.

Der Mutter Gottes geweihte Wallfahrtskirche auf der Kykladeninsel Tínos

Alte Pilgerpfade laden zum Wandern ein

Pilgerströme waren seit Jahrhunderten unterwegs. Vielerorts zeugen alte Steinwege davon. Es ist ein erhabenes Gefühl, auf den von Tausenden von Pilgerfüßen blankgescheuerten, eng gefügten Natursteinen sich in stundenlanger Wanderung einer der Wallfahrtskirchen zu nähern, wie beispielsweise der Marienkirche von Agiássos auf Lesbos.

Ist man nicht gerade um den Mariä Himmelfahrttermin, den 15. August, unterwegs, trifft man kaum mehr Wanderer auf diesem alten Weg an. So geht man ihn in einer himmlischen Ruhe, vorbei an jahrhundertealten Mäuerchen, die das karge Erdreich der steilen Hänge für die darauf gepflanzten alten Olivenbäume zusammenhalten. Ein Brunnen, umgeben von Platanen und Feigenbäumen lädt zur Rast ein. Auch wenn man kein gläubiger Mensch ist, überkommt einen doch ein andächtiges Gefühl, wie man so stetig bergan schreitet und sich der endlich oben auf der Höhe sichtbaren Kirche des Ortes Agiásos nähert. Es gibt sie vielerorts, diese ehrwürdigen, alten Steinwege. Sie bieten sich zum Wandern an, da sie komfortabel sind und ihr Lauf gut erkennbar ist, so dass man nicht so leicht von seiner Strecke abkommt wie bei den die Landschaft durchkreuzenden Sandwegen und Schotterpisten, die oft abrupt an einem Feld enden. Auch sind diese alten Wege den Einheimischen gut bekannt, so dass die Frage nach dem ›Monopáti‹ (Fußweg) einen auf die richtige Route bringt.

Der alte Steinpfad zur Pilgerkirche von Agiásos auf Lesbos

Orthodoxe Klöster

»Das Christliche der kleinen Kirche enthielt noch einen Nachklang des alten Griechischen, das Walten eines Geistes, der sich dem kirchenstaatlichen-juristischen Denken der römischen Kirche und ihrer Theologie nicht beugen will. Am Ort der Klosterniederlassung war einst ein der Artemis geweihtes ›heidnisches‹ Heiligtum.«

Martin Heidegger, ›Aufenthalte‹ über das Kloster Kaisariani in der Nähe von Athen

Lohnende Wanderziele sind auch die zahlreichen Klöster. Oft liegen sie in atemberaubender Lage einsam auf steilen Felsen hoch über dem Meer, oft auf den Gipfeln der Berge. Andere sind umgeben von uralten Bäumen und Obst- und Weingärten. Stets fügen sie sich bezaubernd in die umliegende Natur ein. Sind sie bewirtschaftet, so erwartet einen dort eine kleine Erfrischung.
Die gastfreundlichen Mönche und Nonnen begrüßen den Besucher mit Wasser und kleinen Süßigkeiten. Manchmal bieten sie auch einen Kaffee oder ein Gläschen Likör an. Selbst in nicht mehr bewohnten Klöstern wird zuweilen dafür gesorgt, dass dieser Brauch bestehen bleibt. Steigt man den Pfad zum höchsten Gipfel von Sífnos, dem Profítis Ilías hoch, so findet man das dort gelegene Kloster Profítis Ilías tou Psílou verwaist vor. Nur einmal im Jahr, am Fest des Propheten, wird es mit einem Kirchenfest belebt. Schon lange leben keine Mönche mehr hier und doch wird man willkommen geheißen und findet Erfrischung in dem Refektorium mit seinem langen Tisch und seinen Holzbänken. Wasser gibt es von einer etwa drei Meter tiefen Zisterne. Seil und Eimer liegen bereit, daneben, von einem Stein beschwert, ein Zettel, der einem auf Griechisch versichert, dass das Wasser sauber ist. An der Tür eines Wandschranks steht in mehreren Sprachen, man könne sich hier einen Kaffee machen. Beim Öffnen findet der Besucher Gaskocher, Streichhölzer, Kännchen, Kaffeepulver für griechischen Kaffee ebenso wie Nescafé, Zucker, Milch, Tassen und Löffel.

Die **Metéora-Klöster** krönen ein einmaliges Naturphänomen. An der Stelle im Zentrum Griechenlands, wo der Piniósfluss die Enge des Pindos-Gebirges verlässt, um in die thessalische Ebene hinab zu fließen, ragen wuchtige, bizarr geformte Felsen einem Säulenwald gleich bis zu Hunderten von Metern hoch aus der Erde. Diese einmalige Landschaft zog Eremiten und Mönche an. Nachdem wahrscheinlich bereits ab dem 9. Jahrhundert, sicher überliefert ab dem 11. Jahr-

Kloster Profítis Ilías tou Psílou auf Sífnos

hundert, ihre Höhlen von Einsiedlern genutzt wurden, begann sich bald darauf eine Mönchsrepublik zu formen, die in den folgenden Jahrhunderten eine nach der anderen dieser natürlichen Riesensäulen mit Klöstern bebaute. Das Resultat gehört zum UNESCO-Weltkulturerbe. Der Name ›Metéora‹ leitet sich ab von ›meteorizó‹, was so viel wie ›in der Luft schweben‹ bedeutet. Tatsächlich scheinen diese heiligen Stätten bei dunstiger Witterung manchmal losgelöst von allem irdischen zu schweben. Rund zwei Dutzend sind es, Doch nur noch ein Viertel davon ist heute bewohnt.

Eine besondere Stellung nimmt der **Heilige Berg von Athos** ein, der **Garten der Mutter Gottes**. Sein Gebirgsmassiv erhebt sich auf dem östlichen der drei Finger, die die Halbinsel Chalkidikí ins Ägäische Meer streckt. Die neben zahlreichen Einsiedeleien darauf errichteten zwanzig Klöster, von denen viele über tausend Jahre alt sind, mit den von ihnen abhängigen, dorfartigen Siedlungen bilden eine halbautonome Mönchsrepublik, eine byzantinische Enklave im modernen Europa, in der zurzeit etwa 3000 Mönche leben.

Die byzantinischen Kaiser, später auch die russischen Zaren, unterstützten die ›Arche des orthodoxen Glaubens‹ mit großzügigen Stiftungen. Sie beherbergt alte, wertvolle Bücher und reiche Kunstschätze und wurde zu einem Teil des UNESCO-Weltkulturerbes erklärt. Der Autor Erhart Kästner bereiste den Agion Oros, den Heiligen Berg, im Jahr 1953 gemeinsam mit dem griechischen Theologen

Die Metéora-Klöster

Bild: Griechische Zentrale für Fremdenverkehr

Nikólaos Lúvaris und anderen Freunden und verweilte dort mehrere Wochen. Er nahm an den Gottesdiensten und dem Mahl der Mönche teil und besuchte Künstler, Gelehrte und Einsiedler. Dank seiner griechischen Reisebegleiter wurde ihm auch Zugang zu sonst verschlossenen Bibliotheken und Kunstschätzen gewährt. Er spürte dem Hineinwirken der Antike ins Christliche nach und machte sich angesichts der häufig in der Bildkunst des Athos anzutreffenden Darstellung der Hadesfahrt Christi Gedanken über den Unterschied zwischen Hades und Hölle. Das Fresko im Athoskloster Karakállu regte ihn zu dieser Reflexion an: *»Der Verklärte fährt in den Hades, er steigt zu den Schatten hinab und zieht sie, ihrer zwei an den Handgelenken ergreifend, zum Leben, zum Eigentlichen empor. Es wird undeutlich, wenn wir übersetzen: der Auferstandene sei in die Hölle gefahren, weil unter Hölle ein Ort der Verdammnis vorgestellt wird, der Rache und Strafe. Aber ›Hades‹, so sagen von jeher und noch heutzutage die Griechen, die diesen Mythos erfanden, Hades: das ist das Schattenhafte, das Unerfüllte, das Sichabhandengekommene.«* Er fragt sich: *»Blicken die Griechen so in ihre Vorzeit zurück? Scheint ihnen, die Antike werde durch den Verklärten an den Handgelenken gefasst und zum Eigentlichen nach oben gezogen?«* Er spürt, was die Griechen haben, das uns fehlt: *»Gibt es ein stärkeres Bekenntnis, Christ und Grieche zu sein? Wie schwächlich, wie ungelöst ist daneben unsere Leidenschaft zur Antike: ein Wohnen in zwei getrennten Stockwerken, einmal bei den alten Göttern, von denen* *wir immerzu reden und an die wir nicht wagen zu glauben, und dann wieder als unentschlossene Christen.«*

Sein griechischer Reisegefährte hingegen kann nicht aus der Haut des orthodoxen Theologen heraus, wenn er sagt: *»Nicht die Akropolis ist unser heiliger Ort, das denkt nur ihr Deutschen; für jeden Griechen ist der heilige Ort die Hagia Sophia, unser griechisches Heiligtum, um welches wir trauern und weinen; aber wir werden es eines Tag wiederbesitzen. Konstantinopolis ist das Haupt, und der Athos ist das Herz unserer Welt.«*

Doch Poeten wie der Grieche Jannis Ritsos fühlen sehr wohl das Hineinwirken der Antike in ihre Welt. Mit den Worten *»Unsere Häuser sind auf anderen gebaut, wohlgeformten aus Marmor«* beginnt sein Gedicht ›Perspektive‹. *»... und dass eine Statue, manchmal, mit leichter Hand deine Schulter berührt«* verspürt er an seinem Ende.

Auf dem Heiligen Berg herrscht Zutrittsverbot für Frauen, das so genannte ›Avaton‹. Seine Durchsetzung unterstützt auch der griechische Staat, indem er Vergehen ahndet. Auch die Europäische

Das russisch-orthodoxe Kloster des Hl. Pantaleon (Ag. Panteleímon), auch bekannt als Rossikón auf dem Heiligen Berg von Athos

Bild: Griechische Zentrale für Fremdenverkehr

Union hatte den Sonderstatus der Mönchsrepublik akzeptiert, als Griechenland 1981 der damaligen EWG beitrat. Erhart Kästner zitiert in seiner Reiseerzählung ›Stundentrommel vom heiligen Berg Athos‹ seinen griechischen Reisebegleiter Lúvaris, der ein Gespräch mit einem Schüler wiedergibt: »*Wo man nicht zeuge, wo nicht geboren werde, wo seit tausend Jahren gelebt werde ohne Söhne und Töchter, niemals ein neues Geschlecht, immer nur Auslauf und Absprung: da werde der Endzeit-Erwartung eines ganzen Landes gezollt. Nicht möglich und nicht einmal wünschbar, dass überall so gelebt werde; und doch, dass so etwas da sei, das ganze Land existiere davon. So sei die Grabplatte, die Ewige Wiederkehr heiße, dieser eiserne Deckel, zerbrochen. Der Athos sei wie eine Wache, die aufgestellt sei. Nun könne der Schlaf der Andern so dumpf sein, wie er es ohnehin ist.*«

Auch männliche Gäste müssen ihre Aufenthaltserlaubnis beantragen und werden nur in sehr beschränkter Zahl zugelassen. So werden Abgeschiedenheit und Ruhe des heiligen Areals nicht getrübt. Die wertvollen Kunstgegenstände und Bücher, die die Klöster beherbergen, bleiben neugierigen Blicken normalerweise verborgen. Erstmals für kurze Zeit ausgestellt wurde ein Teil davon 1997 im Museum für Byzantinische Kultur in Thessaloníki zur Feier von dessen Status als Kulturhauptstadt Europas jenes Jahres. Ähnliche Bemühungen, die Vorsteher der Klöster zu Leihgaben zu überreden, sind stets gescheitert. Auch bei dieser Gelegenheit haben sich noch vier wichtige Klöster verweigert, zwingen kann die Mönche eben niemand. Seit über 1000 Jahren genießen sie das in einer Pergamentrolle aus dem Jahr 972 festgehaltene Selbstverwaltungsrecht, das auch alle griechischen Verfassungen garantieren.

Weithin sichtbar ist das Bergmassiv, dessen höchste Gipfel über 2000 m emporragen. Befindet man sich geeignetenorts auf der Halbinsel Chalkidikí, so kann man den Blick hin- und herschweifen lassen und gedanklich den Bogen spannen vom Sitz der antiken Götter auf dem Olymp zum Garten der Muttergottes auf dem Athosmassiv.

Legenden ranken sich um dieses Landmal, eine davon erzählt, ein thrakischer Titan habe einen gewaltigen Stein – den Athos - gegen den Göttervater Zeus geschleudert. Die erste schriftliche Erwähnung des Namens Athos findet sich bei Homer. In seiner Ilias schwebt Hera vom Olymp über den Athos nach Lemnos.

Im Einklang mit Natur und Geist

Ein Besuch im orthodoxen Nonnenkloster des heiligen Paulus in Pláka (Lávrion)

von Heidi Diakoumopoulos

Das Kloster liegt oberhalb von Lávrio in der Nähe des Kap Soúnion mit seinem berühmten Poseidontempel. Es schmiegt sich an einen Berghang bei dem Ort Pláka. Von seinem Hof blickt man auf das ägäische Meer und die einstige Verbannungsinsel Makrónissos. Erschöpft von menschlichem Hass und Leid, die auf ihr während des griechischen Bürgerkriegs 1947 bis 1949 herrschten, liegt sie heute verlassen am Horizont, umspült von den Wellen der Ägäis. Wie eine kleine Insel der Ruhe wirkt das dem heiligen Paul geweihte Nonnenkloster hier droben. Die ansässigen Mönchinnen wohnen in einer Gemeinschaft, besuchen die regelmäßigen Gottesdienste und bemühen sich um die Instandhaltung des Klosters, der Kirche und des anliegenden Gartens. Jede Ordensschwester bringt ihre speziellen Talente in die Kollektivarbeit ein. Es gibt vor allem praktische Arbeiten im Kloster, damit der Geist freibleibt zum immerwährenden Jesusgebet. So entstehen neben selbstangesetzten Ölen Marmeladen, Schafskäse, eingelegte Oliven, Nudeln, Weihrauch, Stickereien, gewebte Teppiche und auf persönliche Bestellung gemalte Ikonen. Diese Produkte werden an Besucher verkauft. Der Erlös kommt neben zahlreichen Hilfen für Bedürftige dem Kloster und den Renovierungsarbeiten daran zugute.

Die Schwestern stammen aus verschiedenen Nationen und so trifft man stets eine Schwester, die Deutsch spricht und sich gern zu einer Unterhaltung gesellt. Drei Säulen stützen das Mönchstum, betont sie: Gebet, Arbeit, Gastfreundschaft. In Griechenland bezahlt man keine Kirchensteuer, so kommt es, dass sich die Klöster autonom verwalten. Jede Gemeinde, jedes Kloster ist dem örtlichen Bischof unterstellt.

Wir sprechen von einer autokephalen Kirche. Beschlüsse werden in der Synode, dem Treffen der Bischöfe getroffen, die alle zusammen die Kirche bilden. Solange die Kirchen getrennt sind, kann es für die orthodoxe Kirche keine neuen Dogmen geben. Aber: Die Dogmen und die Konzile, die vor der Trennung (1054) stattfanden, sind bis heute gültig. In der Gruppe wird beschlossen, welche Arbeiten wer und wann verrichtet. Jede Schwester geht dabei in Bescheidenheit und Freude in ihrer zugeteilten Beschäftigung auf. Die Äbtissin begleitet die Schwestern praktisch, vor allem auch im Gebet, und versucht zu hören, was jede Einzelne braucht, um im geistigen Kampf fortzuschreiten.

Daher rührt auch die angenehme Atmosphäre, die den Besucher beim Eintritt erwartet. Die Schwestern sind gastfreundlich, haben stets ein gutes Wort für die Besucher und schenken jedem Zeit und Aufmerksamkeit. Eine eigene, bescheidene, kleine und heile Welt tut sich jedem auf, der das Kloster betritt, das seine Pforten für besinnliche Momente erfüllter Ruhe und Begegnung mit dem eigenen Glauben öffnet. »Ein Kloster ist eine Oase für den Besucher und eine Wüste für den Mönch«, meint die gastfreundliche Nonne. Dann führt sie den Besucher in die Kirche mit ihren eindrucksvollen Wandmalereien. Ikonen und Fresken folgen ebenso wie die Bauweise der Kirche vorgegebenen Traditionen. »Selbst die Farben der Malereien werden von Hand hergestellt. Man zerreibt Eisenerze, die man in den Höhlen der Umgebung findet und bekommt Ockergelb und verschiedene Rottöne. Mit Azurit bereitet man den gefragten Blauton«, erklärt die Ordensschwester.

Hier verbindet sich Handwerk mit Ökologie im Einklang mit Natur und Geist. Das Kloster versteht sich als Alltagskirche, da sich die Segensgebete auf alle Lebensbereiche erstreckt. Krankensalbung für die ganze Familie, Wasserweihe des Hauses, des Geschäfts, Autoweihe, Fasten unter der Woche als Vorbereitung auf die Heilige Kommunion. Fasten an jedem Mittwoch und Freitag.

Leider gibt es in Griechenland auch verwaiste Kloster, die von den Brüdern oder Schwestern verlassen wurden, weil sie sich nicht mehr verwalten konnten oder den Bestimmungen entsprechend restauriert werden konnten, meist aus finanziellen Gründen, da sie nicht auf staatliche Unterstützung hoffen können. Wenn sich nach einer bestimmten Anzahl von Jahren keine Gemeinschaft findet, geht das Kloster in Staatsbesitz über.

Mit wehenden Fahnen

Die Flagge des byzantinischen Reichs weht für griechische Kirchen

Sowohl in der autonomen Mönchsrepublik Athos als auch vor griechischen Kirchen weht häufig eine gelbe Flagge mit einem schwarzen **Doppeladler**. Sie symbolisiert allgemein die Orthodoxe Kirche, während das offizielle Symbol der Kirche von Griechenland ein dunkelroter Doppeladler auf weißem Grund ist. Der doppelköpfige Adler war das Symbol von Michael VIII. Palaiologos, der Konstantinopel 1261 von den Kreuzfahrern zurückeroberte. Der Doppelkopf symbolisierte die zwei Kontinente Asien und Europa, auf denen sein Reich lag. Bald stand das Symbol jedoch nicht nur für seine Dynastie, sondern für das gesamte **Byzantinische Reich** schlechthin. Die Dynastie der Palaiologen war die letzte griechisch-byzantinische, die Konstantinopel beherrschte, bevor es 1453 an die Osmanen fiel. So stellen die griechisch-orthodoxen Kirchen mit dieser Flagge eine Verbindung zum alten Byzanz her.

Oft weht daneben auch die weißblaue Nationalflagge Griechenlands, symbolisiert doch auch das weiße Kreuz in ihrem oberen linken Eck die von der orthodoxen Kirche gewahrte christliche Tradition des Landes.

Die Orthodoxie dominiert in Griechenland

»Schnellen Schrittes kam er beim heiligen Menas vorbei. Er machte ihm einen Abschiedsbesuch und zündete eine Kerze an. Die Kirche war leer und warm und voll Weihrauchduft. Der heilige Menas, von Kopf bis Fuß mit Silver überzogen, sonnenverbrannt auf seinem Pferd reitend, lächelte ihn an, als gäbe er ihm seinen Segen.«

Nikos Kazantzákis, ›Freiheit oder Tod‹

Circa 96 Prozent der Griechen bekennen sich zum orthodoxen Glauben. Kleine evangelische Enklaven, die sich vorwiegend in und um Thessaloníki befinden, ebenso wie katholische auf einigen Kykladeninseln und verstreut über das Land sind eine verschwindende Minderheit. Nirgendwo sonst in Griechenland stehen sich Orthodoxie und Katholizismus so deutlich auf engem Raum gegenüber wie auf der Kykladeninsel Sýros. Zwei steil aufragende Hügel, auf denen sich ein dichtes, pastellfarbenes Häusermeer bis zur Spitze empordrängt, dominieren, weithin vom Meer sichtbar, das Bild ihrer Hauptstadt, die zugleich Verwaltungszentrale der Kykladen ist. Gekrönt ist der eine von einer katholischen Bischofskirche, der andere von einer orthodoxen Kathedrale. Auch Friedhöfe sowie weitere Kirchen gibt es beider Konfessionen. Klar stechen hier die Verschiedenheiten nicht nur in der Architektur, sondern auch in der Innenausstattung und Atmosphäre ins Auge. Die unterschiedliche Ausstrahlung westlicher Heiligenbilder gegenüber östlichen Ikonen wird spürbar. Heiligenstatuen, wie sie in katholischen Kirchen zu finden sind, gibt es in orthodoxen nicht. Gedrängter, intensiver, mystischer und persönlicher ist die Stimmung, die griechisch-orthodoxe Gotteshäuser vermitteln.

Die mannigfaltigen Manifestationen der Kontinuität und Präsenz einer tiefverwurzelten und innig empfundenen Religiosität lassen Griechenland als geheiligten Boden spüren, umspült von gesegneten Wellen und überspannt von einem Firmament, das stets beseelt war und bleibt, gleichgültig ob es als polytheistischer oder monotheistischer Himmel gesehen wird. So gibt Henry Miller in seinem Werk ›Der Koloss von Maroussi‹ seine Empfindung wieder:

»Wundersame Dinge geschehen einem in Griechenland – wundersame, gute Dinge, die sonst nirgends auf der Welt geschehen können. Irgendwie steht Griechenland unter dem besonderen Schutz des Schöpfers – man glaubt, Ihn wohlwollend nicken zu sehen. Die Menschen mögen ihre kümmerlichen, jämmerlichen Teufeleien begehen, auch in Griechenland – aber Gott lässt noch immer Seinen Zauber wirken, und ganz gleich, was die Menschenkinder tun oder versuchen zu tun, ist Griechenland noch immer geheiligter Boden und wird es, davon bin ich überzeugt, bis zum Ende der Zeiten bleiben.«

Nicht nur für Menschen, sondern auch für geographische Begriffe sind Heilige oft namensgebend. So heißen Orte Agios Stéfanos, Agios Dimítrios oder Agia Marína. Aber auch andere religiöse Begriffe wie Agía Triáda (›Heilige Dreifaltigkeit‹) bilden Ortsnamen. Fast auf allen Inseln heißt der höchste Gipfel ›Profítis Ilías‹. Auch die meisten Boote und Schiffe tragen Heiligennamen.

Augen können verhexen und Verhängnisse ankündigen

Der böse Blick

Er kann einen jederzeit treffen und Unglück und Unwohlsein über einen bringen. Blauäugige stehen besonders in Verdacht, ihn zu werfen, den bösen Blick. Und mit Blau versucht man, ihn abzuwehren: Mit einem blauen Glasauge oder blauen Perlen, am Körper getragen, um Hals oder Handgelenk oder auch irgendwo versteckt. Die orthodoxe Kirche empfiehlt stattdessen ein Kreuz, gleich welcher Farbe.

Der Glaube an die Macht des ›káko máti‹, des ›bösen Blicks‹ ist uralt, mindestens bis ins antike Griechenland geht er zurück. Heute noch ist er stark in Griechenland ebenso wie in der Türkei und einigen anderen Mittelmeeranrainerstaaten verbreitet. Spucken soll helfen, am besten dreimal. Man tut es zuweilen vorsorglich, wenn man ein Kompliment bekommt. Denn, obwohl man nie ganz dagegen gefeit ist und das Unheil plötzlich über einen hereinbrechen kann, scheinen doch Bewunderung oder Neid anderer ebenso wie eigene Eitelkeit oft der Auslöser zu sein. Kaum jemand tut solche Furcht und die damit einhergehenden Vorsichtsmaßnahmen als Aberglauben ab. Selbst die orthodoxe Kirche bestätigt die Existenz des Phänomens und gibt ihm den Namen ›Vaskanía‹. Neben der Empfehlung, vorsorglich ein Kreuz zu tragen, hat sie auch ein spezielles Gebet für vom bösen Blick getroffene parat. Die englischsprachige, griechische Zeitschrift ›Athens News‹ hat dem bösen Blick im August 2000 einen Artikel gewidmet und dafür mit einigen Geistlichen gesprochen. »Eine Form von Satanismus oder dunkler Magie, die verletzen und sogar töten kann«, nannte einer von ihnen, der Vater Sotírios, das Geschehen und meint, es habe seinen Ursprung in intensiver Eifersucht oder heftigem Begehren anderer. Ein anderer Geistlicher, der Vater Charálambos sagte, der böse Blick sei ein Ausdruck extremer Bewunderung und fügte hinzu, dies sei, wie wenn man eine Pflanze zu stark düngt, so dass sie davon welkt statt gedeiht.

Augenzucken als Vorzeichen

Grund zur Sorge hat man, wenn jemand sagt »Xepetái to máti mou« (»Mein Auge grüßt«) oder »To máti mou péxi« (»Mein Auge spielt«)! Denn wenn das Auge zuckt, dann ist das ein Zeichen dafür, dass etwas geschehen wird. Ist es das Linke, so wird es etwas schlechtes sein.

Das Unglück lauert überall

Das ist in Griechenland nicht anders als sonstwo auf der Welt. Irgendetwas muss doch schuld daran sein, wenn einem unangenehme Dinge geschehen, wenn der vielgelobten Köchin plötzlich die gefüllten Tomaten misslingen, der erfahrene Autofahrer plötzlich beim Einparken ein Schild rammt (was in Griechenland nicht ganz so schlimm genommen wird wie etwa Deutschland - aber immerhin!) Ach ja, das war es: Ich habe einen **Priester in seiner schwarzen Kutte und eine schwarze Katze** am gleichen Tag gesehen!

Da musste es ja geschehen! Schließlich ist Dienstag! Der Dienstag ist in Griechenland ebenso unheilschwanger wie in anderen Ländern der Freitag. War doch der Tag des Beginns des osmanischen Jochs auch ein Dienstag gewesen, wenn auch kein dreizehnter, sondern der 29. Mai 1453. An diesem Tag nahm der osmanische Sultan Mehmed II. Konstantinopel ein, die Stadt, die mehr als elf Jahrhunderte zuvor im Jahr 330 von Kaiser Konstantin gegründet worden war.

Auch für plötzliche **Zwietracht** gibt es eine Erklärung: **Gleichzeitig dasselbe Wort gesagt!** Wenn das geschieht, müssen beide Sprecher etwas Rotes anfassen, um Unheil und vor allem Zank zu vermeiden.

Messer gibt man einander nicht in die Hand. Will man sie einander beispielsweise am Tisch reichen, so legt man sie so hin, dass der andere sie selbst ergreifen kann. Denn sonst gibt es Streit.

Cháron, der Fährmann

»Zu dieser Stunde schlief die Alte gewiß. Solange sie lebte, war sie mit dem Hahn aufgewacht und mit den Hühnern zu Bett gegangen. Sie hatte geheiratet, Kinder geboren, Enkel und Urenkel bekommen, war wie eine Korinthe verschrumpelt, dazu buckelig und taub, aber ihr Auge leuchtete noch. Charon hatte sie vergessen.«

Nikos Kazantzákis, ›Freiheit oder Tod‹

In einem Land mit etwa 14000 km Küstenlinie, in dem das Meer nie weit ist, hat wohl fast jeder oft in seinem Leben ein Boot bestiegen. Auch die letzte Fahrt gilt es zu Wasser zurückzulegen. Doch liegt kein Ozean zwischen Leben und Tod, sondern nur ein Fluss. Nach der antiken Mythologie grenzen Flüsse das Totenreich, den **Hades**, ein. Will man nicht hundert Jahre ruhelos an ihrem Ufer umher irren, gilt es, sich von dem greisen Fährmann Cháron übersetzen zu lassen, nachdem man dafür seinen Obolus entrichtet hat, eine Goldmünze, die den Toten zu diesem Zweck unter die Zunge gesteckt wurde. Denn nein, umsonst ist nichts, auch nicht der geordnete Eingang ins Totenreich.

Und der Mythos lebt. Cháron wird oft erwähnt, im Alltagsgespräch ebenso wie in Liedern und in der griechischen Literatur. Nicht Paradies oder Hölle warten auf den Griechen, sondern der Hades, ein Reich, in dem der Verstorbene nur noch ein scheuer Schatten seiner selbst ist. Um so mehr gilt es, das Dasein auf der Erde zu nutzen und mit Leben, das dieses Wort verdient, zu erfüllen.

Helden und Kerle

» ›Auch diesmal wird Kreta die Freiheit noch nicht sehen!‹ - ›Also wird unser Blut wieder sinnlos vergossen?‹ fragte ich. - ›Blut wird niemals sinnlos vergossen‹, antwortete er. ›Weißt du nicht, dass die Freiheit ein Samenkorn ist? Aber es keimt nicht, wenn man es mit Wasser begießt. Es muß Blut sein. Wir begießen also das Samenkorn auf rechte Weise, und gewiß wird eines Tages das Pflänzchen daraus entstehen, aber dieser Tag ist noch nicht gekommen.‹ «

Níkos Kazantzákis, ›Freiheit oder Tod‹

Palikare

»Ernst ist das Antlitz Kretas und vielgeprüft. Kreta besitzt in Wahrheit etwas Uraltes und Heiliges, Bitteres und Stolzes, wie die oft von Cháron geschlagenen Mütter, die Palikaren geboren haben.«

Níkos Kazantzákis, ›Freiheit oder Tod‹

›Ganzer Kerl‹ steht im Wörterbuch als Übersetzung für ›Palikarás‹ oder ›Palikári‹. Gern hört Mann sich so bezeichnet, mag auch in heutigen Zeiten, die wenig Raum für spektakuläre Heldentaten bieten, neben Bewunderung zuweilen leichte Ironie in solcher Anrede mitschwingen. Gebräuchlich ist der Ausdruck auch im modernen Sprachgebrauch, doch die großen Zeiten der Palikáren waren die Zeiten der Aufstände gegen Fremdherrschaft und Diktatur. Volkslieder und Literatur singen das Loblied dieser kraftstrotzenden, freiheitsliebenden, todesbereiten Helden homerischer Prägung. Ein starkes Ehrgefühl geht einher mit ihrer mutigen Kampfbereitschaft. Kapitän Michális, die Hauptperson in Níkos Kazantzákis Roman ›Freiheit oder Tod‹, der vom kretischen Befreiungskampf gegen die Türken handelt, war ein solcher Palikáre. Sein großes Vorbild Daskalogiánnis sowieso. Der Sohn, der sich tapfer durchs Leben schlägt, vielleicht gar fern der Heimat, ist für seine Mutter ein Palikaráki, wie die zärtliche Verkleinerungsform von Palikári lautet, so besungen etwa in dem Volkslied ›Giánni mou‹ (›Mein Giánnis‹).

Kleften

Die ursprüngliche Bedeutung des Wortes ›Kléftis‹ ist ›Dieb, Räuber‹. Damit werden die Freiheitskämpfer gegen die osmanische Vorherrschaft bezeichnet. Denn Räuberbanden gleich rotteten sie sich in den Bergen zusammen und leisteten Widerstand, als die Türken nach und nach das Flachland unterjocht hatten. Räuberbanden gleich fielen sie auch über die Türken in den Ebenen her, plünderten deren Besitzungen und machten ihnen das Besatzerleben schwer. Als bewaffnete Krieger folgten diese Rebellen treu ihrem ›Kapitän‹. Sie ließen immer wieder bewaffnete Auseinandersetzungen aufflammen und spielten schließlich eine bedeutende Rolle im Freiheitskampf von 1821 bis 1829, der das Ende der Jahrhunderte währenden Türkenherrschaft einläuten sollte.

Mánges

Viele Rembétiko-Lieder (▶ Seite 117) besingen sie: Die ›Mánges‹ oder ›Rembétes‹. Anfang des 20. Jahrhunderts bildeten diese jungen Männer ein subkulturelles Milieu in den ab den zwanziger Jahren von Flüchtlingen aus Kleinasien überschwemmten griechischen Hafenstädten. Sie traten stolz und leicht reizbar auf. Offen trugen sie ihre Abneigung gegen alles Konventionelle zur Schau, rauchten Haschisch, hassten Polizisten, hatten einen eigenen Ehrenkodex, ein mit locker sitzendem Messer verteidigtes, ausgeprägtes Ehrgefühl. Sie hatten oft Knasterfahrung, verkehrten in ihren eigenen Kneipen, sprachen einen speziellen Slang und trautem keinem außerhalb ihrer Kreise. Großen Wert legten sie auf ihr Äußeres. Sie trugen keine Krawatten, aber ein eigenes stylisches Outfit, so dass sie Markus Mayer in seinem Artikel in der Süddeutschen Zeitung mit den ›Mods‹ der sechziger Jahre verglich.

Musik und Tanz

Sangesfreude

Am frühen Nachmittag im Bus von Athen nach Markópoulo, einer etwa 10 km südlich vom Internationalen Flughafen Elefthérios Venizélos entfernten Kleinstadt, in der die Weinkellerei Kourtákis ihren Sitz hat. Etwa 30 km beträgt die Strecke, vorbei an monotonem Agglomerationsgebiet mit Wohnhäusern, Tankstellen, Geschäften, Werkstätten und Industriebetrieben, dazwischen ab und zu kleine Weinfelder, Olivenbäume, Baustellen und Ödland. Der Bus ist zu etwas mehr als der Hälfte besetzt. Die meisten dösen vor sich hin, manche unterhalten sich oder lesen. Der Busfahrer legt eine CD mit griechischer Musik ein. Bei dem Lied ›Echo mía agápi‹ (›Ich habe eine Liebe‹) stimmt er mit etwas heiserer, aber kräftiger Stimme ein. Da richtet sich der mit schütterem, grauem Haar bedeckte Kopf in der zweiten Reihe, der müde nach vorn gefallen war, auf und tut es ihm gleich. Der junge Mann mit dem Cordsakko in der Reihe schräg hinter ihm lässt die Zeitung sinken, lächelt das blondgesträhnte Mädchen mit der schicken, dunklen Sonnenbrille neben ihm an, und beide singen mit. Eine weitere Stimme ertönt von ganz hinten aus der letzten Reihe. Sie ist die klanghafteste. Alle kennen den Text. Natürlich weiß auch jemand sofort den Interpreten zu nennen, als ein Tourist, der mitten zwischen den Sangesfreudigen sitzt, unbeholfen seine wenigen Worte Griechisch zusammenkratzt und fragt: »Oréo tragoúdi. Piós?« (»Schönes Lied. Wer?«).

Paschális Terzís heißt der Künstler. Und schon ist ein lebhaftes Gespräch im Gang über griechische Musik, Griechenland, Deutschland, Reisen, Kinder und Familie, Arbeit, Essen und Trinken, Gott und die Welt. Man will alles wissen über diesen Ausländer, dem die griechische Musik gefällt und der doch tatsächlich einige Worte Griechisch kann. Wo die nicht ausreichen, geht das Gespräch mit Händen und Füßen weiter und schließlich findet sich unter den Reisegästen einer, der lange Zeit in Deutschland gearbeitet hat und die Äußerungen vieler Neugieriger und Mitteilsamer übersetzt. Die 45 Minuten Fahrtzeit vergehen wie im Flug. Ein Fremder, der etwas Griechisch spricht - mögen es auch nur wenige Worte sein - und dem obendrein die Namen einiger griechischer Sänger geläufig sind, und ein Bus voller Griechen: Da hat man sich eine Menge zu sagen.

Poetische Texte

Griechenland hat eine sehr lebendige Volksmusik- und Chanson-Szene, der auch Radio und Fernsehen Raum geben. Bei weitem nicht so oft wie in deutschsprachigen Ländern hört man englische Popmusik. Die griechische Sprache dominiert, schließlich will man die Texte verstehen. Die heutige Liedkultur ist stark von Poesie geprägt. Neben eigenen Dichtungen singen griechische Künstler wie Míkis Theodorákis, Stélla Gadedi, Níkos Xydákis (Ksydákis), Glykería und Eleftheria Arvanitáki die vertonten Werke der großen Lyriker wie Giórgos Seféris, Odysséas Elýtis, Giánnis Rítsos, Dionýsios Solomós, Napoléon Lapathiótis, Andréas Kálvos, Angelos Sikelianós und anderer griechischer Dichter und machen sie so einem breiten Publikum zugänglich. Welches andere Land außer Griechenland lauscht den Werken seiner Literaturnobelpreisträger abends in der Taverne und trällert sie auf den Straßen?

Von Mund zu Ohr zu Mund

Jahrhundertelang wurden Gedichte in Griechenland nicht gelesen, sondern zu Musik vorgetragen, gesungen. Oft wurden sie nicht aufgezeichnet, sondern sind mündlich überliefert. Dies entsprach einer alten Tradition, mag aber auch zu manchen Zeiten daran gelegen haben, dass in ihnen häufig Widerstand gegen Fremdherrschaft oder Diktatur verborgen war und nur mündlich Weitergegebenes der Zensur entging. So wurden Künstler wie der Lyriker Giánnis Rítsos (gr. Γιάννης Ρίτσος, wobei der Vorname in lateinischen Buchstaben auch oft als Ioannis, Jannis oder Yanni(s) wiedergegeben wird) und der Komponist und Schriftsteller Míkis Theodorákis verfolgt und inhaftiert. Ihre Werke wurden von Freunden und Mitgefangenen auswendig gelernt und verbreitet. Was nicht auf Papier gedruckt oder auf Tonträger gebannt wurde, prägte sich umso tiefer in das Gedächtnis und die Herzen der Menschen ein. *»Wie eine ihres Augenlichts beraubte und in einen engen Käfig gesperrte Nachtigall hat das griechische Volk im Lied seinen ganzen Schmerz ausgeschüttet und seinem Widerstand Ausdruck gegeben«*, sagte Manólis Kalomíris in seinen Vorträgen Mitte des 20. Jahrhunderts. Der 1883 in Smyrna geborene und 1962 in Paris verstorbene Komponist, der fünf Opern, drei Symphonien und hunderte von Liedern schuf, legte von

Beginn an Wert auf den nationalen Charakter der Kunstmusik und auf die Poesie als Grundlage. Die mündliche Überlieferung des Liedguts begünstigte die Kreativität und brachte zahlreiche Abwandlungen der Originale mit sich, so dass immer neue Versionen entstanden.

Klingendes, singendes Festtags- und Alltagsleben

Noch heute verfügen viele Griechen, auch zahlreiche junge Menschen und nicht nur Musiker, über einen reichen Liedschatz. Bei Anlässen wie Hochzeiten, Tauffeiern, Namenstagen und Dorffesten ebenso wie beim abendlichen, geselligen Beisammensein auf der Terrasse beginnt einer, ein Lied zu singen, weitere stimmen ein, dann fällt dem nächsten ein neues ein. Manchmal durch hervor geholte Instrumente begleitet, kann eine solche Gesangseinlage stundenlang fortgehen. Mancher Tourist steht arm da, wenn er in eine solche Runde gerät und endlich die Bitte fällt, doch mal etwas aus seiner Heimat zu singen. Mit dem Repertoire seiner Gastgeber kann kaum einer auch nur annähernd mithalten.

Als befreiend wird Musik auf persönlichen Festen und in Tavernen und Musiklokalen oft empfunden. Man lauscht ihr nicht still, sondern lässt sie auf die eigene Seele wirken. Um die Verbindung, die man mit ihr eingeht, zu akzentuieren und als eine ganz persönliche zu empfinden, opfert man ihr. Das kann durch große Geldsummen geschehen, die man den Musikern zusteckt oder für Getränke und Blumen ausgibt - oder durch das Zerschlagen des Tellers vor sich auf dem Tisch.

Fest in Olymbos auf der Dodekanen-Insel Kárpathos

Traditionelle Volksmusik (Paradosiaká)

Wie in den meisten Ländern ist die Volksmusik am präsentesten im **ländlichen Raum.** Vielerorts haben sich Kulturvereine ihrer Pflege verschrieben und veranstalten Aufführungen. Doch auch in den Familien, auf Festen wie Namenstagen, Hochzeiten und kirchlichen Feierlichkeiten wird sie spontan gesungen und getanzt. Die Stile sind so vielfältig, wie das Land weitläufig. ›**Dimotikó tragoúdi**‹ nennt man das Volkslied und meint damit die traditionellen Lieder. Allgemeiner ist die Bezeichnung ›**laïkó tragoúdi**‹, die für das epochenunabhängige, populäre Lied steht und oft das Volkslied einschließt, ebenso Kantaden unter italienischem Einfluss, Rembétiko unter kleinasiatischem und neuere Popmusik.

Akritischer Stil: Bezeichnet den nach den Grenzwächtern, den ›Akriten‹ im byzantinischen Reich, genannten epischen Stil des 9. bis 11. Jhds.

Femininer Inselstil: Mal weich und wogend wie das Meer, mal temperamentvoll sind die Tänze der **ägäischen Inseln**, sanft, melodisch die Klänge der eingesetzten Saiteninstrumente wie Violine, Gitarre, Lýra und Sandoúri. Diese ›**Nisiótika**‹ genannten Melodien sind mal melancholisch, mal ausgelassen heiter.

Maskuliner Festlandstil: Streng und stolz wirken hingegen Musik und Tänze der **Bergregionen auf dem Festland**. Hier entstanden die **Kleften-Lieder**, die Balladen der in den Bergen verschanzten Widerstandskämpfer gegen die osmanischen Unterjocher, die meist ohne harmonische Begleitung von Freiheit, Tod und Leid sangen.

So ist der Charakter der Inselmusik eher weiblich, der der Festlandsberge mit ihrer heroischen Tradition eher männlich.

Sonderstellung der Ionischen Inseln - Kantádes der Inseln & Athens: Auf den Ionischen Inseln, die nie unter türkische Herrschaft gerieten, ist italienischer Einfluss spürbar. Von hier stammen die Kantádes, die meist drei Sänger mit Mandolinen- und Gitarrenbegleitung vortragen. Selbstverständlich inspirieren und beeinflussen sich die einzelnen regionalen Formen gegenseitig. So bildete sich beispielsweise aus den Kantádes eine spezielle Athener Form.

DIE WICHTIGSTEN TYPISCHEN MUSIKINSTRUMENTE

Neben Gitarren, Violinen, Klarinetten und Akkordeons, die sich dazu gesellen, kommen vor allem die folgenden typischen Musikinstrumente zum Einsatz:

SAITENINSTRUMENTE

Bouzoúki (Busúki)
Sie ist das Hauptinstrument der Rembétika- und Tavernenmusik. Sie hat einen bauchigen Korpus und einen langen Hals mit drei oder vier Doppelsaiten (bei vier Saiten teils auch zwei Einzel- und zwei Doppelsaiten). Ihre heutige Gestalt und ihre weite Verbreitung geht auf den Einfluss aus Kleinasien stammender Griechen zurück, der sich seit deren Zuzug ab 1922/23 spürbar machte

Bouzoúki

Baglamás
Diese Miniaturausgabe der Bousoúki ist so klein, dass sie sich bequem beispielsweise im weiten Ärmel verstecken lässt, was sie zum idealen Kompagnon der Verfolgten und Gefangenen machte, die danach trachteten, ihr Instrument vor den Wärtern zu verstecken.

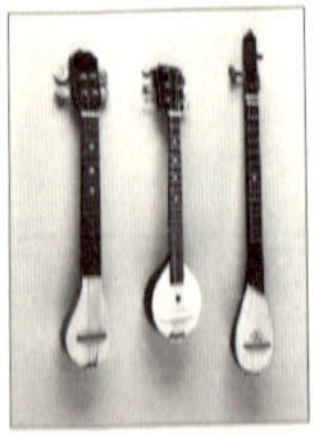

Baglamádes (Plural von Baglamás)

Laoúto
Sie gehört wie die Bousoúki und Baglamás zur Familie der langhalsigen Lauten, ist aber größer und hat üblicherweise vier Doppelsaiten, die mit einem Plektron gezupft werden. Vor allem in der Volksmusik Zyperns, Kretas und der Dodekaneninseln ist sie ein klassisches Begleitinstrument, während Geige und Lýra als Melodieinstrumente eingesetzt werden.

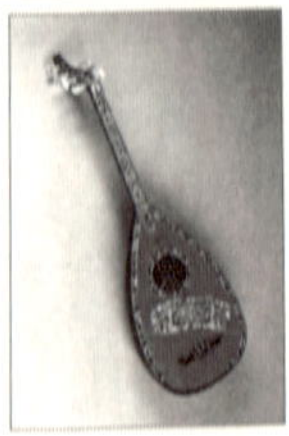

Laoúto

Lýra
Gemeint ist hier nicht das antike Zupfinstrument - nein, der antike Vorläufer der Harfe hat es nicht in die heutige griechische Volksmusik geschafft. Was sich heute Lýra nennt ist eine dreiseitige Laute. Sie wird wie eine Geige mit einem Bogen gespielt, aber mit der Greifhand senkrecht gehalten. Sitzt der Spieler, so stützt er sein Instrument auf dem Schenkel oder zwischen den aneinander gelegten Beinen ab. Steht oder geht er, so ruht es an seiner Brust oder auf seinem Gürtel. Sänger greifen gern für Zwischenspiele und Ritornelle zur Lýra und führen manchmal als Einlage mit dem Instrument in der Hand einige Tanzschritte aus.

Kretische Lýra

Zwei Formen der Lýra gibt es. Die schmale, lange pontische wird auch ›Kementzés‹ genannt. Ihre Form erinnert an eine flach gedrückte Flasche. Die vor allem auf Kreta und den Dodekanen verbreitete Form hingegen hat einen bauchigen, birnenförmigen Korpus. Früher waren die Bögen meist mit Glöckchen besetzt, die beim Spielen klangen und eine rhythmische Begleitung lieferten. Heute wird das Instrument hingegen oft mit einem Geigenbogen gespielt.

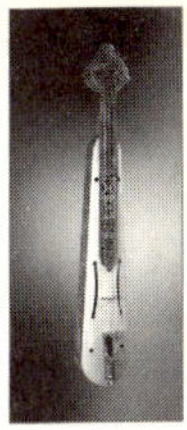

Pontische Lýra, auch als Kementzés bezeichnet

Oúti (Oúd, auch Ud oder Aoud geschrieben)
Diese Kurzhalslaute kommt aus dem arabischen Raum, wurde von kleinasiatischen Flüchtlingen eingeführt und findet vorwiegend im Rembétiko und der Musik Nordgriechenlands Verwendung.

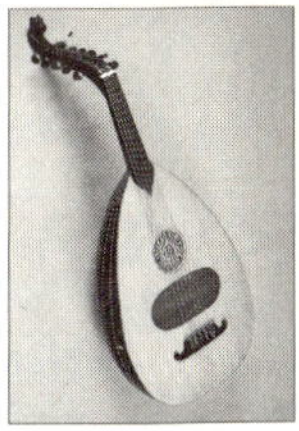

Oúti (Oúd)

Kanonáki
Das heutige Kanonáki war in der Antike unter dem Namen ›Psaltírion‹ bekannt. Sein saitenbespannter, hölzerner Resonanzkörper hat Trapezform. Es wird mittels zweier, wie verlängerte Fingernägel wirkender, an den beiden Zeigefingern des Spielers angebrachter Plektren gespielt.

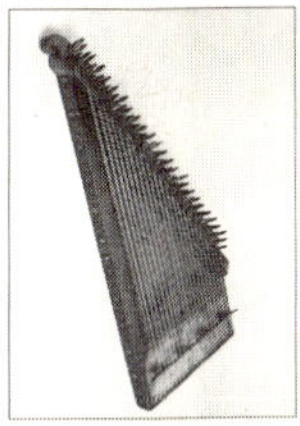

Kanonáki

Sandoúri
Der mit meist über hundert Saiten bespannte Klangkörper dieses Vorläufers des Hackbretts wird mit Klöppeln angeschlagen. Sandoúris werden vor allem in der Volksmusik der ägäischen Inseln eingesetzt, zuweilen aber auch in Rembétika.

Sandoúri

BLASINSTRUMENTE

Sackpfeifen: Gáida und Tsaboúna
Der Unterschied zwischen den beiden Arten von Sackpfeifen (Dudelsäcken) ist, dass die **auf dem Festland gebräuchliche, ›Gáida‹** genannte Form eine Basspfeife (Bordunpfeife) hat, die **auf den Inseln verbreitete**, als **›Tsaboúna‹** bezeichnete Art hingegen nicht. Beide werden von den

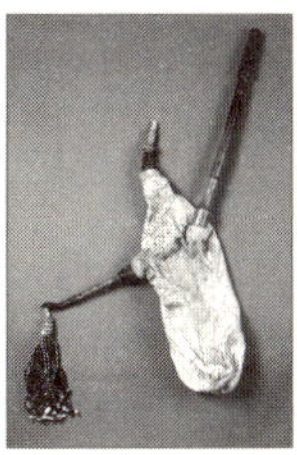

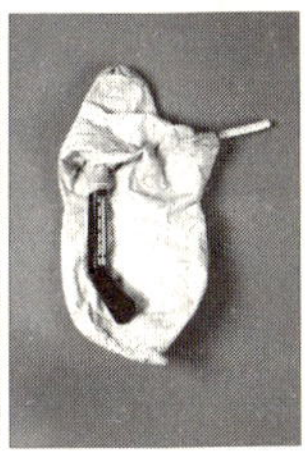

Gáida (mit Basspfeife) & Tsaboúna (ohne Basspfeife)

Spielern traditionell selbst gemacht. Ihr Sack besteht aus einer Tierhaut. Auf Kreta wird der dort gebräuchliche, basspfeifenlose Dudelsack auch **Askomadoúra** oder **Flaskomadoúra** genannt. Auch einige andere Inseln haben eigene Namen dafür.

FLÖTEN

Die ›**Flogéra**‹ (Flojéra) genannten Hirtenflöten gehören vor allem zum Schäferleben und werden meist solo gespielt. Die längeren, hauptsächlich in Nordgriechenland gebräuchlichen Flöten werden in **Epirus** ›**Tzamára**‹ und **in Thrakien** ›**Kaváli**‹ genannt. Sie bestehen aus Holz oder Metall.

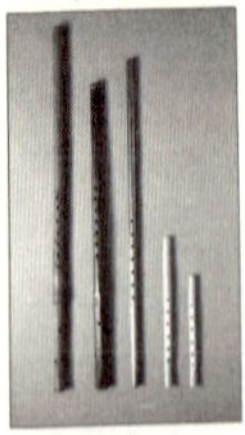

von links nach rechts: zwei hölzerne und eine bronzene Tzamára von Epirus und zwei Rohrflöten

RHYTHMUSINSTRUMENTE

Als Rhythmusinstrumente kommen vor allem die ›**Daoúli**‹ genannten Trommeln sowie als ›**Toumbeléki**‹ bezeichnete, membranbespannte Tongefäße und **Tambourine** verschiedener Größen zum Einsatz. Je nach Region sind diese Instrumente unterschiedlich gestaltet und benannt. Traditionell werden sie meist vom Spieler selbst gefertigt.

Trommeln (Daoulia)
1. Sitía, Crete;
2. Náoussa, Makedonia;
3. Messolóngi, Westgriechenland

Toumbelekia & Tambourine

Die Fotos wurden von dem Museum für Griechische Volksmusikinstrumente - Sammlung Foivos Anoyanakis, Athen, zur Verfügung gestellt. In dem Museum kann man nicht nur schöne Exponate aus der Zeit zwischen dem 18. Jahrhundert und der Gegenwart betrachten. Es gibt auch Bildmaterial und Hintergrundinformationen sowie Hörproben, die man über Kopfhörer anhören kann, während man die Instrumente in den Vitrinen betrachtet. Es ist in dem schönen, 1842 errichteten historischen Lassanis-Haus untergebracht, das in der Pláka, nahe bei der Römischen Agora, liegt.

Museum für volkstümliche Musikinstrumente
1-3 Diogenous Str., Aeridon-Platz, Plaka, Athen
Tel.: +30 210-3250198
www.instruments-museum.gr

Rembétiko (ρεμπέτικο)

» ›Think positive‹, sagt er. Positives Denken, ha! Die Psychologie, die beim FBI gelehrt wird, hat das Niveau eines Schullesebuchs aus meiner Kindheit: ›Die Sonne scheint, und die Vöglein zwitschern‹. Ich aber gehöre der Schule des Rembétiko-Musikers Tsitsanis an, in dessen Liedern am Himmel stets die Wolken hängen.«

sagt sich Kommissar Charítos in dem Krimi des Autors Pétros Márkaris, als ihm ein an den Ermittlungen beteiligter FBI-Beamte positives Denken nahelegen will.

Neben der Volksmusik regionaler Prägung, hauptsächlich im ländlichen Raum, ist es vor allem der ›Rembétiko‹ genannte Stil, der sich großer Beliebtheit erfreut und dessen Einfluss auf die moderne Unterhaltungsmusik spürbar ist. Er entstammt städtischen Subkulturen und war zunächst im Bürgertum verpönt. Die Diktaturen belegten ihn wiederholt mit Verboten, sowohl Metaxás als auch später die Obristen. Der Rembétiko ist das Vermächtnis der großen menschlichen Katastrophe, die die Flucht und Vertreibung von mehr als 1,5 Millionen Griechen aus ihrer kleinasiatischen Heimat darstellte. In ihrer Folge betrug Ende der 1920er Jahre der Flüchtlingsanteil in Griechenland ein Viertel der Bevölkerung. Diese Menschen hausten zunächst meist in armseligen Unterkünften aus Holz und Blech an den Stadträndern. Ihre orientalisch geprägte Musik verschmolz mit musikalischen Einflüssen existierender städtischer Subkulturen zu einem neuen Stil. Die meisten der heute noch beliebten Rembétiko-Lieder entstanden in den 1930 bis 50er Jahren. Sie handeln vom Alltag der Elendsquartiere, von Gefängnis, Drogen, Sehnsucht, Enttäuschung und Tod, aber auch von Hoffnung und von der Liebe. Sie entspringen Gesten der Klage und Anklage, der Verweigerung und Selbstbehauptung.

Musiker und Sänger sitzen in einer langen Reihe auf dem Podium. Zu Beginn steht eine ›Taxími‹ genannte instrumentelle Einleitung, in der die einzelnen Musiker ihr Können zeigen. Typische Instrumente sind Bouzoúki, Baglamás, Gitarre, Oud, Sandoúri und Tambourin. Auch Violinen und Akkordeons werden eingesetzt, oft wird improvisiert, zuweilen werden Personen im Publikum direkt angesprochen, aktuelle lokale Neuigkeiten kommentiert. Mit dem Seufzer »Amán, Amán« stimmen die Sänger und Sängerinnen schwermütige Klagen an oder überbrücken Pausen, in denen sie neue Strophen ersinnen.

Als nach Ende der Militärdiktatur das gesamte Rembétikorepertoire wieder frei zugänglich wurde, erlebte es mit dem Aufatmen über die wiedererlangte Freiheit einen neuen Aufschwung, der bis heute anhält. Es fanden sich gute neue Interpreten und Komponisten sowie Textdichter, die bei den alten Werken Anleihen nahmen und sie neu arrangierten. So verwendete beispielsweise Míkis Theodorákis in seinen politisch orientierten populären Kunstliedern (Entechno Tragoúdi) Elemente der Rembétiko-Musik. Einer der beliebtesten neuen Interpreten ist Giórgos Daláras, der 1975, kurz nach dem Ende der Militärdiktatur, ein Album mit dem Titel ›50 Jahre Rembétika‹ veröffentlichte.

BEKANNTE REMBÉTIKO KOMPONISTEN / INTERPRETEN

Róza Eskenázy (Ρόζα Εσκενάζυ) * ca. 1890 †1980
Sie war eine der ersten Rembétika-Sängerinnen, die Berühmtheit auch außerhalb Griechenlands erreichten. Noch heute singen große Interpretinnen wie Cháris Alexíou Titel, die sie einst sang, wie etwa ›Charikláki‹ und ›Dimitroúla moú‹.

Márkos Vamvakáris (Μάρκος Βαμβακάρης) *1905 †1972
Seine Lieder, die er mit ernster Stimme vorträgt, sind melodischer als die älteren, oft etwas rauhen Rembétika.

Vasílis Tsitsánis (Βασίλης Τσιτσάνης) *1915 †1984
Bekannt für melancholische Liebeslieder, von denen manche Elemente italienisch inspirierter Kantaden verwenden.

Sotiría Béllou (Σωτηρία Μπέλλου) *1921 †1997
Arbeitete teils mit Tsitsánis und Vamvakáris zusammen. Sie hatte eine markante, ungewöhnlich tiefe, rauhe Stimme und unsentimentale Vortragsweise.

Maríka Nínou (Μαρίκα Νίνου) *1922 †1957
Geborene Evangelía Atamián (Ευαγγελία Αταμιάν). Sie arbeitete teils mit Vasílis Tsitsánis.

CD-Tipps

Rembétika / Songs of the Greek Underground 1925-1947 (2001, Trikont (Indigo))
Die 45 Titel der Doppel-CD umfassen neben Klassikern auch so manche unverfälschte Rarität aus den Ursprungszeiten des Rembétiko, ergänzt durch zwei informative Beihefte mit Hintergrundtexten, Bildern und Glossar

Fünf Griechen in der Hölle (1982, Trikont (Indigo))
Die 22 Titel umfassen die größten Klassiker des Genres, die heute fast jeder in Griechenland kennt, wie z.B. Vasílis Tsitsánis berühmte Lieder ›Synnefiasméni Kyriakí‹ (Regentrüber Sonntag) und ›Ta Matókladá Sou Lámpoun‹ (Deine Augenlider glänzen). ›Pénte Chrónia Dikasménos‹ (Fünf Jahre eingelocht) von Stellákis Perpiniádis beklagt die harte Haftstrafe infolge von Cannabis-Genuss, während Michális Jenítsaris ›Saltadóros‹ (Last-

wagendieb) das Bestehlen deutscher Wehrmachts-LKWs während des Zweiten Weltkrieges besingt.

Rembétiko (Soundtrack des 1982 gedrehten Films von Kóstas Férris, 2000), Cmc (Fenn Music Service)
Von dem bedeutenden griechischen Komponisten Stávros Xarchákos stammende Musik des u.a. 1984 auf der Berlinale mit einem Silbernen Bären ausgezeichneten Films

Zwei authentische Athener Rembétiko-Lokale

TAXIMI
Char.Trikoupi & Isavron 29, Exarchi (nächste Metrostation: Panepistimio)
Tel.: +30 210 363 9919

STOA TON ATHANATON
Sofokléous Str. 19, am Zentralen Markt Athens
(Metrostationen: Monastiráki- oder Omónia-Platz)
Tel.: +30 210 321 4362

GRIECHISCHE TÄNZE

Wo musiziert wird, wird meist auch getanzt, spontan auf Festen und zu vorgerückter Stunde in Tavernen und Rembétika-Lokalen, wohl organisiert in Theatern und auf Freiluftveranstaltungen, oft in den Nationaltrachten der einzelnen Regionen, den Touristen zuliebe auch Syrtáki, wenn es sein muss. Doch ist der Syrtáki kein traditioneller griechischer Tanz, so sehr er auch im Ausland als ›typisch griechisch‹ wahrgenommen wird. Seine Musik wurde von Míkis Theodorákis für den Film ›Alexis Sorbas‹ geschrieben. Die Bezeichnung ›Syrtáki‹ ist die Verkleinerungsform von ›Syrtós‹, wie ein in vielen Abwandlungen weit verbreiteter griechischer Reigentanz heißt, der jedoch wenig mit dem ›Syrtaki‹ zu tun hat. Rhythmisch gibt es eher Anklänge zu einem Chasápikos, der sich in der Geschwindigkeit zum Chasaposérvikos und darüber hinaus steigert. Nachdem hier nun schon einige der unzähligen griechischen Tänze beim Namen genannt wurden, nachstehend eine kurze Beschreibung der bekanntesten.

Zeïbékikos (ζεϊμπέκικοσ)

Der wichtigste Tanz aus dem Rembétiko-Umfeld. Das rhythmische Kennzeichen des Zeïbékiko ist der unregelmäßige 9/8-Takt, der durch den überhängenden Schlag eine für die Atmosphäre des Rembétiko typische Unruhe und Schwermut erzeugt. Er wird als ausdrucksstarker, oft meditativ wirkender Solotanz von Männern ausgeführt. Früher galt es als Beleidigung, mitzutanzen oder zu applaudieren. Anders als beim türkischen Zeybek, der wohl auf gleiche Ursprünge zurückgeht, sind keine Schrittfolgen vorgeschrieben, es wird improvisiert. Zu Beginn steht meist das adlergleiche Ausbreiten der Arme. Es folgen Schritte, Sprünge, Kniefälle. Jede Bewegung entspringt der Seele des Tänzers, die sich durch den Tanz Ausdruck verleiht.

Chasápikos (Χασάπικοσ)

Auch er ist dem Rembétiko-Umfeld zuzurechnen und stammt aus Konstantinopel (Istanbul), wo er auf Festen der Metzgergilde getanzt wurde, daher der Name ›Metzgertanz‹. Im 4/4-Rhytmus wird er von mehreren, meist zwei bis vier Männern getanzt, die sich die Arme auf die Schultern legen.

Chasaposérvikos (Χασαποσέρβικος)

Die schnelle und reihenbildende Form des Chasápikos, der ›serbische Chasápiko‹.

Tsiftetéli (Τσιφτετέλι)

Mit schlangenartigen, improvisierten Bewegungen ähnelt er dem türkischen Bauchtanz. Er wird oft spontan in Rembétiko-Lokalen getanzt.

Normalerweise tanzen ihn Frauen, eine alleine, oft auch zwei zusammen, die ihre Bewegungen synchronisieren und ineinander fließen lassen, zuweilen auch mehrere. Männer tanzen ihn, wenn überhaupt, dann eher wie eine Art Parodie oder gemeinsam mit einer Frau, wobei sie eine passivere, eher bewundernde Haltung einnehmen.

Syrtós (Συρτός)

Wohl ein jeder Grieche, den seine Beine tragen, beherrscht diesen offenen Reigentanz, vom Kleinkind bis zum Greis. Es gibt ihn in vielen regionalen Varianten, für die die Bezeichnung ›Syrtós chorós‹ (Συρτός χορός) der Oberbegriff ist. Es bedeutet in etwa ›gezogener Tanz‹.

Die Tänzer fassen einander an den Händen oder sie halten ein Tüchlein zwischen sich. Dem Ersten kommen Führung und Improvisationsfreiheit zu. Im Kreis oder in Meandern führt er die übrigen, die eine feste, meist recht einfache Schrittfolge einhalten, über den Tanzplatz.

Vor allem auf den Inseln ist der Syrtós von einer charakteristischen Auf- und Abbewegung gekennzeichnet, ›Sustárisma‹ (von Sústa = Wagenfeder) genannt. Wie das Wogen des Meeres wirken hier die dahingleitenden Tänzerreihen.

Kalamatianós (Καλαματιανός)

Dieser durch seinen 7/8-Takt gekennzeichnete Tanz, der in ganz Griechenland verbreitet ist, gehört zur Familie der Syrtós-Tänze. Bei ihm fehlt jedoch die starke Auf-und Abbewegung, die den Inselsyrtós charakterisiert.

Pidiktós (Πηδηκτός)

Als ›gesprungene Tänze‹ bezeichnet man die zweite große Familie von Reigentänzen neben dem Syrtós. Hier bewegen sich die Tänzer mit hüpfenden Schritten und kräftigen Sprüngen.

Diese Tänze werden bevorzugt von Männern getanzt und sind vor allem für die Bergregionen auf dem Festland typisch.

Tsámikos (Τσάμικος)

Die Tänzer, traditionell Männer, heute teils auch Frauen, fassen sich mit nach oben gewinkelten Armen an den Händen und tanzen im offenen Kreis. Der Anführer der Reihe führt akrobatische Figuren aus. Mal fällt er wie verwundet in die Knie, um kurz darauf hoch in die Luft zu springen, mal schwingt er die Arme, schlägt sich auf die Sohlen. Kraftvoll und befreiend wirkt das. Der Tsámikos stammt aus Epirus, wo er von Kriegern getanzt wurde, ist heute aber in ganz Griechenland verbreitet und gehört oft zum Programm an Nationalfeiertagen.

Bálos (Μπάλοσ)

Einer der wenigen Paartänze. Meist wird er auf Festen im Anschluss an den Reihentanz Syrtós getanzt. Der Mann umwirbt dabei seine Partnerin mit der Demonstration seines tänzerischen Geschicks und manchmal mit kecken Annäherungsversuchen, vor denen sie kokett zurückweicht.

Andikristós (Αντικριστός)

Bei dieser Tanzform tanzen die Partner paarweise mit einem Gegenüber, jedoch meist ohne sich zu berühren. Meist - jedoch nicht zwingend - wird er von gemischten Paaren ausgeführt.

Tänzer in der Foustanela-Nationaltracht Zentralgriechenlands führen eine Gruppe Tänzer und Tänzerinnen in makedonischer Tracht beim Kalamatianós.

Bild: Griechische Zentrale für Fremdenverkehr

Moderne Chansons

Sie greifen musikalische und thematische Elemente der Volksmusik und des Rembétiko auf, um daraus neue, eigenwillige Werke zu schaffen.

›**Laïki Mousikí**‹ oder ›**Laïkó**‹ ist ein Oberbegriff für aktuelle populäre Unterhaltungsmusik. Darunter fällt eine Art ›Folkpop‹ ebenso wie Werke, die mit unserem Schlager vergleichbar sind, wobei freilich eine völlig andere Melodik und andere Rhythmen bestimmend sind.

Mit ›**Entechno Tragoúdi**‹ bezeichnet man moderne Kunstlieder, die in Griechenland annähernd die Bedeutung haben, die in etwa in Frankreich dem Chanson zukommt. Die Komponisten Míkis Theodorákis und Mános Chatzidákis gelten als die Begründer dieser Musikrichtung. Meist haben die Lieder poetische Texte und neben Eigendichtungen werden oft Werke griechischer Poeten vertont. Dadurch verhilft die Musik der heimischen Lyrik zu viel Popularität. Die Komponisten, Textdichter und Interpreten dieser Gattung sind experimentierfreudig und für vielfältige Einflüsse offen, doch verstehen sie es fast durchweg, den eigenen griechischen Charakter zu wahren und an Traditionen anzuknüpfen. So treffen sich Elemente des Rembétiko mit westlichen Liedformen, bei einigen Komponisten, wie beispielsweise Giánnis Markópoulos, fließen auch Motive traditioneller Volksmusik ein. Dionýsis Savvópoulos wiederum vermengt Einflüsse US-amerikanischer Musiker wie Bob Dylan und Frank Zappa mit makedonischer Volksmusik und politischen Liedtexten. Vor allem während der Militärdiktatur 1967-1974 und in den Jahren danach griffen die Texte häufig politische Themen auf, wegen der Zensur oft in versteckten Anspielungen. Etliche Sänger und Komponisten beteiligten sich am Widerstand gegen die Obristen, erlitten Verfolgung, Folter und Kerker. Das ließ sie zu Vorbildern, oft beinah Legenden, werden. Ihre Musik wirkte identitätsstiftend für die Opposition über die Grenzen von politischen Gruppierungen und Generationen hinweg.

Überhaupt ist es bezeichnend, dass es beim Musikgeschmack in Griechenland keine so starke Abgrenzung zwischen Gesellschaftsgruppen und Generationen gibt wie in vielen anderen Ländern. Obwohl die Jungen durchaus auch auf westliche Popmusik, Rock und Techno stehen, sind sie meist zugleich für die moderne Chansonszene zugänglich. Bezeichnend ist auch, dass in der Pop- und Rockmusik weniger englische Texte dominieren, als dies etwa in deutschsprachigen Ländern der Fall ist - die Texte sind oft griechisch. Auch die Rembétika und daran angelehnte moderne Schöpfungen sind bei Jung und Alt beliebt. So kann es leicht geschehen, dass eine Party oder Disconacht mit Rock und Techno beginnt und mit Rembétiko endet. Sehr sexy lässt sich auch in der Disco der bauchtanzartige Tsifteteli tanzen. Junge, kommerziell ausgerichtete Sänger und Bands nehmen oft nicht nur bei westlicher Musik - meist des angelsächsischen Raums - sondern auch bei orientalischer Anleihen, so dass oft ein ganz eigener, reizvoller Mix entsteht.

Míkis Theodorákis (Μίκης Θεοδωράκης) - die lebende Legende unter den griechischen Musikern

Im Ausland geschätzt, in Griechenland geliebt wird dieser große Komponist, Sänger und Kämpfer. Sein Oeuvre und seine Biographie bilden eine Einheit, die zu seiner Wahrnehmung nicht nur als großer Künstler, sondern als Vorbild, Leitbild und Idol geführt hat. Mit Leib und Seele ist er Musiker und Grieche und wird auch immer wieder politisch aktiv. Er war während der Besatzungszeit und im Bürgerkrieg zum Mann gereift, hatte gegen die deutsche Besatzung und im Bürgerkrieg auf der Seite der Linken gekämpft. Wiederholt war er verfolgt, eingekerkert, grausam gefoltert und verbannt worden. Er war einer der Gründer der Lambrakis-Jugend und ihr erster Vorstand und zog als Abgeordneter ins Parlament ein. 1967 unter der Militärchunta wurden seine Lieder verboten. Im Untergrund fand in ihnen der Widerstand gegen die Diktatur Ausdruck, während Theodorákis sich wieder in Haft und Verbannung befand. Eine Gruppe internationaler Künstler, Publizisten und Politiker bewirkte, dass ihm die Ausreise nach Frankreich gestattet wurde, worauf er einige Jahr im Pariser Exil zubrachte, bevor er nach dem Ende der Diktatur 1974 in seine Heimat zurückkehren und triumphale Erfolge feiern konnte.

Im Ausland am bekanntesten sind seine Chansons und Filmmusiken, allen voran die für den Film ›**Alexis Sorbas**‹. Scheint doch der Sirtaki, den Anthony Quinn in diesem Kinohit als Grieche ›Sorbas‹ tanzt, der Inbegriff des griechischen Tanzes zu sein. In Wahrheit ist er ein Kunstprodukt, das, wie oben erläutert, aus dem reichen Fundus griechischer Volkstänze schöpft. Doch das Werk von Mikis Theodorákis ist gewaltig. Seine Musik greift Elemente byzantinischer und griechischer Volksmusik verschiedener Epochen auf und führt sie im Kunstlied mit griechischer Lyrik zusammen. Neben mehr als tausend Liedern und weiteren Film-Soundtracks umfasst es Bühnen- und Ballettmusik, Sinfonien, Hymnen, Kantaten, Oratorien und fünf Opern. Míkis Theodorákis wurde 1925 auf der Insel Chíos geboren.

Literaturtipps

Mikis Theodorákis - Der Rhythmus der Freiheit
(Autorisierte Biografie von Hansgeorg Hermann)
Das Buch zeichnet nicht nur ein umfassendes Gesamtbild des Künstlers, es beschäftigt sich auch ausführlich mit der politischen und gesellschaftliche Situation, in der sich sein Land zur Zeit seines Wirkens befindet. Eingestreut sind Gespräche mit Zeitzeugen und mit Theodorákis selbst sowie Fotodokumente. Eine Zeittafel gibt einen systematischen Überblick über Lebensstationen und Zeitereignisse.

Die Wege des Erzengels (Theodorákis Autobiographie)
Hier spricht der Künstler selbst über seine Kinder- und Jugendjahre. Das Werk ist weniger eine echte Autobiographie als eine Sammlung von Gedanken des Autors und Szenen aus seinem Leben. Vor allem will es jedoch Hilfe zum Verständnis seiner Musik geben. »*Warum schrieb ich dieses Lied? In welcher Situation befand ich mich? Welchen Einflüssen - nicht nur musikalischen - war ich ausgesetzt?*« Zur Beantwortung solcher Fragen will der Komponist nach seinem Vorwort beitragen. Um dies zu erreichen, erzählt er über künstlerische Einflüsse ebenso wie aus seinem Umfeld, von seinem kretischen Vater und seiner aus Kleinasien stammenden Mutter, von seinen frommen Tanten, von den ständigen Ortswechseln der Familie, seiner Einsamkeit, seinen ersten Freundschaften, seinen Lehrern, seinem kommunistischen Engagement, seiner Verfolgung und Folterung. Wir erfahren von seinen Visionen, seinen Erfolgen und seinem Scheitern, beispielsweise wie er in den sechziger Jahren versuchte, durch die Verschmelzung von Volkslied und hoher Dichtung eine Harmonisierung der Gesellschaft zu bewirken, wie er damit Angriffen von allen Seiten ausgesetzt war, so dass heute die Ergebnisse dieses Versuchs seiner Meinung nach nicht genau einzuschätzen sind. Vor allem aber erfahren wir von den Einflüssen griechischer Kunst auf sein Werk. Schließlich fungiert Theodorákis in seiner Autobiographie mit wachem, kritischem Blick und kämpferischem Geist als Zeitzeuge und vermittelt tiefe Einblicke in eine bewegte Epoche. Alte Fotos und Notenblätter ergänzen das Bild und machen es lebendig.

Webtipp

http://de.mikis-theodorakis.net

Welthit-Komponist Mános Chatzidákis (Hadjidakis , Χατζιδάκις)

Aus seiner Feder ist der Welthit ›Die Kinder von Piräus‹ (›Ta Paidiá tou Peiraiá‹). Die deutsche Version von Lale Andersen hieß ›Ein Schiff wird kommen‹. Die Melodie war Titellied des Films ›Sonntags nie‹ mit Melína Mercoúri und brachte ihm einen Oscar ein. Ein weiterer Erfolg wurde der in Deutschland als ›Weiße Rosen aus Athen‹ bekannt gewordene Titel ›San sfiríxis tris forés‹ (›Wenn du dreimal pfeifst‹) in der Interpretation von Nána Moúskouri. Ursprünglich war er 1961 für den Dokumentarfilm ›Ellás, Chóra ton Oníron‹ (›Traumland der Sehnsucht‹) komponiert worden. Neben solchen Hits und weiteren Filmmusiken schuf Chatzidákis vor allem Bühnenmusik und zahlreiche Kunstlieder. Für viele der letzteren schrieb der Poet Níkos Gátsos die Texte. Mános Chatzidákis wurde 1925 in Xanthi geboren und starb 1994 in Athen.

WEITERE BELIEBTE KÜNSTLER

Melína Mercoúri (Μελίνα Μερκούρη) *1920 †1994
Eigentlich Anna Amalia Mercoúri. Sie war Politikerin und weltweit erfolgreiche Schauspielerin und Sängerin. Mit rauchiger, erotischer Stimme sang sie unter anderem den Evergreen ›Kinder von Piräus‹ (›Ein Schiff wird kommen‹) in dem Film ›Sonntags nie‹.

Nána Moúschouri (Mouskouri, Muskuri, Μούσχουρη) *1934
Mit ihrer klassisch ausgebildeten, unverwechselbaren, glockenhellen, klaren Stimme ist sie eine der weltweit erfolgreichsten Sängerinnen. In Deutschland wurde sie vor allem mit dem Lied ›Weiße Rosen aus Athen‹ bekannt. Im Laufe ihrer Karriere sang sie in vielen Sprachen und widmete sich unterschiedlichen Stilen, darunter auch dem Jazz. Große Erfolge bescherten ihr die Lieder des griechischen Komponisten Mános Chatzidákis, der ebenso wie Quincy Jones auf ihr Talent aufmerksam geworden war.

María Farantoúri (Μαρία Φαραντούρη) *1947
Die seit Jahrzehnten international erfolgreiche Sängerin ist vor allem als Theodorákis-Interpretin bekannt. Wie keine andere verstand sie es, seinen Werken eine Stimme zu verleihen, wobei sich ihr Schaffen nicht auf diese Zusammenarbeit beschränkt, sondern beispielsweise auch Protestsongs und Lieder von Brecht und Kurt Weill umfasst.

Giórgos Daláras (Γιώργος Νταλάρας, auch George / Yorgos Dalaras / Ntalaras) *1949
Mit mehr als 10 Millionen verkauften Alben einer der erfolgreichsten griechischen Sänger der letzten Jahrzehnte. Grundstock seines Werks sind Rembétika-Musik und Lieder des Komponisten Theodorákis. Seine Interpretationen sind eigenwillig und lassen die verschiedensten Elemente von Rock bis Flamenco einfließen. So arbeitet er mal mit dem britischen Sänger Sting zusammen, mal mit dem spanischen Gitarristen Paco de Lucia, mal mit dem albanischen Komponisten Dasho Kurti. Es entsteht ein Hörerlebnis, das nicht nur die Griechen begeistert, sondern auch ein internationales Publikum anspricht.

Cháris Alexíou (Χάρις Αλεξίου, auch oft Haris Alexiou geschrieben) *1950
Sie ist mit ihrer markanten, dynamischen Stimme eine dauernde Präsenz in der griechischen Musikszene der letzten Jahrzehnte. Ihr Ausdruck ist so stark, dass einen ihre Lieder auch ohne Griechischkenntnisse in den Bann ziehen.

Stélios Kazandzídis (Στέλιος Καζαντζίδης) *1931 †2001
Selbst Sohn pontischer Flüchtlinge, der früh den Vater verlor und mit harter Arbeit in den Kriegs-und Nachkriegsjahren für die Familie sorgen musste, verstand er es mit seiner Stimme den Schmerz und das Heimweh der Griechen auszudrücken, die ihre Heimat verloren hatten oder aus politischen oder ökonomischen Gründen in der Fremde leben mussten.

Marinélla (Μαρινέλλα - eigentlich Kyriakí Papadopoúlou) *1935
Die vielseitige, populäre Sängerin arbeitete u.a. mit Stélios Kazantzídis zusammen

Dionýsis Savvópoulos (Greek: Διονύσης Σαββόπουλος) *1944
Der politisch engagierte und für sein Engagement während der Diktatur verfolgte Sänger entspricht dem Bild eines Singer-Songwriters, der viele eigene Texte und Kompositionen singt. Er widmet sich vielen Stilen von Rock bis Rembétiko. Zuweilen wird er mit Bob Dylan verglichen, dessen ›All Along the Watchtower‹ er mit griechischem Text auf seinem Album ›Ballos‹ (Μπάλλος) interpretierte.

Glykería (Γλυκερία, voller Name Glykeria Kotsoula) *1953
Die sowohl in Griechenland als auch im Ausland, vor allem Israel, beliebte Sängerin, ist bereits mit vielen Größen der Szene wie Daláras und Béllou aufgetreten. Ihr Markenzeichen sind moderne Versionen im Stil der Musik von Smyrna.

Eleftheria Arvanitáki (Ελευθερία Αρβανιτάκη) *1958
Sie trägt mit ihrer hellen, hohen, oft zerbrechlich wirkenden Stimme modern arrangierte, stark von griechischer Kultur und Poesie geprägte Lieder vor und ist damit nicht nur in Griechenland, sondern auch im Ausland erfolgreich. Unter ihrem Werk sind Vertonungen großer griechischer Dichter wie Odysséas Elýtis und Napoléon Lapathiótis.

Níkos Xydákis (Νίκος Ξυδάκης) *1952
Er arbeitet unter anderem mit Eleftheria Arvanitaki zusammen.

Grigóris Bithikótsis (Γρηγόρης Μπιθικώτσης) *1922 †2005
Der Autodidakt war ein Freund Theodorákis und Interpret seiner Lieder. Während er in Griechenland sehr beliebt war, war er im Ausland wenig bekannt.

Pascháiis Terzís (Πασχάλης Τερζής) *1949
Über Jahrzehnte hinweg erfolgreicher Sänger der Laïkó-Richtung.

Michális Chatzigiánnis (Μιχάλης Χατζηγιάννης, auch Hatzigiannis geschrieben) *1979
Landete zahlreiche große Hits im griechischen Radio wie z.B. 2003 ›An Mou Tilefonoúses‹ (›Αν Μου Τηλεφωνούσες‹), tourte mit Daláras, spielte mit seinen Alben Platin ein und erreichte schließlich auch internationale Beliebtheit.

Neues zwischen Ost und West, Kunst und Kommerz

Oscar-Preisträger Vangelis (Βαγγέλης) (Evángelos Odysséas Papathanassíou) *1943
Er gilt als einer der Pioniere der elektronischen Musik mit eigenwilligem, sich irgendwo zwischen New Age und Dark Ambient ansiedelndem Stil. Seine Filmmusiken zu den Streifen ›Blade Runner‹ und ›Chariots of Fire‹ (›Die Stunde des Siegers‹) brachten ihm Oscars ein.

Die Gruppe Mode Plagal mischt Elemente des Jazz mit levantinischen und griechischen Klängen. Manche nennen dies Fusion, manche lieber Balkan-Jazz, da als Fusion eher Jazz-Rock verstanden wird.

Anna Vissi (Αννα Βισσι)*1957
Die erfolgreiche Pop-Sängerin präsentiert einen Stilmix aus Laïkó, Tsiftetéli und mehr. Sie nahm mehrmals am Eurovision Song Contest teil.

Peggy (Kalliopi) Zina (Πέγκυ Ζήνα) *1975
Zieht eine sexy Bühnenshow ab, in die sie auch manchmal Elemente des Tsiftetéli einfließen lässt.

Elena Paparízou (Ελενα Παπαρίζου, internat. oft Helena Paparizou geschrieben) *1982
Sie wuchs in Schweden auf. 2005 gewann sie für Griechenland den 50. Eurovision Song Contest mit dem Titel ›My Number One‹. Immer wieder führt sie die griechischen Charts an.

Kalomíra (Kalomoíra, Καλομοίρα) *1985
Geboren und aufgewachsen in den USA in einer griechisch-amerikanischen Familie, erlangte sie erste Bekanntheit in Griechenland als Siegerin der griechischen TV-Castingshow ›Fame Story 2‹, einer Entsprechung von ›Deutschland sucht den Superstar‹. Gleich für ihr erstes Album, das sie im Alter von 19 Jahren mit dem griechischen Label Heaven Music aufnahm, erhielt sie eine goldene Schallplatte und einen Preis als beste Nachwuchssängerin. 2008 belegte sie mit ihrem Song ›Secret Combination‹ den 3. Platz beim Eurovision Song Contest.

Rockmusik

Selbstverständlich fehlt auch sie in Griechenland nicht. Bezeichnend ist, dass nicht - wie in vielen anderen Ländern - die englische Sprache dominiert. Es wird häufig griechisch gesungen und es fließen oft Elemente griechischer Volksmusik ein. Viele Künstler, wie etwa Dionýsis Savvópoulos, lassen sich in keine Schublade stecken. Das macht die griechische Rockmusik zu einem interessanten Entdeckungsfeld abseits eines angloamerikanisch geprägten, internationalen Mainstreams. Zwei erfolgreiche Vertreter:

Pávlos Sidirópoulos (Παύλος Σιδηρόπουλος) *1948 †1990
Der Sänger und Schauspieler ist die griechische Rocklegende schlechthin.

Giánnis Angelákas (Aggelákas, Γιάννης Αγγελάκας) *1959 in Thessaloníki
Der Musiker, Dichter und Schauspieler feierte seine ersten großen Erfolge mit der 1983 gegründeten populären Punkband Trypes. Nach deren Auflösung 1999 fand er zu einem eigenen musikalischen Stil und begann zusammen mit Níkos Veliótis (Νίκος Βελιώτης) und als Mitglied der Gruppe Episképtes (Επισκέπτες, ›Besucher‹) traditionelle Instrumente mit elektronischen Klängen zu kombinieren.

Webtipp

griechische Liedtexte, teils mit englischer Übersetzung: www.stixoi.info

Literatur

Ebenso wie die populäre, zeitgenössische griechische Musik, so hat auch die aktuelle griechische Literatur einen eigenständigen Charakter, geprägt zugleich von der Beschäftigung mit dem eigenen Land und von Weltoffenheit. Vielen Werken merkt man an, dass sie in Griechenland und nirgendwo sonst entstanden sein können. Doch merkt man auch vielen an, dass ihre Autoren nicht nur Griechen, sondern Kosmopoliten sind, die ihre Heimat aus dem Wissen um die Fremde verstehen und die Welt mit den Augen des Griechen sehen.

Hier soll eine kleine Auswahl bedeutender und/oder beliebter Autoren und ihrer Werke vorgestellt werden. Neben solchen, die besonders einflussreich und im heutigen Griechenland bekannt sind, wurden vor allem diejenigen berücksichtigt, die geeignet sind, sich auf erbauliche und unterhaltsame Weise in das Land, seine Gegebenheiten und seine jüngere Geschichte einzulesen, sich auf einen Griechenlandurlaub einzustimmen oder nach einem solchen zu Hause in Erinnerungen zu schwelgen. So machen beispielsweise die spannenden Krimis Pétros Márkaris mit Straßen, Plätzen, Architektur, Cafés und Tavernen Athens vertraut. Gleichzeitig scheint durch, wie Griechenlands problematische neuere Geschichte, vom zweiten Weltkrieg, über den Bürgerkrieg bis zur Obristendiktatur und der aktuellen Situation, das Land und vor allem die Menschen geprägt und in deren Biographien hineingewirkt hat. Ioánna Karystiánis Romane zeichnen liebe- und verständnisvolle Porträts der Inseln, auf denen sie spielen, und handeln von deren spezifischen Problemen, wie der Blutrache auf Kreta und dem Seefahrerdasein und seinen Folgen für die Familien auf der Kykladeninsel Andros. Fast allen Werken zeitgenössischer griechischer Prosa ist gemein, dass sie sich mit unterschiedlicher Gewichtung von der historischen, geographischen, kulturellen und sozialen Erfahrung Griechenlands nähren. Reflexionen zum Nationalcharakter des Volkes sind häufig.

Die kleine Einführung folgt einer chronologisch umgekehrten Ordnung. Sie beginnt mit zeitgenössischen Autoren, deren Werke ins Deutsche übersetzt wurden und blickt danach weiter zurück auf die letzten Generationen davor. Nach einem kurzen Abstecher zu einigen Schriftstellern anderer Länder, die einen interessanten Blick auf Griechenland warfen, folgen am Ende nach Regionen gegliederte Leseempfehlungen.

Zeitgenössische griechische Autoren

Ioánna Karystiáni

1952 in Chaniá auf Kreta geboren, arbeitete Ioánna Karystiáni nach ihrem Jurastudium in Athen als Cartoonistin und Drehbuchautorin und veröffentlichte zunächst Kurzgeschichten. Bekannt wurde sie durch ihren ersten großen Roman ›Mikrá Anglía‹ (auf Deutsch später unter dem Titel ›**Die Frauen von Andros**‹ erschienen). Er hielt sich monatelang auf der griechischen Bestsellerliste und wurde 1998 mit dem griechischen Staatspreis für Literatur ausgezeichnet. Der Roman umfasst etwa zwei Jahrzehnte vor und während des Zweiten Weltkriegs (ca. 1929 bis 1948). Im Zentrum steht das Schicksal einer Familie, das von der Enge der Kykladeninsel und der Weite des Ozeans geprägt ist. Die Männer fahren zur See, auf den Frauen lasten monate-, oft jahrelange Einsamkeit und die Verantwortung für die Familie. Heimatliebe und Weltoffenheit bilden Gegenpole. Gerade dadurch, dass die Männer die Heimatinsel oft über große Zeiträume nicht sehen, entwickeln sie Sehnsucht und poetisches Empfinden für sie. Frauen und Kinder wiederum träumen von fernen Ländern, von denen ihre Gatten erzählen und Geschenke mitbringen. Die Naturliebe und -verbundenheit der Romanfiguren sensibilisiert für die Schönheiten der Insel. Wenn sie die aufgehende Sonne zärtlich anreden, mit dem weißen Schnee schimpfen und den reinen, lauen Sonnenschein der Kykladen genießen, will man es ihnen gleich tun.

Ein weiterer Erfolgsroman der Autorin ist ›**Die Schattenhochzeit**‹. Diesmal ist Kreta der Schauplatz. Auch von dieser größten Insel Griechenlands am südlichen Rand Europas malt sie ein plastisches Bild. Wieder geht es um eine Familie, wieder um zwei Gegenpole. Diesmal sind es die eines US-Amerikaners, in dessen Forschungs- und Wissenschaftskreisen die Hauptperson verkehrt, nachdem sie dort seit dem 15. Lebensjahr aufgewachsen ist, und eines archaisch anmutenden Kreta, auf dem die Familie noch mit dem Fluch der Blutrache zu kämpfen hat.

Siránna Satéli (*1951, Thessaloniki)

Die Schriftstellerin ist Kosmopolitin mit festen Wurzeln in Griechenland. Sie ist mit einem Portugiesen verheiratet und lebt in Athen,

Paris und Portugal. Kritiker stellen die Erzählerin auf eine Stufe mit dem Autor des wohl bekanntesten griechischen Romans ›Alexis Sorbas‹, Níkos Kazantzákis, und dem kolumbianischen Schriftsteller García Màrquez. Für ihr 1993 erschienenes Epos **›Und beim Licht des Wolfes kehren sie wieder‹** erhielt sie den griechischen Staatspreis für Literatur. Diese von der Magie der Mythen und Träume lebende Familiensaga, in der sich Surreales und Groteskes mit Alltäglichem vermischen, wurde in Griechenland ein Bestseller und kam einige Jahre später auch in deutscher Übersetzung heraus. Das Epos spielt im nordgriechischen Makedonien des ausgehenden neunzehnten und beginnenden zwanzigsten Jahrhunderts und handelt vom Schicksal einer Großfamilie, vom Kreislauf des Lebens, also von Geburt, Liebe, Heirat, Vorbestimmung, Krankheit und Tod. Wir erleben den Tages- und Jahresrhythmus, die Feiertage und Bräuche einer traditionsgebundenen, ländlichen, urtümlich wirkenden Welt und erahnen das Lebensgefühl ihrer Bewohner. In vielen Details wird beschrieben, wie sich die Menschen zur Faschingszeit in glockentragende Böcke verwandeln und wie die Kinder Weihnachten und im Frühjahr die traditionellen Lieder singen. Die Figuren, die die Autorin entwirft, sind untrennbar mit ihrer Heimat verbunden, deren Lebensumstände, Gebräuche und Mythen Teil ihrer Persönlichkeit sind und in ihren Träumen, ihrem Albdruck aufscheinen. Eine Neuauflage der deutschen Übersetzung des Romans erschien 2005 unter dem Titel **›Schwestern der Dämmerung‹**.

Weiterhin ist auf Deutsch der Kindheitserlebnisse reflektierende Erzählband **›Die Traumtänzerin‹** erschienen.

Rhéa (Réa) Galanáki (*1947 auf Kreta)

Sie studierte Geschichte und Archäologie in Athen. Nach mehreren Lyrikbänden und Erzählungen erschien 1989 ihr erster Roman **›Das Leben des Ismail Ferik Pascha‹**. Er spielt im 19. Jahrhundert auf Kreta und in Ägypten und handelt von den kretischen Befreiungskriegen gegen die Osmanen. Aus der Innenperspektive der Titelfigur mit ihrem für die Wirren jener Zeit bezeichnenden Schicksal berichtet er über historische Ereignisse und lässt das Spannungsfeld zwischen muslimischer und griechisch-orthodoxer Kultur spüren. Ismail Ferik Pascha war ein kretischer Bauernjunge, der ursprünglich einen griechischen Namen trug. Ägyptische Truppen, die in seine Heimat einfielen, um den griechischen Aufstand niederzuschlagen, töteten seinen Vater und verschleppten den Knaben nach Ägypten. Man beschneidet ihn, gibt ihm einen neuen Namen und integriert ihn in das ägyptische Militär, was zu jener Zeit des Öfteren geschah. Schließlich wird er als Kriegsgegner seiner ehemaligen Heimat gegenüberstehen. Der Roman mit seiner poetischen Sprache wurde euphorisch von der Kritik aufgenommen. Weitere Romane der Autorin folgten.

Jórgi Jatromanolákis (Giórgis Giatromanolákis) (*1940 auf Kreta)
Er ist an der Universität Athen als Professor für Klassische Philologie tätig. Für seinen 1982 erschienenen Roman ›Istoría‹ (dt. ›**Der Schlaf der Rinder**‹, 1996) erhielt er den Griechischen Nationalpreis für Literatur und den Nikos-Kazantzákis-Preis. Das Buch handelt von einer kretischen Blutrache. Gut wird in ihm der Gegensatz spürbar zwischen einem untergehenden, von Riten und Traditionen geprägten und von Mythen beseelten bäuerlichen Kosmos und einer heraufziehenden neuen, materialistischen Welt. Seither erschienen weitere ins Deutsche übertragene Romane wie ›Anofelés diíjima‹ (1993; dt. ›**Bericht von einem vorbestimmten Mord**‹, 1998) und die einem ›modernen griechische Kamasutra‹ gleichende Sammlung erotischer Texte ›**Erotikón**‹ (1995; dt. ›Erotikon‹, 2001). Daneben schreibt Jatromanolákis Gedichte sowie wissenschaftliche Texte zur Klassischen Philologie und zur neugriechischen Literatur. Typisch für seine Werke sind Vielschichtigkeit, Formbewusstsein und eine eigentümliche, teilweise gekünstelt wirkende, schwer zugängliche Sprache.

Pétros Márkaris
Der auch im Ausland berühmteste Krimi-Autor Griechenlands wurde 1937 als Sohn eines Armeniers und einer Griechin in Istanbul geboren, ging dort auf ein österreichisches Gymnasium und lebt heute in Athen. Neben einer Krimiserie, mit der er internationale Berühmtheit erlangte, gehören Theaterstücke, Fernsehserien und Übersetzungen deutscher Literatur zu seinem Werk. Er ist ein exzellenter Vermittler zwischen griechischer und deutscher Kultur. Sein sozialkritischer Blick ist an Brecht geschult, den er neben Goethe und anderen deutschsprachigen Autoren ins Griechische übersetzt hat.

Ich-Erzähler seiner beliebten **Krimiserie** ist stets der Kriminalkommissar **Kóstas Charítos**. Konservativ, nörgelig, zynisch, schrullig, nicht gewieft, aber erfahren, nicht immer ethisch und politisch korrekt argumentierend, aber stets rechtschaffen, ist dieser Durchschnittsathener, der sich im Kreise seiner Familie und Kollegen oft schwer gebeutelt durch das Leben und seine Kriminalfälle schlägt. Etwas unbeholfen und überfordert wirkt er im Umgang mit moderner Technik und der Komplexität einer globalen Welt, in der Legales und Illegales oft nicht zu trennen ist. Doch kommt er immer wieder zum Ziel mit seiner Hartnäckigkeit, seiner guten Beobachtungsgabe, seiner Menschenkenntnis und seinem kritischen, praktischen, durch Erfahrung geschulten Verständnis sozialer und geschichtlicher Zusammenhänge. Lobhudeleien schätzt er nicht, Karriere macht er keine, doch kniet er sich rein in seine Fälle, geht mit Haut und Haaren in seinem Beruf auf und lässt sich durch nichts von seiner Fährte abbringen. Weder seine angeschlagene Gesundheit, noch seine überfürsorgliche Frau, noch sein Chef, der ihm aus politischen Rücksichten heraus oft Zügel anlegen will, halten ihn zurück, wenn er etwas auf der Spur ist.

Die Sympathien des Lesers sind stets bei ihm. Wie Donna Leons Brunetti vor der Kulisse Venedigs agiert, so ist die Bühne von Márkaris Figur Charítos Athen. Noch hautnaher als die Lagunenstadt in Leons Krimis erleben wir den Koloss Athen in denen von Márkaris. Topographisch, kulturell, kulinarisch geht es kreuz und quer durch die Stadt und ihre Umgebung. Minitiös werden Straßen und Plätze beschrieben, die Charítos bei seinen Ermittlungen durchkreuzt, die Milieus in die sie ihn führen, ebenso wie das Leben in seiner Familie. Wir erfahren, welche Speisen auf den Tisch kommen, erleben Verbrechen und Verquickung von Macht und Politik aus der Sicht seiner Familie, in die all dies hinein schwappt. Viel Gesellschaftskritik schwingt mit in diesen Romanen. Mal ist sie dem Kommissar in den Mund gelegt, mal scheint sie in den Umständen und Handlungsweisen aller Beteiligten auf, ebenso wie immer wieder Griechenlands jüngere Geschichte durchscheint, die als schwere Hypothek auf dem Land und vor allem auf seinen Menschen lastet.

Vasílis Vasilikós (*1934 auf der Insel Thasos)

Bekannt wurde er durch seinen politischen Roman ›Z‹, der von Costa-Gavrás mit der Musik von Míkis Theodorákis verfilmt wurde. Er hat die

Geschehnisse des Griechenlands der sechziger Jahre zum Gegenstand und handelt von politischem Mord, Machtstrategien und Korruption.

Spýros Plaskovítis (*1920 auf Korfu, †2000 in Athen)

Der griechische Richter, Politiker und EU-Parlamentsabgeordnete verfasste zahlreiche Novellen, Romane und Essays und arbeitete an mehreren Zeitschriften mit. Sein 1995 in deutscher Übersetzung erschienener Roman ›**Die Dame hinter der Vitrine**‹ spielt auf seiner Heimatinsel Korfu. Er nennt sie nicht beim Namen, sondern spricht nur von ›der Insel‹. Er lässt uns ihren nervenzerreibenden Südwind spüren, ihre Landschaft und Architektur erleben, während wir mit ihm dem Geheimnis der rätselhaften Fünfzigerin Angelina nachspüren und die durch ein komplexes Beziehungsgeflecht verbundenen Protagonisten durch die spannende Geschichte begleiten. In deren Verlauf entwickeln sich Intrigen neben persönlichen Leidenschaften und Lebensläufen, auf denen immer wieder der Schatten der Vergangenheit lastet, der persönliche ebenso wie der geschichtliche Griechenlands.

Zwei Kulinarische Geschichten

Bevor wir weiter zur vorherigen Generation gehen, soll noch kurz **zweimal Kulinarisches** vorgestellt werden: In dem Roman ›**Kulinarische Liebschaften**‹ **von Andréas Stáikos** (*1944) kochen zwei Männer wett um die Gunst der verführerischen Nana. Stáikos erzählt dabei nicht nur von der Dreiecksgeschichte, sondern verrät auch die Rezepte der darin aufgetischten Gerichte. Auch im bitterkomischen ›**Oktopusgarten**‹ **von Amánda Michalopoúlou** (*1966) wird viel gekocht. Die Kochzutaten sehen dabei den Mitgliedern der Familie, deren Ernährung sie dienen sollen, auf die Finger und in die Seele und vermitteln uns eine zusätzliche Sicht auf die Familiengeschichte, die erzählt wird.

VERTRETER DER VORHERIGEN GENERATION

»Die großen modernen griechischen Autoren sind Einzelgänger. Seféris zum Beispiel. Das Interessante an seiner Dichtung ist der Widerspruch zwischen Griechenland und Nichtgriechenland. Er war Kosmopolit, lebte ein Großteil seines Lebens außerhalb und hob Griechenland immer als Idee hervor. Griechenland ist für Seferis eine Sehnsucht, mehr als ein Erlebnis.«

Pétros Márkaris in einem Gespräch mit Achim Engelberg 2001 für das Journal ›der Freitag‹.

Der wohl populärste griechische Schriftsteller

Níkos Kazantzákis (*1883 auf Kreta, †1957 in Freiburg, Breisgau)
Wie kein anderer hat er das Griechenlandbild im Ausland geprägt. Es war vor allem die Verfilmung seines Roman ›**Alexis Sorbás**‹ mit Anthony Quinn in der Hauptrolle, die ihm große internationale Bekanntheit in weiten Kreisen brachte, jedoch auch zur unversiegbaren Quelle für so manches Griechenlandklischee zu werden schien. Umso mehr lohnt es, den wahren Kazantzákis hinter dieser merkwürdigen Verselbständigung eines seiner Werke zu entdecken, den großartigen Erzähler, der sich mit Leidenschaft und umwerfender Gestaltungskraft bewegenden Themen griechischer Geschichte widmete und uns die Poesie griechischer Landschaften vor Augen führt. Er lebte ein bewegtes, engagiertes Leben, das ihn in viele Länder führte, und hinterließ ein großes, vielfältiges Werk, das oft autobiographisch geprägt ist und neben Romanen Übersetzungen, Reisebeschreibungen und Theaterstücke umfasst. Er stand mehrfach auf der Kandidatenliste des Literatur-Nobelpreises. 1956 erhielt er den Internationalen Friedenspreis in Wien.

Sein Heldenepos ›**Freiheit oder Tod**‹ schildert den Freiheitskampf der unterjochten Kreter gegen die Türken im 19. Jahrhundert, zeichnet das Porträt urwüchsiger integrer Gestalten und das Panorama der wilden Schönheit kretischer Landschaften. Sein Roman ›**Brudermörder**‹ thematisiert den griechischen Bürgerkrieg, das Trauma aller, die ihn erlebten. Sein Jesusroman ›**Die letzte Versuchung Christi**‹ eckte bei der orthodoxen ebenso wie der katholischen Kirche an. Sein Werk ›**Odyssee**‹ versteht sich als moderne Fortsetzung der ›Odyssee‹ von Homer. Eine inspirierende Reiselektüre sind seine bei ausgedehnten Streifzügen durch das eigene Land gesammelten Eindrücke, die in dem Band ›**Im Zauber der griechischen Landschaft**‹ gesammelt sind.

Die zwei Literaturnobelpreisträger

Giórgos Seféris (*1900 in Smyrna, dem heutigen Izmir, †1972 in Athen)
Der Diplomat, Dichter und Essayist hinterließ ein bedeutendes Werk, in dem eigene Empfindungen und Erfahrungen mit Mythologie und Geschichte verschmelzen und in dem oft ein melancholischer Unterton mitschwingt. Wie zahlreiche griechische Literaten war er besonders von Homers Odyssee beeinflusst und bemüht zu zeigen, wie wesentliche menschliche Charaktere die Jahrhunderte überdauern. Stark geprägt hat ihn die Erfahrung der Kleinasiatischen Katastrophe von 1922, von der seine Heimatstadt in besonderer Weise betroffen war. Er war mit den Schriftstellern Henry Miller und Lawrence Durrell befreundet.

Odysséas Elýtis (*1911 auf Kreta, †1996 in Athen)
Sein Hauptwerk ›To Axíon Estí‹ (›Gepriesen sei‹) wurde von Míkis Theodorákis, der es vertonte, als ›Bibel der griechischen Nation‹ bezeichnet. Seine mal metaphernschwer, mal wolkenleicht daher kommende, teils surreale Züge tragende Poesie ist inspiriert von der Ägäis, dem Meer, dem Licht, den Inseln. Obwohl er auf Kreta geboren wurde und in Athen aufwuchs, stammte seine Familie aus Lesbos und verbrachte viele Sommer auf den ägäischen Inseln, deren Erlebnis ihn geprägt hat. Fließen auch schwer zu bewältigende Kriegsgeschehnisse in sein Werk ein, schwingen auch melancholische Töne mit, so ist es doch vor allem von Lebensbejahung und Lebensfreude durchdrungen.

Weitere wichtige Poeten, deren Gedichte durch Vertonung zu neuem Leben erweckt wurden

Stratís Myrivílis (*1892 als Evstrátios Stamatópulos auf der Insel Lesbos, †1969 Athen)
Er war 10 Jahre lang Soldat im Balkankrieg, ersten Weltkrieg und kleinasiatischen Krieg und kehrte als Pazifist nach Lesbos zurück. Sein Werk beschäftigt sich weitgehend autobiographisch mit den Kriegsgräueln, die er u.a. in seinem Buch ›Das Leben im Grab‹ aufarbeitet. Daneben stehen großartige Naturbilder und Schilderungen des Lebens der einfachen Bauern und Fischer seiner Heimatinsel Lesbos, wie beispielsweise in seinem Werk ›Die Madonna mit dem Fischleib‹.

Giánnis Rítsos (*1909 in Monemvasía, †1990 in Athen)
»Griechenland und griechisches Land, alltägliche Dinge der Landschaft und des Meeres, die Rituale der Macht und die einfachen menschlichen Gesten, die archaische Geographie der Elemente und die zeitgenössische Topographie des menschlichen Leidens - das sind sozusagen die Gerätschaften seiner Poesie«, so schrieb Übersetzer Armin Kerker über den großen Lyriker anlässlich seines 75. Geburtstags in der ›Zeit‹.
Rítsos Leben war von Kindheit an von Leid gekennzeichnet. Mit zwölf Jahren verlor er Mutter und Bruder. Sein Vater erkrankte und galt als geistesgestört. Er selbst war lungenkrank. Sein politisch-revolutionäres Engagement, das auch in seiner Dichtung Niederschlag findet, brachte ihm zu Zeiten der Diktatur wiederholt Verfolgung und Internierung ein. Theodorákis, der ihn sehr schätzte, vertonte unter anderem seine Zyklen ›Romiosyni‹ und ›Epitaphios‹. Letzteren hatte der Dichter in der Form einer volkstümlichen Totenklage für ein Opfer der blutigen Niederschlagung eines Tabakarbeiterstreiks verfasst.

Napoléon Lapathiótis (*1888 †1944)
Das Leben des exzentrischen Dichters, das mit Selbstmord endete, wurde unter dem Titel ›Meteoro kai Skia‹ (›Meteor und Schatten‹) verfilmt. Künstler wie Eleftheria Arvanitáki und Giórgos Daláras singen heute seine Poesie.

Kóstas Karyotákis (*1896 †1928)
Er ist eine der umstrittensten Persönlichkeiten der neugriechischen Literaturgeschichte. Seine Gedichte drücken oftmals tiefe Hoffnungslosigkeit und das Leiden eines sensiblen Menschen unter einer unerträglichen gesellschaftlichen Situation aus. In seinen Satiren übte er schonungslose Gesellschaftskritik. Vielen jungen Menschen sprach er damit aus der Seele, Kritiker lehnten ihn jedoch weitgehend ab. Mit nur 32 Jahren endete sein Leben mit seinem Freitod. Mikis Theodorákis vertonte einige seiner Gedichte und widmete ihm die Oper ›Die Metamorphosen des Dionysos‹ (›Kóstas Karyotakis‹).

Angelos Sikelianós (*1884 auf der Insel Lefkás, †1951 in Athen)
Die meisten seiner Werke, zu denen neben Lyrik auch Tragödien zählen, haben eine pathetische, schwärmerische Note. Er stand einer Gruppe von Amerikanern nahe, die in Griechenland antike Traditionen wiederaufleben lassen wollte. Zu ihr gehörte auch die Tänzerin Isadora Duncan, eine Freundin seiner amerikanischen Ehefrau Eva. Unter seiner Führung versuchten sie, die delphischen Spiele nach antikem Vorbild wiederzubeleben, ein Versuch, den der Bürgermeister von Delphi (Delfí) 2005 wieder aufgriff.

Griechenlands Nationaldichter

Dionýsios Solomós (*1789 auf Zákynthos, †1857 auf Korfu)

Der griechische Freiheitskrieg machte die nationale Freiheit seines Heimatlandes zum zentralen Thema seiner Dichtung. Sein Gedicht ›Imnos pros tin Eleftherían‹ (›Hymne an die Freiheit‹) wurde in der Vertonung von Nikólaos Mántzaros bei der Gründung des neugriechischen Staates zur **Nationalhymne**.

Kostís Palamás (*1859 in Patras, †1943 in Athen)

Von ihm stammt der Text der **Olympischen Hymne**. Er hinterließ neben einem umfangreichen lyrischen Werk auch Essays, Dramen und Erzählungen und leistete einen bedeutenden Beitrag zur Durchsetzung der neugriechischen Volkssprache (Dimotikí) als Literatursprache. Míkis Theodorákis, der viele seiner Werke vertonte, sagt in seiner Autobiographie ›Die Wege des Erzengels‹ über die Dichtung Palamás: *»Sie wirkte intensiv, intellektuell, philosophisch, sie verband die Schönheit mit der Vision. Als wäre sie eingemeißelt in hartem pendelischen Marmor. Man spürte die Anstrengung des Dichters, seinen keuchenden Atem, wenn er in sich ging, um den fliehenden Schatten eine formende Gestalt zu geben.«*

Wegbereiter der modernen griechischen Literatur

Um 1880 vollzog sich eine Literarische Wende mit einer zunehmenden Abkehr von historischen Romanen und von der Hochsprache Katharévousa und einer Zuwendung zu volkstümlichen Themen mit psychologischen Elementen und zur Volkssprache Dimotikí, die bislang eher in der Lyrik als in der Prosa benutzt wurde. Zwei Hauptgestalten dieser Wende sind Aléxandros Papadiamántis und Konstantínos Kaváfis

Aléxandros Papadiamántis (*1851 auf Skiátos, †1911 ebd.)

Er widmete sein Werk vor allem den einfachen Leuten und der Landschaft seiner Heimatinsel Skiátos. Auf ihr spielt seine bekannteste, auch ins Deutsche übertragene Erzählung ›Die Mörderin‹. Sie beschreibt wie eine arme Frau, die Zeit ihres Lebens nichts anderes getan hatte, als anderen zu dienen, ohne Eigennutz, allein aus dem Überdruss an der ewigen Wiederkehr von Elend und Armut heraus, zur zwanghaften Mörderin wird. Lebensumstände der Inselbevölkerung des 19. Jahrhunderts und zarte Stimmungs- und Landschaftsbilder fließen in die Schilderung ein. Während Papadiamántis ansonsten noch in Katharévousa schrieb, gab er die Dialoge in der Volkssprache wieder, so dass ein interessantes Wechselspiel zweier Sprachschichten entstand.

Konstantínos Kaváfis (*1863 in Alexandria, †1933 ebd.)
Die Hauptmotive seines vorwiegend lyrischen Werks sind philosophische, historische und erotische. Er verzichtete auf Emphase, Dramatik und Überladung und pflegte einen distanzierten, zuweilen ironischen Stil. Er schrieb in der Volkssprache Dimotikí, bereicherte sie jedoch mit Zügen der Hochsprache Katharévousa und oft auch Archaismen und alexandrinischen Elementen. Sein Werk wurde in viele Sprachen übersetzt und ist heute noch sehr präsent. Es sind auch mehrere deutschsprachige Ausgaben seiner Gedichte erhältlich. Teil seiner Poesie erwachte in griechischen Chansons zu neuem Leben.

FREMDER BLICK AUF GRIECHENLAND

Bei dem großen Interesse, das vor allem das antike Griechenland bei ausländischen Literaten weckt, würde es den Rahmen dieses Buches sprengen, ein umfassendes Bild von Hellas im Spiegel der Weltliteratur zu skizzieren.

Stattdessen sollen, ohne Augenmerk auf ihre literarische Bedeutung, nur noch einzelne Werke vorgestellt werden, die sich als Einstimmung auf das Land eignen, weil sie anregend und unterhaltsam sind und zugleich Stimmungen und Aspekte des heutigen Griechenlands gut einfangen.

Martin Heidegger (*1889 †1976) **›Aufenthalte‹**
Die Reiseaufzeichnungen des Philosophen von seiner im Frühjahr 1962 unternommenen Schiffsreise, die ihn von Venedig zum Peloponnes, nach Kreta und Rhodos, dann durch die Ägäis mit Delos als der Mitte, nach Athen, Ägina und Delphi und wieder zurück nach Venedig führte. Dem Druck ist jeweils die faksimilierte Handschrift gegenübergestellt. Dadurch ebenso wie durch die enthaltenen Aquarelle seiner Frau erhält das Buch eine sehr intime Note.

Henry Miller (*1891 †1980) **›Der Koloss von Maroussi‹**
Der Autor war fasziniert von Griechenland, das er um 1935 auf einer mehrmonatigen Reise besuchte, während sich der Zweite Weltkrieg anbahnte. Seine Begeisterung für Griechenland und die Griechen wirkt ansteckend. Wie kaum ein anderer vermag er die Atmosphäre des Landes zu vermitteln, so zu vermitteln, wie sie ein Amerikaner oder Nordeuropäer empfindet. Er beschreibt die Wirkung, die das helle, flirrende Licht auf ihn

hat, das Gefühl, dass über allem ein Zauber liegt, dass Traum und Wirklichkeit verfließen. Immer wieder beschreibt er auch die Menschen. Dabei versucht er einmal zu verallgemeinern, wenn er zum Beispiel sagt: »Der Grieche hat keine Mauern um sich, er gibt und nimmt ohne Einschränkung«, dann wieder beschreibt er detailgenau seinen griechischen Freund Katsímbalis, so dass man ihn vor sich wähnt, wie er leibt und lebt. Er besucht Athen, Korfu, die Inseln des Saronischen Golfs, die antiken Stätten Epídauros, Tíryns und Mykéne auf dem Peloponnes und Knossós auf Kreta. Sind auch mehr als sieben Jahrzehnte vergangen seit Miller seine griechischen Eindrücke festhielt, so sind sie heute noch nachzuempfinden.

Erhart Kästner (*1904 †1974)
Seine Griechenlandbücher machen einen großen Teil des literarischen Werks des Bibliothekars, Redakteurs und Literaten aus und sind alle gleichermaßen lesenswert. In seinem bekanntesten Werk ›**Ölberge, Weinberge - Ein Griechenlandbuch**‹ beschreibt er Reiseerlebnisse mit Land und Leuten und erspürt, wo im Antiken das Christliche und im Christlichen das Antike ist. Es folgten Bücher über Athos, Kreta, Delos und weitere griechische Inseln und zuletzt über Byzanz/Konstantinopel. Diese in poetischer Sprache geschriebenen Werke sind weder Reiseführer noch Erzählungen, sondern bestehen aus einer gelungenen Mischung von einzelnen Erlebnissen, Bildern und Reflexionen.

Lawrence Durrell (*1912 †1990)
Nachdem er die ersten Jahre seiner Kindheit in Indien verbracht und danach in England studiert hatte, lebte er den Großteil seines Lebens mit kurzen Unterbrechungen an verschiedenen Orten des Mittelmeerraums: Athen, Korfu, Kairo, Alexandria, Rhodos, Zypern, Südfrankreich. In seinen auf Korfu und Rhodos entstandenen Büchern ›**Scharze Oliven**‹ und ›**Leuchtende Orangen**‹ beschreibt er einfühlsam Landschaften, Menschen und Lebensart. Seine Erlebnisse aus der Zeit des Krieges zwischen türkischen und griechischen Zyprioten hat er in dem Buch ›**Bittere Limonen**‹ verarbeitet.

Eva Demski (*1944) ›**Das Meer hört zu mit tausend Ohren**‹ und ›**Sappho und ihre Insel**‹
Unterwegs auf Lesbos folgt die Autorin den Spuren Sapphos, der ersten Lyrikerin der Weltliteratur, die zwischen 630 und 612 v. Chr. in dem Ort Eresós auf der Insel geboren wurde. Eva Demski beschreibt, wie die von der Dichterin besungene Insel heute aussieht und wie viel noch sichtbar und spürbar ist von den Spuren Sapphos und des antiken Griechenlands ihrer Zeit. Dabei streut sie Bruchstücke von Sapphos Lyrik ein und befasst sich eingehend mit ihrem Leben und Wirken. Feinsinnig und ungekünstelt bildet das Buch eine Brücke zwischen den Zeiten, die nicht nur auf Lesbos begehbar ist.

Zwei moderne Aussteiger-Geschichten

Griechenland steht auch immer wieder im Augenmerk jener, die sich ›reif für die Insel‹ fühlen. Aus ihrer Perspektive blicken die folgenden zwei Werke auf das Land.

Georg Brun (*1958) ›**Ein Vogel singt auf Mykonos**‹
Dieses Werk erzählt die Geschichte des jungen Psilos. Erziehungsanstalt und Konflikt mit dem Gesetz liegen hinter ihm, als er in Griechenland Zuflucht und ein ›Sonnenglück‹ sucht. Dort trifft er auf den Erzähler, einen Bibliothekar, der ebenfalls in Griechenland ein neues besseres Zuhause sucht.

Heidi Diakoumopoulos (*1968) **›Nie im Leben‹**
Die deutsche Autorin lebt mit ihrem griechischen Ehemann und drei Kindern in Lávrio zwischen dem Kap Súnion und Athen und führt dort ein Hotel. Episodenreich und spannend erzählt sie die Geschichte der jungen, griechisch-stämmigen Anna, die aus Deutschland, wo sie lebt und erfolgreich als Programmiererin arbeitet, in ihr griechisches Heimatdorf gerufen wird, als ihr Großvater stirbt. Während sie den Großvater in den Tod begleitet, seine Erbschaft abwickelt, sich mehr oder weniger widerwillig von der Verwandtschaft vereinnahmen lässt, sich verliebt und schließlich das Erbe des Großvaters antritt, erleben wir bei der Lektüre Lebensart und -umstände des ländlichen Griechenlands.

Mythologische Frauengestalten aus ungewohnter Perspektive

Christa Wolf (*1929) **›Kassandra‹ und ›Medea‹**
Mit diesen beiden Werken widmet sich die Autorin je einer schillernden Frauenfigur der griechischen Mythologie. Einmal beschreibt sie die Seherin Kassandra als eine gescheiterte Heldin, die ihren eigenen Überzeugungen folgte und sich gegen die Gewalt der Machthabenden auflehnte. Einmal stellt sie die als Kinds- und Brudermörderin in die Mythologie eingegangene Medea als eigenwillige, starke Frau dar.

Sie hinterfragt den Mythos und bereitet ihn für einen Bezug zur Gegenwart auf, indem sie die Ereignisse umdeutet und aus der Sicht verschiedener Protagonisten neu erzählt.

Inge Merkel (*1922) **›Eine ganz gewöhnliche Ehe - Odysseus und Penelope‹**
Die Altphilologin setzt mit ihrer Neubearbeitung des Odysseus-Stoffs ungewohnte Schwerpunkte und beschreibt vor allem, was Homer nicht besang. Nicht Götterintrigen und Schlachtengemälde stehen im Vordergrund ihres Romans, sondern das Paarverhältnis des umherirrenden und Abenteuer bestehenden Odysseus und der daheim wartenden, sich in Sehnsucht verzehrenden, Alltag und Kindererziehung bewältigenden Ehefrau Penelope. Dieser neue Standpunkt bringt Anklänge neuzeitlicher Schicksale an uralte Mythen zum Schwingen.

Die Parallele zu Ioánna Karystiánis in der ersten Hälfte des zwanzigsten Jahrhunderts spielenden Roman ›Die Frauen von Andros‹ drängt sich auf. Nicht minder schwer waren die Schicksale der wartenden und ausharrenden Frauen jener Zeit, deren Männer zur See fuhren und oft nicht wiederkehrten.

LESEEMPFEHLUNGEN NACH REGIONEN

Athen

- Pétros Márkaris Krimiserie um den Kommissar Kóstas Charítos (▶ Seite 131)

Peloponnes

- Nikos Kazantzákis ›Im Zauber der griechischen Landschaft‹ (▶ Seite 134)

Nordgriechenland

Epirus

- Nicolas Gage (eigentlich Nicolas Gatsoujannis), ›Eleni‹: Der US-amerikanische, griechisch-stämmige Journalist beschreibt das Schicksal seiner Mutter, seiner Familie und seines Heimatdorfes Lia in den Bergen von Epirus nahe der albanischen Grenze während des griechischen Bürgerkriegs.

Makedonien

- Siránna Satéli ›Und beim Licht des Wolfes kehren sie wieder‹ / ›Schwestern der Dämmerung‹ (► Seite 130)

Chalkidikí

- Erhart Kästner ›Stundentrommel vom heiligen Berg Athos‹ (► Seite 138)

Ionische Inseln

Kefaloniá

- Louis de Bernières ›Corellis Mandoline‹: Der Roman, der auch verfilmt wurde, spielt auf Kefaloniá in der Zeit des 2. Weltkriegs, als die Insel von Italienern und Deutschen besetzt war.

Korfu

- Spýros Plaskovítis ›Die Dame hinter der Vitrine‹ (► Seite 133)
- Lawrence Durrell ›Schwarze Oliven: Korfu, Insel der Phäaken‹ (► Seite 138)

Kykladen

Andros

Ioánna Karystiáni ›Die Frauen von Andros‹ (► Seite 129)

Ostägäische Inseln

Lesbos

- Stratis Myrivilis ›Die Madonna mit dem Fischleib‹ (► Seite 135)
- Eva Demski ›Das Meer hört zu mit tausend Ohren. Sappho und die Insel Lesbos‹, oder ›Lesbos, Sappho und ihre Insel‹.
- Odysséas Elytis: Seine Familie stammt von Lesbos und seine Poesie ist stark von dem Eindruck der Ägäis geprägt. Eine zweisprachige Auswahl erschien im 1979 im Suhrkamp-Verlag als ›Ausgewählte Gedichte. Neugriechisch und deutsch‹. Sein Werk ›To Axion Esti. Gepriesen sei‹ liegt im Verlag Elfenbein vor.
- ›Daphnis und Chloe‹: Dieser Hirten- und Liebesroman des Longos entstand um 300 n. Chr. und spielt auf Lesbos - Er liegt in mehreren Übersetzungen und Ausgaben vor, darunter ein leichtes, handliches, kommentiertes Bändchen aus dem Reclam Verlag, das gut im Reisegepäck Platz findet.

Sporaden und Dodekánes

Skiátos

- Aléxandros Papadiamántis ›Die Mörderin‹ (► Seite 136)

Astypálea

- Amanda Michalopoulou: ›Oktopusgarten‹ (Die Insel Astypálea werden wohl nur wenige ansteuern, zu abseits liegt sie und zu klein und touristisch unbedeutend ist sie. Auch ist die Insel nicht einmal Hauptschauplatz des Romans, der auch ohne Reiseabsichten auf die Insel lesenswert ist. Doch immerhin kommt von hier die Großmutter seiner Hauptpersonen.)

Rhodos

- Lawrence Durell: ›Leuchtende Orangen‹ (▶ Seite 138)

Kreta

- Ioánna Karystiáni ›Schattenhochzeit‹ (▶ Seite 129)
- Jórgi Jatromanolákis ›Der Schlaf der Rinder‹ (▶ Seite 131) und ›Bericht von einem vorbestimmten Mord‹
- Rhéa (Réa) Galanáki ›Das Leben des Ismail Ferik Pascha‹ (▶ Seite 130)
- Níkos Kazantzákis (▶ Seite 134)
  - ›Freiheit oder Tod‹ (Titel der 1953 erschienen Originalausgabe ›O Kapetan Michalis‹ - ›Der Kapitän Michalis‹)
  - ›Alexis Sorbas‹
- Barry Unsworth ›Wo Zeus das Licht der Welt erblickte‹
- Erhart Kästner, ›Kreta: Aufzeichnungen aus dem Jahre 1943‹
- Hans Georg Wunderlich, ›Wohin der Stier Europa trug: Kretas Geheimnis und das Erwachen des Abendlandes‹: Eine umstrittene, der Schulmeinung weitgehend entgegenstehende Deutung archäologischer Zeugnisse minoischer Kultur.
- Brigitte Riebe, ›Palast der blauen Delphine‹: Der Roman vergegenwärtigt die minoische Kultur auf Kreta in einer spannenden Geschichte.
- Michaela Prinzinger, ›Kreta: Ein Reisebegleiter‹
  Die Übersetzerin griechischer Literatur erwandert die Insel auf den Spuren griechischer und ausländischer Literaten.

Zypern

- Lawrence Durell: Bittere Limonen (▶ Seite 138)
- Kóstas Mondis ›Afendi Batistas und das Übrige‹
  Der Roman verbindet eigene Kindheitserinnerungen des Autors mit geschichtlichen Ereignissen und zeichnet ein lebendiges Bild zypriotischer Vergangenheit und Gegenwart.

RAUM UND ZEIT

UND WAS DIE BEIDEN FÜLLT

LICHT UND WEITE

»Und Griechenland ist, wie ich schon sagte, kein kleines Land, es hat eine eindrucksvolle Weite.«

Henry Miller, ›Der Koloss von Maroussi‹

Licht und Weite stellen sich als starke Assoziationen beim Gedanken an das Land der Hellenen ein. Es ist nicht groß an Fläche, wenig mehr als ein Drittel derer Deutschlands. Doch sind die Entfernungen groß. Etwa ein Viertel seiner Gesamtfläche entfällt auf seine unzähligen Inseln. Weit gestreut liegen sie im Meer. 983 km beträgt die Luftlinie zwischen der Insel Othoní bei Korfu und der Insel Kastelórizo im äußersten Südosten Griechenlands. Ganz schön lang ist man unterwegs, um von Korfu nach Rhodos oder von Kreta nach Thessaloniki zu gelangen.

Jede Insel eine Welt für sich

Nicht nur weit gereist, sondern auch weit weg von allem fühlt man sich auf denjenigen unter den Inseln, die abseits der Hauptverkehrsströme liegen, wie zum Beispiel Samothráki. 21 Kilometer lang und zwölf Kilometer breit ist diese von einem mächtigen Gebirgszug dominierte Insel mit weniger als 3000 Einwohnern. 38 km ist sie von der thrakischen Küste entfernt, 36 km von der türkischen. Genug, dass je nach Witterung oft kein Land in Sicht ist, nur die Weiten des Meeres. Klart die Luft wieder auf, tauchen verloren geglaubte Nachbarinseln und Festland mehr oder minder klar am Horizont auf.

Eine solche Insel ist eine Welt für sich. Sagen ranken sich um sie. So erzählt Homer in der ›Ilias‹, wie Poseidon von ihrem 1600 m hohen Gipfel die Kämpfe um Troja verfolgte. Wechselvoll war ihre Geschichte, bedeutend über viele Jahrhunderte ihre Heiligtümer. Geschichtsschreiber wie Herodot, Feldherren wie Lysander und Könige wie Philipp II zählten zu ihren Besuchern. Noch stehen Säulen und Fundamente, noch kann man Anziehungskraft und Zauber dieser Stätte spüren. Es herrscht eine große Ruhe auf Samothráki. Keine Linienflüge gehen vorbei, kaum Schifffahrtslinien, nur vereinzelte Fischerbote säumen die Küsten. Aufgebrochen wird diese Stille und Abgeschiedenheit, wenn täglich die Fähren anlegen, die Verbindung zum Rest der Welt.

Der Ort Plaka und die Bucht der Kykladeninsel Milos

Inseln erwandern, stets das blaue Meer im Blick

»Ich bin ein Mensch der Inseln, meine Eltern kamen von den Ionischen Inseln nach Athen. Der Vater von Kefaloniá, die Mutter von der kleinen Insel Kythira zwischen Kreta und der Peloponnes. Diese Menschen lieben das Licht und das Wasser. Ich bin wie eine dieser Inseln, und ich glaube, dass auch Mikis eine solche Insel ist - er verkörpert dieses besondere Licht, das über dem Wasser zu schweben scheint. Es ist nur in Griechenland zu sehen, es ist einmalig.«

Die Sängerin Mia Farantouri 2000 in einem in Hansgeorg Hermanns Biographie des Mikis Theodorakis ›Der Rhythmus der Freiheit‹ abgedruckten Gespräch

Jede der vielen griechischen Inseln hat ihren eigenen Charakter, ihre eigene Geschichte. Nicht alle sind so abgeschieden, schroff und ehrfurchteinflößend wie Samothráki. Doch dominieren auf den meisten Felsen und Bergzüge. Oft gibt es kaum eine natürliche, gerade Fläche. Die Häuser gruppieren sich um Buchten und Hafenbecken oder folgen der Form der Berge, bedecken ihre Gipfel wie Sahneguss oder legen sich wie ein Spitzentuch darüber. In einsamen, unwegsamen Landschaften verstreute kleine Kirchen und Kapellen leuchten wie weiße Blumen im dunklen Fels. Ackerbau ist oft nur auf über Generationen mühsam angelegten, von Steinmauern gehaltenen Terrassen möglich. Nicht schnell erwandert hat man solch eine Insel. Mag sie auch nur 75 km² groß sein, 9-10 km breit und lang, wie etwa die Kykladeninsel Sérifos mit ihren weniger als 1500 Einwohnern, oder 18 km lang und 8 km breit wie Sífnos mit seinen kaum mehr als 2000 Seelen. Es geht bergan- und bergab,

Profitis Ilias heißt meist die höchste Erhebung. Hier nähert sich der Wanderer der von Sifnos mit ihrem gleichnamigen Kloster.

will man sie umrunden oder überqueren. Eine gute Wanderkarte ist Voraussetzung, wenn man sich abseits der Verkehrsstraßen bewegt. Denn oft endet ein Weg bei einem Feld, einem Stall oder einer Ruine und bald darauf steht man vor einem Abgrund. Doch gibt es auch alte Wege, die die Ortschaften verbinden, manche von ihnen mit Steinen gepflastert und streckenweise von kleinen Mäuerchen flankiert. Man muss sie nur kennen. Dann kann man tage-, wochenlang wandern, immer wieder auf neuen Pfaden, hoch über dem blauen Meer, dessen weiße Gischt gegen die Felsen schlägt, oder quer über die Insel, eine Küste mit ihren Nachbarinseln und gegenüberliegenden Festlandstreifen hinter sich im Rücken, die andere mit ganz neuen Perspektiven vor sich.

Zauber der Ägäis

»Die Ägäis ist nicht nur Licht und Meer. Sie dringt ins Herz der Menschen ein, wird zuerst ein Schlag, dann wieder einer, bis sie zu allen Schlägen des Herzens wird. Sie dringt in die Adern ein und wird zu Blut. Das Blut brennt. Sie dringt in die Erinnerung ein, und bis zur Stunde des Todes vermag nichts mehr sie auszulöschen. die Ägäis ruft ohne Unterlass.«

Ilías Venésis, ›Äolische Erde‹

Die meisten der Ägäisinseln liegen in Sichtweite zueinander und/oder zu den Küsten. Die Silhouetten ihrer Berge zeichnen sich gegen den klaren Himmel ab. Da teils nur wenige Kilometer zwischen den einzelnen Inseln liegen, schieben sich zuweilen mehrere solcher Silhouetten hintereinander und es ist schwer auszumachen, wo die eine In-

Blick von der Insel Lesbos auf die Insel Chios

sel endet, die nächste beginnt. Das Bild ändert sich dauernd, je nach Licht und Witterung. Wie künstlerisch ausgeleuchtete und hin- und hergeschobene Theaterkulissen scheinen Teile dieses Wechselbilds am Horizont auf, versinken dann wieder in kaum mehr zu erkennender Unschärfe, wirken einmal robust und massig, im nächsten Moment durchscheinend, luftig, leicht, wie hingehaucht, abgehoben vom Meer auf einem Dunstfuß im Äther schwebend. Manches Landstück taucht nur bei besonders klarer Witterung auf, etwa nach einem Regentag im Winter. Danach weiß man um seine Nähe, ohne es zu sehen.

Dieses dauernde Schauspiel weckt die Lust, hinauf aufs Meer zu fahren, zur nächsten Insel überzusetzen, von dort wieder zur nächsten, dann vielleicht einen Abstecher auf das Festland zu machen, um danach wieder neue Eilande zu besuchen. Diese Form des Reisens hat eine Leichtigkeit und Beschwingtheit, dauernd wartet etwas Neues, weckt die Neugier.

Oft scheinen Land und Meer zu verschwimmen. Henry Miller fühlt sich bei der Einfahrt nach Poros, die er in seinem Werk ›Der Koloß von Maroussi‹ beschreibt, als segle er durch die Straßen. Zwischen den Straßenfluchten von Piräus tauchen hohe weiße Schiffe auf, die auf den ersten Blick kaum von vielstöckigen Häusern zu unterscheiden sind. Ioanna Karystiani schreibt in dem Roman ›Die Frauen von Andros‹: *»Die Stadt ein schmaler, langer Gürtel zwischen zwei kleinen Meerbusen, war für Mariä Himmelfahrt geweißt, und von Pitsiklas aus sah sie einem schneeweißen Ozeandampfer, der an der Mole festgemacht war, zum Verwechseln ähnlich.«*

All dies intensiviert das Gefühl, selbst in Bewegung zu sein, unterwegs zu neuen Ufern.

Küsten des Lichts

»Das Licht Griechenlands öffnete meine Augen, durchdrang meine Poren, weitete mein ganzes Ich.«

Henry Miller, ›Der Koloß von Maroussi‹

Während der kleine Fährhafen Kamáres auf der Kykladeninsel Sífnos noch schläft und nur die Hähne schon lange krähen, tauchen die ersten Sonnenstrahlen die hohen Gipfelspitzen, die über ihm thronen, in ein rosiges Licht. Bald wird man auf dem Meer ins silbrig-golden glitzernde Band der aufgehenden Sonne schwimmen können. Bald wird die Sonne am lichterfüllten, tiefblauen Himmel stehen. Die Inselgriechen feiern dieses Licht, indem sie ihre Häuser und ihre Kirchen schneeweiß streichen, so dass sie weithin in der Sonne strahlen, und indem sie das Himmelsblau auf Fensterläden und Kirchenkuppeln zitieren. Blau und Weiß sind auch die Farben der griechischen Fahne, die über dem Gischtstreifen weht, den die Fähren hinter sich herziehen, wenn sie diese lichterfüllten Küsten miteinander verbinden.

Spektakulär sind die Sonnenauf- und untergänge in der klaren Luft. Der 1904 an der anatolischen Küste geborene, während der Kleinasiatischen Katastrophe in türkische Gefangenschaft geratene und später nach Athen geflohene Ilías Venésis beschreibt in seiner Erzählung ›Die Möwen‹ den Untergang der Sonne ins offene Meer: *»Dann verfärbt sich das Gewässer, die Farben wechseln jede Sekunde, als lösten sie sich in den leichten Wellen auf.«* Einen alten Leuchtturmwärter lässt er diesen Sonnenuntergang von einer kleinen, namenlosen Insel im Norden von Lesbos aus beobachten. Was das Inseldasein ausmacht ist nicht nur der Blick in die Weite über das endlose Meer, sondern auch der Blick auf die Nachbarinseln: So sagt Venésis über das der Insel seines Leuchtturmwärters nahe Lesbos: *»Drei Meilen von ihr entfernt bilden die Berge von Lesbos eine ruhige Harmonie aus Linie, Bewegung und Farbe. Neben dieser Üppigkeit wirkt die kahle Insel mit ihren strengen Umrissen noch verlassener.«*

Die Fischersiedlung Firopótamos auf der Kykladeninsel Milos

Auf sonnenhelle Tage folgen zumeist sternenklare Nächte. Viele griechische Lieder besingen den Mond. Dichte Wolken und Regen sind in den Frühjahrs- und Sommermonaten eine Seltenheit. Doch auch wenn im Herbst die ersten Stürme und Niederschläge einsetzen, wirken die Tage an den Küsten kaum trüb und grau. Das Farbenspiel des Meeres gibt auch den nicht von der Sonne verwöhnten Tagen ihren Reiz.

DAS MEER

»Immerzu erspähte sie Segel weit draußen im offenen Meer, zahlreiche weiße Leinwandtücher, die Möwenflügeln glichen. Schoner, Kutter, kleine Kaiki - sie sah sie alle dahinsegeln und wie kleine Ochsen im Geschirr die Wellen pflügen. Die einen fuhren nach Norden oder auch in südlicher Richtung. Andere segelten nach Osten oder Westen und durchkreuzten die tiefen, scharfen Kielwasserfurchen, welche die ersten hinterlassen hatten. Sie nahm mannigfaltige Strömungen wahr, die Muster ins Meer ritzten, so dass es aussah, als sei es mit Stickereien versehen.«

Alexandros Papadiamantis, ›Die Mörderin‹ - der Roman des 1851 auf der Sporadeninsel Skiatos geborenen griechischen Schriftstellers spielt auf seiner Heimatinsel

Auf einer Länge von rund 14000 km umspült das Meer die griechische Erde und seit jeher hat es die Griechen hinaus in die Ferne gezogen. Die Schroffheit und Kargheit des Landes, großteils gebirgig und mit nur wenigen fruchtbaren Ebenen, tat ein Übriges dazu, sie ihr Glück zur See und in fernen Ländern suchen zu lassen. So haben sich gerade auf unwirtlichen Inseln die Gedanken hinaus aufs Meer gerichtet. Nahrungsquelle, Arbeitsplatz und Schicksal ist es ihren Bewohnern geworden.

Der Strand von Vatera auf der Ägäisinsel Lesbos

Abenteuerliches

Sagenhaft sind die Abenteuer des Odysseus, die sich Homer im 8. Jhd. vor Christus von der Muse einflüstern ließ, um sie zu einem der ältesten und einflussreichsten Werke abendländischer Literatur zu formen. Abenteuerlich blieb die Seefahrt bis in die Neuzeit hinein.

Ans Sagenhafte grenzen die Leistungen der Schwammtaucher, die über Generationen tief in Poseidons Reich eingedrungen sind, um unter großen Risiken für Leib und Leben die beliebten Schwämme zu holen. Traditionell liefen ihre Boote nach dem Osterfest aus und wurden feierlich verabschiedet. Oft waren sie monatelang im ganzen Mittelmeerraum bis zu den Küsten Tunesiens, Libyens und Ägyptens unterwegs. Das kleine nautische Museum in der Hauptstadt der Dodekanen-Insel Kálymnos beherbergt zahlreiche Erinnerungsstücke an die Blütezeit der Schwammtaucherei. Nackt, den Kopf voraus, waren die ersten Schwammtaucher mit Hilfe eines Beschwerungssteins, des Skandalópetra, Delphinen gleich bis zu 30 Meter in die Tiefe geglitten. Ab dem letzten Drittel des 18. Jahrhunderts setzten sich ›Skáfandros‹ genannte Taucheranzüge durch. Mit Sauerstoff versorgt konnten die Taucher nun längere Tauchgänge unternehmen und bis 80 m Tiefe vordringen. Das brachte ein Vielfaches der früheren Erträge und bescherte Inseln wie Kálymnos einiges an Reichtum, von dem heute noch prachtvolle klassizistische Bauten zeugen. Jedoch hatte man zu diesem Zeitpunkt die Gefahr der durch den vielen eingeatmeten Sauerstoff ausgelösten Dekompressionskrankheit nicht erkannt und traf somit keine geeigneten Vorkehrungen. Tausende von Toten und Schwerbeschädigten waren die Folge, bis diese unfallträchtige Art des Tauches für einige Jahre verboten wurde und man begann, die Folgen der Dekompression zu erforschen. Heute sind zwar die damaligen Gefahren überwunden, aber die Bedeutung dieses Spezialzweigs griechischer Seefahrt ist durch neue synthetische Produkte geschrumpft.

Seefahrer- und Reedernation

Heute steht Griechenland weltweit an erster Stelle unter den Handelsschiffseignern. Fast ein Fünftel der Welthandelsflotte gehört griechischen Reedern. In ihrem Roman ›Die Frauen von Andros‹ beschreibt

Hafen von Keramoti

die griechische Autorin Ioánna Karystiáni einfühlsam die Blütezeit der Schifffahrt auf der Ägäisinsel Andros vom Beginn des letzten Jahrhunderts bis zum zweiten Weltkrieg, in dem viele der Andrioten ihre Schiffe verloren und auf See ums Leben kamen. *»Denn der Krieg hatte die Seefahrerinsel tödlich getroffen, die Athener starben am Hunger, die Andrioten ertranken in den Seeschlachten«* heißt es darin. Vor allem aber handelt ihr Roman von den Schwierigkeiten und Sehnsüchten der Bewohner dieser Kykladeninsel. Hin- und hergerissen sind sie zwischen der Enge ihrer Insel und dem weiten Meer, auseinander gerissen sind die Familien. Die Männer fahren zur See, die zurück gebliebenen Frauen sorgen daheim für die familiären Belange. Sie verzehren sich in Sehnsucht nach ihren Gatten, die oft Jahre unterwegs bleiben, bevor sie zu einem kurzen Heimaturlaub auf Andros Station machen, nur um bald wieder aufzubrechen. Viele lassen auf dem Meer ihr Leben, die schwarzen Kleider der Witwen bestimmen das Bild der Dörfer, Totenmessen und Requien das Kirchenleben. Heil und Unheil bringt das Meer, geliebt und verflucht wird es. Mit den Worten *»nimm auch einen Zug, du bodenloser Schlund, wir wollen endlich einen Hafen sehen«* wirft der Held des Romans, Saltaferos, seine Zigarettenkippen in die Wellen. *»Allein, mutterseelenallein ist jeder in diesem Leben«*, denkt er. *»Ertrage all die Unbill, damit Orsalia und Moska wohl versorgt sind, die Muttergottes klagt nicht über deine Abwesenheit«* steht auf dem Foto, das ihm seine Frau geschickt hat und das sie zusammen mit den Töchtern vor der Kirche der Gnadenreichen Jungfrau auf der Kykladeninsel Tinos zeigt.

Und dennoch lieben die Insulaner das Meer, so auch Tochter Orsa: *»Die Menschen, ob sie wollten oder nicht, sahen das Meer jeden Tag, und Orsa glaubte, dass der gespannte Horizont, der Horizont ohne Ende, wie sie als Schülerin der dritten Gymnasiumsklasse in einem Aufsatz geschrieben hatte, das Meer, dessen Wasser anderswohin fließen, irgendwohin, Gedanken, Orte, Stimmen mit sich nehmen und machen, dass die Seeleute und die Inselbewohner sich nie wie in der Falle gefangen fühlen. Das Blau fließt und jeder von uns mit ihm. Ihr Leute von Andros seid einerseits Reisende, anderseits bewegt ihr euch nicht.«*

DAS ÄGÄISCHE MEER

Name und Mythos

Es hat seinen Namen von Aígeús (Ägeus), einem mythischen König von Athen, der in seinen Fluten den Tod fand. Der Sage nach war sein Sohn Theseus nach Kreta gezogen, um Athen von den Tributlieferungen zu befreien, denen alle neun Jahre sieben Jünglinge und ebenso viele Jungfrauen als Futter des Minotauros zum Opfer fielen. Ein gefährliches Unterfangen, hatte er sich doch selbst unter die Todgeweihten gemischt, um diesem Spuk ein Ende zu bereiten. Dem bangenden Vater hatte er versprochen, im Falle seines Sieges zum Zeichen ein weißes Segel aufzuziehen. Gesiegt über den Jünglings- und jungfrauenfressenden Minotauros hatte Theseus sehr wohl, nur leider vergessen, sein übliches schwarzes Segel gegen das weiße, auf das der Vater sehnlich wartete, zu tauschen. Vater Aígeús sah das schwarze Segel, glaubte seinen Sohn verloren und stürzte sich von den Klippen am Kap Sunion ins Meer. Seither trägt das Meer seinen Namen.

Lage

Das Ägäische Meer, oder kurz die Ägäis, ist ein Nebenmeer des europäischen Mittelmeers, zwischen Griechenland und der Türkei gelegen. Es ist über den Bosporus, das Marmarameer und die Dardanellen mit dem Schwarzen Meer verbunden.

Ägäische Inseln

Um den Inselreichtum in eine Ordnung zu bringen, werden verschiedene Gruppierungsversuche gemacht, die nicht immer einheitlich gehandhabt werden.

Östliche Seite der Ägäis von Norden nach Süden

- **Nordägäische Inseln:** - u.a. Thásos (Θάσος), Samothráki (Σαμοθράκη) und Límnos (Λήμνος) - südlich der makedonischen und thrakischen Küste gelegen, werden sie auch ›Thrakische Inseln‹ und der sie umgebende nördlichste Teil der Ägäis ›Thrakisches Meer‹ genannt. Sie sind zu großen Teilen verhältnismäßig waldreich.

- **Ostägäische Inseln:** - Zu ihnen gehören das mild und sanft wirkende Lésbos (Lésvos, Λέσβος) mit seinen endlosen Olivenhainen und duftenden Pinienwäldern, die Mastícha-Insel Chios (Χίος), Ikaría (Ικαρία) und Sámos (Σάμος), Paradies der Wanderer und Weinliebhaber. Sie liegen recht nah vor der Nordostküste der Türkei, verwaltungsgemäß zählen sie zu der Region ›Nördliche Ägäis‹
- **Dodekánes:** (Δωδεκάνησα) - nennt man eine Gruppe von zwölf Hauptinseln, u. a. Pátmos (Πάτμος) mit dem berühmten Johanneskloster, das bei Bergsteigern beliebte Kálymnos (Κάλυμνος), Kos (Κως) mit seinem antiken Asklepion, Astypálea (Αστυπάλαια), Rhódos (Ródos, Ρόδος), Kárpathos (Κάρπαθος) und weitere kleinere Inseln. Der Name leitet sich von den griechischen Wörtern für ›zwölf Inseln‹ ab.

Westliche Seite der Ägäis von Norden nach Süden

- **Sporaden** (Σποράδες) - Alónnisos (Αλόννησος), Skópelos (Σκόπελος), Skiáthos (Σκιάθος) und Skýros (Σκύρος) sind die größten dieser Gruppe, deren Bezeichnung von dem griechischen Wort ›Spóros‹ (σπόρος) für ›Samen‹ oder ›Korn‹ abgeleitet ist. So hat man seit dem Altertum die ›verstreuten‹ Inseln genannt, die nicht zum als ›Kykladen‹ bezeichneten Kreis um Délos gehören. Meist wird die Bezeichnung nur für diese nördlichen Sporaden verwendet, manche dehnen sie jedoch auch auf östlich der Kykladen gelegene Dodekánes-Inseln aus.
- **Évia (Euböa)** - die nach Kreta zweitgrößte, östlich von Attika gelegene Insel, die über eine Brücke mit dem Festland verbunden ist. Vor allem griechische Urlauber schätzen ihre schönen Strände und Thermalbäder.
- **Kykladen** (Κυκλάδες) - Kykladen, die ›Kreisförmigen‹, werden sie seit der Antike im Gegensatz zu den verstreuten Sporaden-Inseln genannt, weil sie sich rings um das einstige Kultzentrum Délos (Δήλος) gruppieren. Andros (Άνδρος), Tínos (Τήνος), der Verwaltungssitz Sýros (Σύρος), das quirlige Mýkonos (Μύκονος), Náxos (Νάξος), Páros (Πάρος), Amorgós (Αμοργός) mit seinem beeindruckenden Felsenkloster und die Partyinsel los (Ιος) gehören neben zahlreichen anderen dazu, unter denen vielleicht noch zwei Inseln vulkanischen Ursprungs wegen des Naturschauspiels, das sie bieten, genannt werden sollten: Mílos (Μήλος) und das auch Thíra (Θήρα) genannte Sandoríni-Archipel (Σαντορίνη). Diese Inseln sind großenteils steinig und kahl. Viele von ihnen tragen kaum Bäume, nur Kräuter und Büsche. Windmühlen, filigran verzierte Taubenhäuser und der geduckte kykladische Baustil mit Außentreppen und weichen Linien und Kanten sind für die meisten dieser Inseln typisch.
- **Saronische Inseln** (gr. Nisiá tou Argosaronikoú, Νησιά του Αργοσαρωνικού) - eine bequem mit der Fähre direkt von Piräus aus zu erreichende Gruppe von sieben im Saronischen Golf zwischen Attika und Peloponnes gelegenen Inseln. Egina (Ägina, Aigina, Αίγινα) mit seinen Pistazienbäumen gehört ebenso dazu wie Póros (Πόρος) und das der Peloponnes und dem saronischen Golf vorgelagerte autofreie Hýdra (Ύδρα) mit seinen strengen, würdigen Herrenhäusern. Oft liegen hier imposante Yachten im Hafen, mit denen Millionäre gern diese Gewässer durchqueren. Die gute Erreichbarkeit geht mit einer guten touristischen Infrastruktur einher.
- **Ký́thira** (Κύθηρα)- weitab von den anderen ägäischen Inseln, unterhalb der Südspitze des Peloponnes gelegen, wird Ký́thira keiner Gruppe zugerechnet und gehört verwaltungsmäßig zu Attika, was seine Lage nicht vermuten lässt.
- **Kreta** (gr. Kríti, Κρήτη) mit den umliegenden Inseln - die größte Insel tief im Süden der Ägäis am Rand des europäischen Kontinents, legendärer Geburtsort des Zeus, weist eine abwechslungsreiche Landschaft auf. Dramatische Bergland-

schaften wechseln sich mit größeren fruchtbaren Ebenen und idyllischen Ecken voller Blumen, kleiner Felder, Wein- und Obstgärten ab. Mit 300 Sonnentagen im Jahr ist es die sonnigste Mittelmeerinsel nach Zypern. Hier bleibt es auch am längsten warm - an der Südküste ist von Mitte April bis November Badesaison.

DAS IONISCHE MEER

Name und Mythos

Namensgebend ist Ió (Ιώ), die Tochter des Flussgottes Inachos und Geliebte des Zeus. In eine schneeweiße Kuh hatte sie der verliebte Zeus verwandelt, um sie zu entführen. Seiner eifersüchtigen Gattin Hera war dies nicht entgangen, von einer Rinderassel ließ sie die Arme verfolgen. Auf der Flucht überquerte die rindergestaltige Ió das Meer, das später nach ihr ›Ionisches Meer‹ genannt wurde. Die Furt, die sie auf ihrer weiteren Flucht überschritt, verdankt ihrer Rindergestalt den Namen Bosporus, was ›Kuh- oder Ochsenfurt‹ bedeutet.

Lage

Das Ionische Meer (gr. Iónio Pélagos,Ióνιο Πέλαγος) ist ein Teil des Mittelmeeres südlich des Adriatischen Meeres.

Ionische Inseln

Die zweitgrößte und nördlichste der Ionischen Inseln ist **Korfu** (gr. Kérkyra, Κέρκυρα) mit seiner mondän wirkenden Hauptstadt. Es folgen in Richtung Süden die **Paxí** (Παξοί)-Gruppe, **Lefkás** (Λευκάς), **Itháki** (Ιθάκη), **Kefaloniá** (Κεφαλονιά) und **Zákynthos** (Ζάκυνθος).

Zwei Dinge prägen diese Inselgruppe: Sie blieb - mit Ausnahme von Lefkáda - vor osmanischer Herrschaft verschont und sie erhält mehr Niederschläge als die meisten der ägäischen Inseln. Vor allem auf Korfu geht ausreichend Regen nieder, der die Insel zu einem blühenden Garten mit üppiger, fast tropisch anmutender Vegetation macht.

ARKADIEN

Mehr als eine Präfektur der Peloponnes

»Auch ich war in Arkadien geboren,
auch mir hat die Natur
an meiner Wiege Freude zugeschworen,
auch ich war in Arkadien geboren,
doch Tränen gab der kurze Lenz mir nur.«

Friedrich Schiller

Der Traum von der Idylle und dem »Goldenen Zeitalter«. - Seit mehr als 2000 Jahren verherrlichen Künstler Arkadien als die Heimat aller

Dichter, als irdisches Paradies, als Ort der Unschuld und des stillen Friedens, so manche von ihnen ohne es je gesehen zu haben. Bukolik - von dem griechischen ›bukólos‹ für ›Hirte‹ - nennt sich die idyllische Hirtendichtung, die in der Folge des Verstädterungsprozesses der Sehnsucht nach einem friedlichen, schlichten Schäferdasein Ausdruck gab. Als ihr Begründer gilt Theókrit(os) (um 300-250 v. Chr.). Es folgte Vergil (70-19 v. Chr.).

Das Arakadien seiner Bucolica oder Eklogen wurde später zur Sehnsuchtslandschaft, deren Verklärung über Jahrhunderte die Künste Europas durchzog. Ihre Motive wurden in der bildenden Kunst aufgegriffen, die die Idealisierung und geistige Überhöhung der dargestellten Landschaft mit antiken Ruinen akzentuierte, wie es beispielsweise Claude Lorrain (1600-1682) tat. Inschriften »Et in arcadia ego« finden sich in Hirtenszenen der Barockmaler Guercino da Cento und Nicolas Poussin. In der Literatur griffen Petrarca und Boccaccio das Arkadien Vergils auf. Schäferdichtungen wie Sannazaros ›Arcadia‹ folgten zuhauf. Goethe (1749-1832) stellte seinem Buch ›Italienische Reise‹ den enthusiastischen Satz *»Auch ich in Arkadien!«* voran und Schiller beginnt sein 1786 erstmals veröffentlichtes Gedicht ›Resignation‹ mit dem eingangs zitierten Vers.

Welche Bewandtnis hat es mit dieser mythischen Landschaft, die nicht aufhört, die Sehnsüchte zu beflügeln? Sie ist kein Phantasie-

Lämmer auf der Kykladeninsel Kéa

gespinst. Es gibt sie und das schon seit der Antike. Tatsächlich strahlt sie in weiten Teilen noch immer etwas von der friedlichen Stille und Poesie aus, die man mit dem Begriff Arkadien gleichsetzt. Sie liegt in der Mitte der ›Peloponnes‹ genannten südgriechischen Halbinsel und bildet heute eine ihrer fünf Präfekturen. Ein von hohen Bergzügen fast festungsgleich abgeschottetes Hochland mit einem nur schmalen Zugang zum Meer am Osthang des Párnon-Gebirges ist es, das diesen klangvollen antiken Namen trägt. Sein Inneres wird von einem Auf- und Ab von Bergen, Hügeln und fruchtbaren Senken gebildet. Größere Hochebenen fehlen und somit auch Intensivbewirtschaftung und nennenswerte Industrie. Wie im Altertum weiden Schafe und Ziegen, über die Hirten wachen, bedecken Weingärten und Olivenhaine die Hänge, wo sie nicht gerade dem vielerorts in Griechenland immer wieder wütenden Feuer zum Opfer fielen. Lebendiger als steinerne Zeugen des Altertums das können, atmet diese Landschaft den Geist der Antike, lässt eine nicht abreißende Verbindung zu ihr sinnlich spüren.

Arkadische Landschaften gibt es vielerorts

»Alles in Griechenland, Berge, Flüsse, Meere, Ebenen sprechen zum Menschein in einer fast menschlichen Sprache.«

Nikos Kazantzákis

Wer sein Verlangen nach Arkadien stillen, seine Sehnsucht nach harmonischer Landschaft, beschaulichem, ländlichen Leben im Einklang mit der Natur erfüllen will, muss nicht unbedingt auf den Peloponnes reisen. Es gibt zahlreiche griechische Gegenden, die die gleichen Kriterien erfüllen. Zarte Blüten überziehen im Frühjahr die Hänge, ihre Pflänzchen halten sich tapfer in kleinsten Ritzen, Kräuter verstrahlen ihren Duft, Blätter säuseln, Insekten schwirren, Ziegenglocken läuten, es liegt Poesie in der Luft. Doch ist auch immer wieder die Hand des Menschen spürbar, die die Landschaft seit Jahrhunderten, Jahrtausenden, geprägt hat. Über ganzen Inseln liegt diese Atmosphäre, sobald man den quirligeren Hafen hinter sich gelassen hat. Auf dem Festland strahlen sie vor allem die Bergregionen im Landesinneren aus.

Mühsamer Landbau mit stetigen Erträgen

»So viele Ölbäume,
wie sie das Licht mit ihren Händen streuen,
damit es sanft über deinen Schlaf sich legt.

So viele Zikaden,
dass du sie nicht mehr fühlen kannst,
so wie du den Puls in deinen Armen nicht spürst.

Doch selten ist das Wasser,
damit du Gott in ihm erkennst und weißt, was das Wort bedeutet.«

Odysseas Elytis, ›Axion Esti‹ - zitiert in ›Mikis Theodorakis - Der Rhythmus der Freiheit‹,

Weite, fruchtbare Ebenen, wasserreiche Flüsse und Seen gibt es wenige in Griechenland. Trotzdem floriert die Landwirtschaft. Der Boden ist steinig, aber fruchtbar. Wasser ist rar. Mit Erfindergeist und Mühe lässt es sich jedoch speichern und auf Felder und Gärten leiten. Die Wachstumssaison ist lang und das Klima stabil und trocken. Wechselhafte Wetterlagen, Gewitter und Niederschläge sind selten. Die Winter sind kühler und feuchter, doch in den meisten Gegenden normalerweise nicht hart. Mancherorts gestatten sie den Regenfeldbau von Weizen, Mais und verschiedenen Gemüsesorten. Fröste gibt es wenig, dafür muss während der warmen Sommermonate bewässert werden, wenn Reis und Baumwolle angebaut werden. Auch der Obst- und Weinbau spielen eine bedeutende Rolle.

Ein Großteil von Griechenlands Fläche ist bergig, doch gibt es neben schroffen Felsen auch reichlich sanft abfallende Hänge, an denen sich Gärten, Felder, Olivenhaine und die Häuser der Bergdörfer emporziehen. Der steinige, unebene Boden macht die maschinelle Bearbeitung, ja selbst das Pflügen, schwer bis unmöglich. Hacke, Spaten und die Kraft von Mensch und Tier sind gefragt. Dauernd geht es geschäftig zu auf den kleinen Feldern. Für Monokulturen sind die Gegebenheiten kaum geeignet, stattdessen herrscht eine bezaubernde Mannigfaltigkeit. Gemüsegärten voll bunter Vielfalt, Zeilen von Mandel- und Pistazienbäumen, einzelne Nuss- und Feigenbäume, Obstgärten und winzige Weingärtchen wechseln sich an den Hängen ab. Kleine Parzellen bilden ein buntes Mosaik. Wo es für all dies zu karg ist, behauptet sich immer noch der Olivenbaum. Er ist die einzige Kulturpflanze, die oft auch hangauf, hangab riesige Flächen bedeckt, wie zum Beispiel auf den Inseln Lesbos und Kreta. Dies hat jedoch nichts von der Monotonie der Monokulturen anderer Länder. Vielmehr gehören diese Bäume zur Landschaft, fügen sich harmonisch in sie ein, strukturieren sie. Sie stehen nicht in Reih und Glied, sondern dort, wo das rare Erdreich es erlaubt, oft auf kleinen, von Mäuerchen umgebenen Plateaus.

Diese behutsam und liebevoll vom Menschen geprägte Natur erfreut Auge und Seele. Es liegt eine Patina auf ihr. Jahrhundertealt sind nicht nur viele der Olivenbäume, sondern auch die übereinander gestuften Terrassen und Stützmauern aus aufgeschichteten Steinen, die das wenige Erdreich zusammenhalten, um den Anbau möglich zu machen. Sie zeugen von Mühen und Beständigkeit vieler Generationen. Weideflächen sind für Rinder meist zu mager, Schafe und Ziegen dominieren. Alles in allem ist Landwirtschaft in Griechenland ertragreich, führt aber nicht zu Überfluss und Reichtum. Einen selbständigen, selbstbewussten Menschenschlag hat dieses Land hervorgebracht. Menschen, die zupacken können. Menschen, die in ständigem Dialog mit der Natur stehen, mit ihrer Hände Arbeit und mit Hilfe ihrer Tiere hegen, pflegen und ernten. Die Natur dankt es ihnen, indem sie ihre stetigen Mühen mit stetigem Ertrag belohnt. Ernteausfälle sind selten. Das ist zum einem dem stabilen Klima zu zollen, zum anderen dem Wirtschaften im Einklang mit der Natur. Anfälligkeiten für Schädlinge, Auslaugung des Bodens wie bei Monokulturen werden vermieden. Mit der gleichen Zuversicht in ihre eigene körperliche und seelische Kraft und in die Wohlgesonnenheit des Schicksals, mit der sie seit Generationen ihr Land bestellen, gehen diese Erdenbürger auch immer wieder hinaus in die Ferne, um dort ihr Glück zu suchen. Denn Hatz nach dem Mammon kann auf solchem Land nicht gedeihen. Wem danach der Sinn steht, der muss sich andere Wege suchen. So verlassen immer mehr Dorfbewohner ihren Flecken. Häuser, manchmal ganze Dörfer verfallen, weite Landstriche liegen brach, Oliven bleiben ungeerntet, vor allem wenn die Bäume in steiler Berglage stehen und nur mühsam erreichbar sind. Wo Felder und Gärten waren, weiden nun Ziegen, wilde Blumen und Macchia bedecken die Hänge und gewanden sie im Frühjahr in ein fröhliches Farbenspiel. Manchmal erliegen Fremde dem Reiz dieser unnachahmlichen Landschaft, erwerben vom Verfall bedrohte Häuser und werden heimisch, wo jahrhundertelang Menschen im Einklang mit der Natur gelebt hatten. Einer von ihnen ist der britische Autor John Mole. In seinem Buch ›*It's all Greek to me*‹ beschreibt er humorvoll seine Zeit in Griechenland, während der er ein altes Haus kaufte und renovierte. Beim ersten Blick durch das Fenster dieser Ruine empfand er (von der Autorin vom Englischen ins Deutsche übersetzt):

»Die Landschaft erschien gleichzeitig unbeladen und bedeutungsvoll. Es zog mich in sie hinein, einer winzigen menschlichen Gestalt in klassischen Landschaftsbildern gleich, von der Großartigkeit des Schauplatzes überwältigt, doch gleichzeitig notwendig, um ihm Maß und Sprache zu geben.«

Dörfer, die Gelassenheit und Ruhe ausstrahlen

Ebenso wie diese ›arkadischen Landschaften‹ sind ihre Dörfer von schlichter, ergreifender Schönheit. Sie tragen eine Patina, wirken gesetzt, maßvoll, harmonisch, im Gleichklang mit der Natur. Ihre Namen leiten sich oft direkt von alten Flurbezeichnungen ab und werden heute noch in ihrer Bedeutung verstanden. Sie lauten beispielsweise Megalókambos (Großes Feld), Ierápetra (Heiliger Fels), Paleóloutra (alte Quelle), Kerasiá (Kirschen) oder Dáfni (Lorbeer). Charaktervoll sind diese Dörfer, die sich an Berghänge klammern, in Senken einschmiegen, Täler entlangziehen oder um Buchten gruppieren. Oft hätte man ein Bergdorf des Epirus, der Dodekaneninsel Chíos oder der Halbinsel Méthana am Ostzipfel des Peloponnes kaum erspäht, wäre da nicht sein emporragender Kirchturm gewesen. So sehr gleicht der Stein seiner Häuser dem der umgebenden Felsen.

Auf Andros sind es die kunstvoll verzierten hohen Taubentürme am Ortsrand, die den Blick auf die sonst mit den umgebenden Bergen verschmelzenden Ansammlungen von Häusern lenken. Die Herrenhäuser der Dörfer des thessalischen Gebirgszuges Pilion, der in Zentralgriechenland als Halbinsel ins Meer ragt, sind mehrstöckig. Auf trutzigen unteren Steingeschoßen mit wenigen kleinen Fensteröffnungen tragen sie ein luftiges, hölzernes Panoramageschoß mit kunstvoll gearbeiteten Fensterläden. Terrakotta- und Ockertöne dominieren in den Dörfern der Ionischen Inseln, die mit ihren hohen Kirchtürmen, Bögen und Loggien venezianische Einflüsse spüren lassen. Strahlend weiß ducken sich Kykladendörfer mit ihren Flachdächern im Wind und heben sich leuchtend vom blauen Himmel ab, dessen Farbe sie auf Fensterrahmen und -läden zitieren. Die Wohntürme der Máni, des mittleren Fingers, den der Peloponnes nach Süden ins Meer streckt, erinnern an kriegerische Zeiten. Thrakiens Bergdörfer verraten mit ihren Steinmauern und Holzbalkons türkischen Einfluss.

Meist bildet das Dorfzentrum ein von einer großen Platane überschatteter Platz, auf dem Kafeníons und Tavernen ihre Stühle aufgestellt haben. Beliebte Treffpunkte der Dorfbevölkerung sind auch der Kirchplatz, der Dorfbrunnen oder eine kleine Terrasse am Ortsrand, von der aus man den Sonnenuntergang genießen kann. Oft steht dort auch eine Kapelle, oder man setzt sich einfach auf die Stufe vor der Haustür und wartet, bis Passanten vorbeikommen, die sich für einen kleinen Plausch dazu gesellen.

Gefährdungen und Probleme

»Vier Feuerfronten lodern in unserer Gegend. Das ist wahrlich kein Spaß. Etwa hundert in ganz Griechenland. Ist etwa diese biblische Katastrophe symbolisch? Oder um es poetischer zu sagen: der Holocaust des Romäischen, des Griechentums? Zur gleichen Zeit erfrischen sich die Verantwortlichen jeder Couleur, Regierungspartei und Opposition, an den Stränden auf den Inseln. Regungslos wie Nero beobachten sie das Feuer, das Rom verschlingt.«

Mikis Theodorakis im August 1985 in seiner Autobiographie ›Die Wege des Erzengels‹

Doch nicht überall ist das Paradies intakt. Reizvoll der Anblick kahler Felsen, die vor der Kulisse des blauen Himmels und Meeres im Sonnenlicht baden und in deren Ritzen duftende Kräuter mit zarten Blüten gedeihen, durchsetzt von leuchtendgelben Ginsterbüschen. Dennoch sind sie ein Zeichen des unbedachten Eingriffs des Menschen in die Natur, des Verfalls, der Erosion. Zu viele Flächen wurden ihrer Wälder beraubt, sei es durch Abholzung, sei es durch Waldbrände. Brennholzgewinnung und Schiffsbau verschlangen seit der Antike große Waldgebiete. Waldbrände sind in den trockenen, heißen Sommern häufig und breiten sich rasch aus. Selten haben sie natürliche Ursachen, Unachtsamkeit ist oft der Grund und auch Brandstiftung ist keine Seltenheit. Im Umfeld der Städte werden Baulandspekulanten häufig als Täter oder Strangzieher vermutet, im ländlichen Raum Bauern, die sich mehr Acker- oder Weideland ergaunern wollen oder sich einfach fahrlässig bei der Landarbeit verhalten.

Immer wieder werden Maßnahmen seitens der Regierung gefordert, wie das Legen von Schneisen und Brandwegen, Kataster und Gesetze, die Waldbesitz und verantwortungsvollen Umgang mit ihm regeln, mehr Mittel und eine modernere und effizientere Ausstattung für die Brandbekämpfung und schließlich Bausperren für verbranntes Land und eine durchgreifende Strafverfolgung. Doch geschieht zu wenig. So fressen sich jeden Sommer wieder irgendwo Feuerwände durch das Land und hinterlassen ein trauriges Bild. Die Wiederaufforstung lässt zu wünschen übrig. Überweidung durch die allgegenwärtigen Schafe und Ziegen tut ein Übriges, um weite Gebiete zu veröden.

Die verbliebenen Wälder sind herrliche Oasen

Nur noch 12 bis 18% Griechenlands sind heute bewaldet. Herrliche Oasen sind diese wenigen verbliebenen Wälder vor allem in den heißen Sommertagen, urwaldartig oft mit ihrem dichten Unterholz. Wo sie intakt sind, ist meist auch frisches Wasser nicht weit. Es gibt Quellen und Wasserfälle an den Berghängen, Sammelbecken und Wasserrinnen entlang der Straßen und Ortsränder. Mehr als die ausländischen Touristen, die vorwiegend Strandleben und antike Ausgrabungsstätten suchen, schätzen Griechen, die aus dem staubigen, smoggeplagten Athen oder von kahleren Festland- oder Inselgebieten

In der Néstos-Schlucht in Westthrakien

kommen, diese Refugien als Erholungsorte. Vor allem in abgelegenen, grenznahen Gebieten des Festlandes stehen noch weite Waldgebiete, die vielen seltenen Tierarten als Rückzugsgebiet dienen.

Herrliche Wälder gibt es auf der Halbinsel Pilion in Zentralgriechenland und auch manche Inseln haben sich ihr Waldkleid großenteils erhalten. Eine von ihnen trägt ›Wald‹ bereits im Namen: Thásos, so der Name einer nordostägäischen Insel, der nördlichsten des griechischen Archipels, die nur etwa 8 km von der makedonisch-thrakischen Küste entfernt liegt. Thasos bedeutet Wald und tatsächlich sind große Teile der Insel bewaldet. Auch das südöstlich gelegene, als steiles Bergmassiv aus der Ägäis ragende Samothráki weist neben Kulturflächen und einigen abgeholzten, kahlen oder macchiabestandenen Landstrichen noch immer beachtliche Waldgebiete auf. Auch andere Inselgruppen beinhalten Inseln, die zumindest an einigen Hängen ihre Wälder bewahrt oder durch Neuaufforstung wieder hergestellt haben. Doch vor allem auf den meisten Kykladen, aber auch auf manchen Inseln des Dodekanes und anderer Inselgruppen herrscht kahler Fels vor, dem nur wenige, kleine Kulturflächen abgerungen werden.

Literaturtipps

Reinhard Brandt ›Arkadien in Kunst, Philosophie und Dichtung‹

Longos von Lesbos ›Daphnis und Chloe‹, entstanden um 300, bezaubert dieser Hirten- und Liebesroman noch heute. Goethe nannte ihn ein »Gedicht, in dem das Göttliche waltet.«

ÖLBÄUME

»Lesbos überwandern heißt durch unabsehbare Ölwälder wandern. Stunden um Stunden lief ich im Silbergeglitzer.«

Erhart Kästner, ›Griechische Inseln‹

Sie sind allgegenwärtig in Griechenland – Olivenbäume, auch Ölbäume genannt, weil ihre Früchte in erster Linie der Ölgewinnung dienen. Vielerorts prägen sie die Landschaft mit ihren knorrigen Stämmen und ihrem silbrig-mattgrün schimmernden, stets leicht im Wind zitternden Laub. Große Flächen der Inseln Lesbos und Kreta beispielsweise sind mit ihnen bedeckt. Hangauf, hangab, bis zum Horizont oder jedenfalls bis zum Saum des Meeres kann sich das Auge dort daran satt sehen, stundenlang kann man die Haine durchwandern. Doch auch in anderen Landstrichen, wo ihnen Pinienwälder, Zitronen- und Orangenhaine, Getreidefelder und Obst-und Weingärten Konkurrenz machen, fehlen sie kaum irgendwo völlig. Sie sind genügsam, gedeihen selbst an kargen Steinhängen, wo man oft das wenige Erdreich und Wasser mit kleinen Steinmäuerchen um die Stämme herum schützt. Mit ihren bis zu 6 Meter in den Boden reichenden Wurzeln krallen sie sich an Steilflächen fest und versorgen sich während der niederschlagsarmen Sommermonate mit Wasser. Seit rund 4000 Jahren wird der Ölbaum in Griechenland kultiviert, lange waren Oliven zusammen mit Ziegenmilch und Brot das Grundnahrungsmittel der Bauern. Der Baum kommt hervorragend mit dem griechischen Klima zurecht, mit seinen heißen, trockenen Sommern und milden, feuchteren Wintern.

Olivenbäume sind langlebig

»Ich liebe Dinge, denen bestimmt ist, alt zu werden, und die erst im Alter ihr Maß und ihre Art finden. Der Ölbaum hat Zeit. Er beginnt erst im Alter zu tragen und in einem Sagenalter von vielen hundert Jahren trägt er noch. Was für uns Jahre sind oder ein Leben mit Freuden und Schmerzen, das ist für ihn nichts. So ist er gesonnen und so ist auch die Farbe seines Gezweigs: seidiges Mattgrün wie von alten Gewändern. Noch etwas: ein Ölzweig - Sinnbild des Friedens. Wo Ölbäume sind, ist die Landschaft heilig. Seine lautlose Andacht macht fromm. ... Die Seele des Landes ist dieser Baum.«

Erhart Kästner, ›Griechische Inseln‹

Einige hundert Jahre können diese Bäume alt werden. Knorrige Unikate sind Methusaleme, die so manche Geschichte vergangener Epochen zu erzählen wüssten. Neugepflanzte Ölbäume lassen sich je nach Baumart vier bis zehn Jahre Zeit, bevor sie die ersten Früchte tragen.

Am schönsten sind die Olivenhaine wohl im Mai, wenn sie ein von Bienen umschwirrtes Meer zarter, duftender, eierschalenfarbener bis gelblicher Blüten bilden. Dann setzen sie Frucht an. **Ein herrlicher Anblick sind sie wiederum im Spätherbst,** wenn die bis dahin grünen Früchte Farbe bekommen. Erst kommen die gelblichbraunen bis braungoldenen Töne, dann folgt ein violettes Spektrum, das sich von bräunlichrosa bis auberginefarben entwickelt und schließlich he-

Olivenhain auf der nordägäischen Insel Samothráki

ben sich die Früchte schieferblau bis schwarz von den langen, silbrig-mattgrün im Wind zitternden Blättern ab. Zu allen Jahreszeiten ist das Farbenspiel zart, gedämpft und harmonisch.

Olivenernte

»Doch auf terrakottenen Grund, der von hundert Sonnen geglüht war, rieselten dunkelstill Oliven. Zehntausend Wipfel ordneten sich zu Hainen, lösten sich wieder, seidigen Glanzes, hingebreitet, altedelstumpfe Gobelins, und reichten hinab bis zum Saume des Meeres.«

Erhart Kästner, ›Kreta‹

Zur Erntezeit werden alle und alles mobilisiert, vom Kind bis zum Greis, vom Esel bis zum Lastwagen. Es gilt ›die große Schlacht des Winters‹ zu schlagen, als die die Olivenernte von vielen empfunden wird. Sehr arbeitsaufwendig ist die Lese und wegen der steilen Lagen und oft weit verstreuten Standorte mit großen Mühen verbunden. Tafeloliven werden entweder im Oktober grün geerntet, wenn sie von geringem Ölgehalt sind oder später als reife, schwarze Frucht, deren etwas bitterer Geschmack durch Einweichen und anschließendes Einlegen in eine Salzlauge verfeinert wird. Je nach Sorte und Geschmack werden sie danach zuweilen in Essig, Öl und Kräutern mariniert. Zur Ölgewinnung lässt man die Früchte ausreifen, bis sie zu 60 Prozent aus Öl bestehen und ihr Bitterton weitgehend einer gewissen Süße gewi-

Alte Olivenpresse in einer Ruine auf Samothráki

chen ist. Für die Ernte werden unter den Bäumen Netze oder Folien ausgebreitet. Die Früchte, die nicht von selbst herunterfallen werden mit Rechen abgestreift oder mit Stöcken abgeschlagen. Für die hochwertigsten Ölsorten werden sie jedoch von Hand gepflückt und möglichst frisch verarbeitet. So wird die zarte Haut nicht verletzt und es bildet sich weniger Säure, das Aroma des Öls ist dann besonders zart.

Olivenöl und mehr

In allen größeren Orten gibt es Ölmühlen, bei denen die Bauern ihre Ernte pressen lassen. Je frischer, desto besser. Höchstens ein bis drei Tage sollten zwischen Ernte und Pressung vergehen, damit Aroma und wichtige sekundäre Pflanzenstoffe erhalten bleiben. Moderne, im Non-Stop-Einsatz betriebene Endlossysteme ersetzen zunehmend die traditionellen Steinmühlen, deren markante Backsteinbauten vielerorts als mehr oder weniger verfallene Ruinen noch stehen und Landmarken und Orientierungspunkte bilden. Die erste Pressung ergibt das feine Speiseöl. Um als ›kaltgepresst‹ bezeichnet zu werden, dürfen 27°C bei dem Arbeitsprozess nicht überschritten werden. 5 Kilogramm Oliven ergeben etwa 1 Liter Öl. Im Durchschnitt trägt ein Baum circa 20 Kilo Früchte pro Jahr, was etwa 4 Litern Öl entspricht. Die Rückstände werden unter Hitze und mit Lösungsmitteln gepresst und liefern so minderwertigere Öl, die zum Beispiel zur Seifenherstellung verwendet werden. Teils werden auch Zentrifugalmühlen eingesetzt, bei denen eine Erwärmung der Oliven auf 35-40°C stattfindet.

Der Wert des Ölbaums beschränkt sich aber nicht nur auf Oliven und Öl. Die Pressabfälle dienen als Dünger und Brennstoff, der Astschnitt findet als Viehfutter, Stallstreu und Brennmaterial Verwendung. Wegen seiner schönen Maserung ist das harte Olivenholz auch bei Kunsttischlern und Schnitzern beliebt, die die als Souvenir beliebten Schüsseln und Figuren daraus fertigen.

Gesundbrunnen und Geschmacksgeber

Olivenöl ist zentrale Komponente der griechischen Küche und gibt ihr mit seinem charakteristischen Aroma eine eigene Note. Kein anderes Speiseöl bietet eine solche Vielfalt bei den Geschmacksnuancen wie das Olivenöl. Von mild bis intensiv fruchtig mit Anklägen an Mandel- und Zitrusaromen reicht die Geschmackspalette. Positiv auf die Gesundheit wirkt sich vor allem sein hoher Anteil an einfach ungesättigten Fettsäuren aus, die für eine gute Cholesterinbilanz im Körper sorgen und Herz-Kreislauf-Erkrankungen vorbeugen können. Doch spielen auch die enthaltenen sekundären Pflanzenstoffe eine Rolle.

DER HAUCH DER ANTIKE

»Keine archäologischen Beschreibungen, keine historischen Erklärungen vermochten vor dem stillen Andrang des weither kommenden Nahens zu bestehen. Alle mitgebrachten Kenntnisse und Meinungen versanken als Zutat von Spätergekommenen ins Leere.«

Martin Heidegger, ›Aufenthalte‹

Nirgendwo lässt sich besser den Ursprüngen Europäischer Kultur nachspüren als in Griechenland. Archäologische Stätten, die beeindruckend Reste der Antike in Szene setzen, sind für viele Touristen Hauptreisegrund. Doch auch wer sein Reiseziel nicht nach ihrer Lage aussucht, kann den Hauch der Antike spüren. Andererseits ist man gerade an den beliebtesten Ausgrabungsstätten zur Hauptbesuchszeit oft enttäuscht, weil ihre Ausstrahlung im Rummel untergeht. So können Gegenden, denen eindrucksvoll erhaltene beziehungsweise restaurierte Reste von

Der Poseidon-Tempel aus dem 5. Jh. v. Chr. auf dem Kap Súnion ca. 70 km unterhalb Athens

Tempeln, Asklepien, Agoren und Amphitheatern fehlen und in die sich wenige Touristen ›verirren‹, zuweilen reizvoller sein, weil man ungestörter ist und die Ursprünglichkeit der Region in das Erlebnis mit einfließt, so dass ein tieferer, anhaltenderer Gesamteindruck entsteht. Viel der Pflanzenwelt des Altertums, die in Mythologie und Ornamentik eine Rolle spielt, gedeiht auch heute noch in Griechenland, von Lorbeer über Wein bis zu den allgegenwärtigen Ölbäumen. Verfallen, doch beseelt wirken oft die wenigen Stein- und Säulenteile der weniger spektakulären Ausgrabungsorte, die zwischen hohen Gräsern, Blumen und Büschen kaum zu entdecken sind. Gleichgültig wie bedeutend oder gut erhalten eine antike Stätte ist und wie viel man um ihre Bedeutung und Geschichte weiß, ist der Besuch ein eindrucksvolles Erlebnis. Man muss nicht wissen, wem welcher Tempel geweiht war, wann genau er erbaut wurde, welchem Stil er zuzuordnen ist, um seinen Zauber, seine Kraft, seine über Jahrtausende in die Gegenwart wirkende Bedeutung zu spüren. Einen Großteil all dessen macht oft die Lage aus. Die meisten der Heiligtümer stehen an exponierter, sich weithin öffnender Stelle, dominierend und von weither sichtbar. Die griechische Topographie begünstigt solche Lagen. Der Wechsel von Hügeln und Ebenen, das sich dauernd verändernde Meer und der strahlend blaue Himmel als Kulisse, das intensive Licht der Sonne, sein Schattenspiel, seine Wärme sind es, was das alte Gestein belebt. Ganz gleich welcher Weltanschauung der Reisende sein mag, der Besuch antiker Stätten ist ein religi-

Die Ausgrabungsstätte von Trizína (Trozen) 9 km westlich von Galatás auf dem Ostpeloponnes gegenüber der Insel Póros

öses Erlebnis, ein Erlebnis der engen Bindung mit der Eigenart unserer Kultur, unseres Kontinents, unserer Erde, des Kosmos. Weit mehr als Reiseführer und Infotafeln sind Muße und Ruhe diesem einzigartigen Erlebnis zuträglich. Darum gilt für die Ausgrabungsstätten, wie für vieles in Griechenland, dass ein antizyklischer Reisestil am besten die Voraussetzungen für ein erfüllendes Erleben erfüllen kann: Also möglichst in der Nebensaison besuchen statt zur Hauptreisezeit. Ist dies nicht zu verwirklichen, dann möglichst in den frühen Morgen- oder späten Abendstunden, wenn die Busse mit ihrer Touristenladung noch nicht oder nicht mehr unterwegs sind.

Eine andere Alternative ist der Besuch nicht so stark frequentierter Stätten. So besitzt beispielsweise Samothráki eine bedeutende, gut erhaltene Ausgrabungsstätte. Da ihr Reiz jedoch nicht mit dem großer, flach abfallender Sandstrände und massentourismustauglicher Hotelanlagen komplettiert wird und zudem die Anreise auf diese Insel nicht gerade zu den bequemsten zählt, strömen verhältnismäßig wenig Besucher hierher. Auch unspektakuläre, spärliche Reste der Antike, wie sie auf fast jeder Insel und weit verstreut über das Festland anzutreffen sind, bieten Gelegenheit, die alten Mythen auf sich wirken zu lassen, sie ins eigene Denken und Träumen einzuladen. So viel ist unverändert an diesem Land seit jenen Zeiten. Diese Beharrlichkeit des Steins und der Natur lassen Wirren, Kriege, Tumulte, Zwietracht, Händel und Zank sinnlos erscheinen und einen tiefen Frieden verspüren.

Literaturtipps

Hellmut Baumann ›Flora mythologica: griechische Pflanzenwelt in der Antike‹, Vollst. überarb. Ausg., Kilchberg/Zürich, Akanthus, 2007, Ill., 173 S., ISBN 3-905083-24-8. - ISBN 978-905083-24-8

Pausanias (›der Perieget‹, ca. 110 - 180 n. Chr.), **›Beschreibung Griechenlands‹** - ein antiker Reiseführer, der aus erster Hand einen weder museal noch klassizistisch verformten Blick auf Kunst, Religion und Kultur der Antike bietet und von unschätzbarem Wert für die Archäologie ist. Es existieren digitalisierte ältere Übersetzungen im Internet, ebenso wie neu redigierte Ausgaben, beispielsweise: Manesse-Verlag (2004) ISBN-10: 3717519220 ISBN-13: 978-3717519225

TAGESZEITEN, JAHRESZEITEN

»Was kann man von einer Welt noch erwarten, in der alle Uhren gleich gehen?«

Einer der Protagonisten in Petros Markaris Krimi ›Nachtfalter‹

Ortszeit

Um eine Stunde muss man die Uhr vorstellen, wenn man aus der Mitteleuropäischen Zeitzone nach Griechenland reist und sich das Auf-die-Uhr-sehen nicht einfach für die Zeit seines Aufenthalts abgewöhnen will. Das gilt ganzjährig, da Griechenland auch zu den gleichen Terminen auf Sommerzeit umstellt.

Zeitgefühl

»**Sigá, sigá!**« - »Langsam, langsam!« - »Immer mit der Ruhe!«

Diese Worte gehören zu den ersten, die sich der Fremde einprägt. So oft sind sie zu hören und mit solchem Nachdruck fallen sie. Hektik und Stress sollen auf keinen Fall aufkommen, Pünktlichkeit spielt keine so große Rolle und wird meist nicht als so unhöflich empfunden wie in vielen anderen Ländern. Einladungen lauten häufig nicht auf eine exakte Zeit, sondern einfach »heute Nachmittag« oder »heute Abend«. Auch werden unangesagte Besuche normalerweise nicht verübelt.

Zum Namenstag beispielsweise, der in Griechenland stärker als der Geburtstag gefeiert wird, lädt kaum jemand ausdrücklich Freunde, Verwandte und Bekannte ein. Sie kommen einfach unangemeldet vorbei. Dass an einem solchen Tag etwas zu ihrer Bewirtung im Haus ist, ist selbstverständlich. Dass man sich für sie Zeit nimmt ebenso. Nennt man bei einer beiläufigen Verabredung eine bestimmte Uhrzeit, so ist deren exakte Einhaltung keine Selbstverständlichkeit. Um nicht umsonst zu warten, sollte man lieber noch einmal nachfragen. Das gleiche gilt für Zeitangaben wie »dorthin sind es 10 Minuten zu Fuß« und dergleichen. Sie sind oft nicht besonders präzise.

Die Struktur des Tages

Siesta

Sie gliedert den Tag in zwei Teile. Bevor man sich zur Mittagsruhe zurückzieht, grüßt man sich mit »kaliméra« (»Guten Morgen«). Wird die Betriebsamkeit wieder aufgenommen, lautet der Gruß »kalispéra« (»Guten Nachmittag«). Während der größten Mittagshitze zwischen etwa 13.00h und 15.00h-17.00h herrscht die tägliche ›Auszeit‹, die der Ruhe im Schatten vorbehalten ist und während der man nicht stören sollte, weil sie von Vielen für ein Mittagsschläfchen genutzt wird.

Geschäftszeiten

Sie sind recht unterschiedlich. Am verlässlichsten wird man Geschäfte morgens von 8.30h bis 12.30h geöffnet finden. Normalerweise sollten sie Montag, Mittwoch und Samstag bis 15.30h offen bleiben, um dann für den Rest des Tages zu schließen. Dienstag, Donnerstag und Freitag sollte die morgendliche Geschäftszeit bis 13.30h gehen, nachmittags von 17.00h bis 20.30h. Doch bei weitem nicht alle halten sich daran, viele schließen täglich zur Siestazeit, um abends wieder zu öffnen. Einige haben länger auf. Wenige, vor allem in Städten, rund um die Uhr. Bäcker öffnen meist recht früh, ab 6.00h-8.00h und schließen manchmal auch bereits sehr früh am Nachmittag.

Sonntags bleiben die meisten Geschäfte geschlossen, doch auch davon gibt es Ausnahmen. Die längsten Öffnungszeiten - teils tagtäglich rund um die Uhr - haben die zahlreichen Kiosks, an denen man Getränke, Zeitungen, Zeitschriften, Zigaretten, Kekse, Chips, Süßigkeiten und Nescafé kaufen kann, oft zusätzlich auch ein reiches Sortiment an allen möglichen Waren des täglichen Bedarfs, von Wundpflaster und Nähzeug, über Toilettenartikel, Sonnen- und Lesebrillen bis zu T-Shirts und Hemden. Auch große Supermärkte haben oft lange Öffnungszeiten und sind dann ganztags von 8.30h bis 22.30h geöffnet.

Museen und archäologische Stätten sind meistens von 8.30 - 17.00h geöffnet und haben **Montags Ruhetag**. Doch auch hier gibt es viele Abweichungen.

Essenszeiten

Die **Essenszeiten der Griechen** sind:
Mittags: ca. 13.00h -15.00h/16.00h
Abends: selten vor 21.00h

Doch sind Tavernen **auf die abweichenden Gewohnheiten der Fremden eingestellt und zumeist sehr flexibel**. Während einige erst abends öffnen, haben die meisten anderen den ganzen Tag Betrieb. Selbst wenn der Koch noch nicht da ist oder sich gerade zur Siesta zurückgezogen hat, sind zumindest Kleinigkeiten und fertige Gerichte zu bekommen. Fremdenverkehrsgebiete bieten Mittags- und Abendtisch neben den oben genannten auch zu den von den Touristen meist bevorzugten früheren Spannen ab 12.00h mittags und ab 18.00h abends an. So können sie ihre Tische mehrfach belegen - erst kommen die Touristen, später die Einheimischen.

Frühstück: Die Griechen frühstücken normalerweise nicht ausgiebig, sondern trinken zunächst nur einen Kaffee, vielleicht mit etwas Gebäck wie einem Sesamkringel. Im Laufe des Vormittags folgt dann meist eine Blätterteigpastete mit Käse oder Spinat oder ein Croissant. Frühstückt man nicht im Hotel, so bieten sich Bäckereien und Konditoreien für ein zeitiges Frühstück an. Die meisten öffnen recht früh und viele bieten neben Brot, süßem und salzigem Gebäck auch Kaffee an, fast alle zumindest kalte Getränke. Ansonsten kann man ja im Anschluss an den Verzehr seiner Käsepastete oder seines Kuchens in eines der Kafeníons gehen, die meist auch recht früh geöffnet haben.

Struktur des Jahres

Das orthodoxe Kirchenjahr, das den griechischen Jahresrhythmus prägt, beginnt am **1. September**. Mit seinen Feiertagen sorgt es für Struktur und Abwechslung im Alltag. Einige davon werden griechenlandweit gefeiert. Das Fest des heiligen Basilius am 1. Januar, Theofánia am 6. Januar, das bewegliche und mit dem katholischen nur selten zusammenfallende Ostern (Páscha), Christi Himmelfahrt und Pfingsten, Mariä Himmelfahrt und Weihnachten gehören dazu und sind gesetzliche Feiertage. Daneben gibt es unzählige lokale Kirchenfeste, deren Termin dem Patronatstag des Heiligen, dem die Kirche geweiht ist, entspricht, und Dorffeste zu Ehren des Dorfheiligen. Die meisten Feste beginnen am Vorabend, manche dauern zwei oder mehr Tage an. Termine ► Seite 174

»Kálo Chimóna!« - »Guten Winter!«

»Kálo chimóna!« - »Guten Winter!« wünscht man sich, wenn man sich am Ende des Sommers von jemandem für längere Zeit verabschiedet, oft schon Ende August oder September, ganz so als läge da nicht noch der Herbst dazwischen. Und obwohl es ein griechisches Wort für Herbst gibt, nämlich ›Fthinóporo‹, gibt es den Herbst, so wie wir ihn in unseren Breiten- und Längengraden kennen, nicht. Die warme, sonnenreiche, trockene Sommerszeit geht fast nahtlos in die kühle, regenreichere und oft vor allem auf den Inseln stürmische Winterszeit über. Kein letztes Aufflammen der Natur in rot-goldener Herbstlaubpracht, gefolgt von ihrem tiefen Winterschlaf. Stattdessen lockt das herbstliche Nass nach der langen heißen, trockenen Zeit so etliches an frischen grünen Sprossen und Pilzen hervor, was auch als Bereicherung des Speisezettels willkommen ist.

Der Einbruch der feuchten, kühlen Jahreszeit bedeutet für viele Griechen einen größeren Einschnitt, als dies meist etwa in Westeuropa der Fall ist. Auf die ›Schlacht des Sommers‹, die es vielerorts mit dem Dienst rund um die Touristen zu schlagen gilt, folgt die ›Schlacht des Winters‹, die Olivenernte. Viele Griechen, die ansonsten kaum Reichtümer besitzen und sich ihren Lebensunterhalt mühsam mit Landwirtschaft, Fischerei und vielleicht wenigen vermieteten Gästezimmern verdienen, nennen nichtsdestotrotz beträchtliche Flächen mit Olivenbäumen ihr Eigen. Oft sind sie nicht zusammenhängend, sondern weit verstreut. Die gilt es nun ab November abzuernten. Für andere bedeutet der Jahreszeitenwechsel einen Ortswechsel. Viele, die saisonal in den Fremdenverkehrsgebieten tätig waren, suchen nun in den Städten, manchmal auch im Ausland, Arbeit. Fremdarbeiter, heute meist Albaner, verdingen sich statt als Kellner und Bauarbeiter als Erntehelfer oder kehren für einige Monate in ihre Heimat zurück. Ältere Griechen nutzen oft die Wintermonate, um ihre Kinder in Athen oder in fernen Ländern zu besuchen. Manche Auslandsgriechen wiederum hatten die Sommerferien oder, wenn sie nicht mehr berufstätig sind, zuweilen den ganzen Sommer in ihrer griechischen Heimat verbracht und kehren nun in ihre ›zweite Heimat‹ zurück.

In den Städten, die im August großenteils wie leergefegt waren, beginnt Ende Oktober / Anfang November die Saison des geselligen Beisammenseins. Damit beginnt auch die Konzertsaison. Die Rembetiko-Lokale Athens beispielsweise öffnen erst nun ihre Pforten, um sie zumeist um Ostern für den Sommer wieder zu schließen.

Ostern & August - Zeit für Feiern, Ferien und Stadtflucht

Das **Osterfest** bildet den Jahreshöhepunkt des griechischen orthodoxen Kirchenjahres. Nicht nur Gottesdienste und vielfältige Bräuche

Beim Grillen des Osterlamms in dem Dorf Megáli Kerasiá bei Kalambaka, Thessalien. Bild: Sotiris Cholevas

bestimmen das Geschehen der Ostertage, sondern auch das Zusammenkommen der Familien, das gemeinsame Genießen des Osterlamms. Viele der Stadtbewohner besuchen zu diesem Anlass ihre Heimatdörfer, so dass sich Autokolonnen aus den Städten aufs Land ziehen und Fähren und Flüge oft ausgebucht sind. Hat man zu Ostern meist nur wenige Tage frei, so dehnen sich die **Ferien im Sommer** länger aus, konzentrieren sich jedoch hauptsächlich auf den Monat August, in den ein weiterer großer Feiertag fällt, Mariä Himmelfahrt (Kímisi tis Thetókou). Wie an Ostern besuchen an diesem viele Griechen ihre Heimatdörfer, um dort im Kreis von Familie und Freunden an den großen Kirchenfesten teilzunehmen, die teils mehrere Tage andauern. Wieder Autokolonnen, volle Fähren, Flugzeuge, Busse und Bahnen und leere Städte.

Namenstage

Der größte persönliche Feiertag ist der Namenstag, d.h. der Gedenktag des Heiligen, auf dessen Namen man getauft wurde. Ihm kommt eine größere Bedeutung zu als dem Geburtstag, zu dem meist nur für Kinder Feiern ausgerichtet werden. Zum Namenstag hingegen stellen sich Verwandte, Freunde und engere Bekannte mit Geschenken ein und wünschen dem Feiernden ›Chrónia Pollá‹ (›Viele Jahre‹). Einer Einladung bedarf es dazu nicht, man kommt einfach vorbei.

FEIERTAGE, NAMENSTAGE UND KIRCHWEIHFESTE

Aufgenommen in die Übersicht wurden neben den großen und gesetzlichen Feiertagen nur die geläufigsten Namen und vor allem besonders gefeierte Heilige. Termin des Kirchenfestes (Panigýri) ist jeweils der Gedenktag des Heiligen oder Mysteriums, dem die Kirche geweiht ist. Doch beginnt das Fest normalerweise bereits am ***Vorabend*** *(paramoní). Mancherorts wird es auf zwei oder drei Tage ausgedehnt. Prinzipiell gelten die Festtage für alle Kirchen, die dem jeweiligen Heiligen gewidmet sind, jedoch ist die Beachtung, die sie erfahren, unterschiedlich. Sie hat nichts mit der Größe der Kirche oder der Wichtigkeit des Heiligen bzw. Ereignisses zu tun, sondern ist durch jahrhunderte- bis jahrtausendealte Gebräuche oder emotionale Aufladung bestimmt. So werden oft in winzigen Kapellen für unbedeutend scheinende Heilige riesige Feste gefeiert, während größere Gotteshäuser und bedeutendere Anlässe keine vergleichbare Tradition ins Leben riefen.* ***In eckigen Klammern*** *sind deshalb Orte angegeben, in denen die jeweiligen Gedenk- bzw. Patronatstage besonders gefeiert werden. Auch Personen, die die Namen der angegebenen Heiligen tragen, feiern an deren Gedenktag ihren Namenstag.*

Feste Termine

01. Januar*** Neujahr (Protochroniá) und Fest des hl. Basilius von Cäsarea, der, ähnlich dem Nikolaus oder Weihnachtsmann, die Kinder beschert.

06. Januar*** Epifánia (Taufe Christi und Herabkunft des Heiligen Geistes), auch als Theofánia im Kalender zu finden und als Fóta bezeichnet. Am Vorabend werden Häuser, Brunnen und Felder mit heiligem Wasser gesegnet. Am Feiertag selbst gibt es vielerorts Prozessionen an ein Gewässer, in das ein Priester ein Kreuz wirft. Jugendlichen tauchen im eisigen Nass danach, um es zurück zu holen und sich so Glück und Segen für das beginnende Jahr zu sichern.

07. Januar Ag. Ioánnis

17. Januar Ag. Antónios [Klosterkirche Ag. Antónios auf dem Kéfalos-Berg bei Márpissa auf Páros]

18. Januar Ag. Athanásios und Kýril [Kalambáki, Drama; Samothráki]

20. Januar Ag. Efthýmios

30. Januar Fest der drei Heiligen Hierarchen Basilius der Große, Gregor der Theologe und Johannes Chrysostomus - Die drei Hierachen sind die Schutzpatrone der Bildung. Der Tag ist auch Schul- und Universitätsfeiertag.

01. Februar Ag.Trýfon [vielerorts in Makedonien, vor allem in Gouménissa, wo das Fest Kourbáni genannt wird und die Opferung eines Kalbes umfasst. Auch die Orte Trilofos und Stenimachos(bei Naoussa) und Gefyra (bei Thessaloniki) feiern an diesem Tag]

10. Februar Ag. Charalámbos [Ioulis (Kea, dessen Inselheiliger er ist), Pyrgos (Peloponnes), Xánthi (Westthrakien)]

17. Februar Ag. Theodoros, [auf der Nordägäischen Insel Lesbos, Hauptstadt Mytilene]

25. März*** ›Mariä Verkündigung‹ (Evangelismós), zugleich Nationalfeiertag (der erste der beiden, die es gibt. Man gedenkt an diesem ›Unabhängigkeitstag‹ mit Paraden, Musik und Tanz des Beginns des Freiheitskampfes gegen die Türken 1821). Kirchenfeste gibt es in vielen Kirchen und Klöstern dieses Namens, z.B. auf Tínos und Hýdra.

23. April Ag. Geórgios (fällt der Termin in die Fastenzeit vor dem griechischen Osterfest wird teils stattdessen am Ostermontag oder am Dienstag nach Ostern gefeiert) [Vielerorts, z.B. in Aráchova in Mittelgriechenland nahe bei Délphi; auf Rhódos u.a. in den Orten Afándou, Kritinía und Kalithies; in Melíssia, nahe bei Athen; in Thermí auf Lesbos, in Menetés auf Kárpathos und auf der Insel Skýros, deren Patron der Hl. Georg ist]

01. Mai*** Protomaiá, der ›Tag der Arbeit‹, wird mit Umzügen und Blumenfesten gefeiert

05. Mai Ag. Iríni [Kournás bei Georgioúpolis auf Kreta; Damarióna auf Naxos]

08. Mai Evangelist Johannes (Ioánnis Theológos) [Sésklo auf Pílion, Lagoúdi auf Kos, Andissa auf Lesbos und Kassiópi auf Korfu]

21. Mai Ag. Konstantínos und Eléni [wird in sehr vielen Orten in ganz Griechenland gefeiert; ungewöhnlich der Anastenária genannte Tanz auf glühenden Kohlen in einigen makedonischen Dörfern wie Ag. Eléni bei Serres, Mavroléfki und Langadás bei Thessaloníki; auf den Ionischen Inseln wird zugleich mit Paraden der Vereinigung mit Griechenland im Jahr 1864 gedacht]

24. Juni Geburt Johannes des Täufers (Ag. Ioánnis, Prodrómos) [wird vielerorts mit Sonnwendfeuern gefeiert]

29. Juni Ag. Pétros ke Pávlos [bei vielen Petrus und Paulus geweihten Kirchen, u.a. in der Paulus-Bucht von Líndos auf Rhodos; Ag. Pétros auf Lefkáda; und Andimáchia auf Kos]

30. Juni Fest der Heiligen Apostel (Ag. Apóstoli) [Namenstag für viele, die nach einem der zwölf Apostel heißen, Feste u.a. in Soroní auf Rhodos und Mestá auf Chios]

08. Juli Ag. Prokópios [Ag. Prokópios und Kavo Lefkímis auf Korfu]

17. Juli Ag. Marína [Vielerorts, z.B. auf Rhódos in Koskinoú und Paradísi, auf der Insel Sými oberhalb von Rhodos; und in vielen der zahlreichen Dörfer und Klöster, die diesen Heiligennamen tragen, wie z.B. Ag. Marína auf Léros, dem zur Gemeinde Pera gehörenden Dorf Ag. Marína in der Präfektur Ioannina und dem Kloster Ag. Marína bei Vóni auf Kreta]

20. Juli Profítís Ilías [vielerorts, z.B. Magouládes auf Korfu; Theológos auf Tássos; Smári und Askí in der Gemeinde Kastelli, Präfektur Iráklio auf Kreta; Vríssa, Plomári, Eressós und Agiásos auf Lesbos; viele der Klöster und Kirchen auf den gleichnamigen Bergen, wie beispielsweise auf der Kykladeninsel Sífnos und bei Sálakos auf Rhodos]

26. Juli Ag. Paraskeví [Váchlia in Arkadien; Ialyssós und Katavía auf Rhodos; Plomári und Paleókipos auf Lésbos; Skotinó-Höhlen im Bezirk Pediáda auf Kreta; und in vielen Dörfern dieses Namens, vor allem in Epirus]

27. Juli Ag. Pandélimonos [Pandélimon-Kloster auf Tílos; Rhódos-Stadt, Siána u. Líndos auf Rhódos; Andíparos; Kamári auf Kos; Foúrnes bei Chaniá und Bitzarianó in der Gemeinde Kastélli (Irákleion) auf Kréta; Eressós, Gavathás, Pérama und Plomári auf Lésbos]

30. Juli Ag. Soúlas [gleichnamiges Kloster auf Rhódos, 4 km südlich des Dorfes Soróni]

06. August Verklärung des Herrn (Metamórfosis)[Marítsa und Kiotári auf Rhodos; Márpissa auf Paros; Stavrós auf Itháki; Anemótia auf Lésbos; Pontikonísi, Ag. Matthéos und Pilgerschaft auf den Pantokrátor-Berg auf Korfu; Arméni, Anógia, Lyttós in der Gemeinde Kastélli (Präfektur Iráklio), Skinés (Chaniá), und Prozession auf den Ioúhtas-Berg bei Arhánes auf Kreta]

11. August Ag. Spyrídon [Karýa, Lefkáda; Hauptstadt von Korfu (Prozession)]

15. August*** Mariä Himmelfahrt (Entschlafung der Gottesmutter - Kímisi tis Thetókou). Neben Ostern der Feiertag, an dem die meisten Griechen unterwegs sind und ihre Heimatdörfer besuchen [fast in allen griechischen Gegenden gibt es Orte, die dieses Kirchenfest groß feiern] - **auch gesetzlicher Feiertag**

25. August Ag. Títus [Kreta feiert diesen Begleiter des Apostels Paulus als seinen Inselheiligen mit Kirchenfesten und einer Prozession in Iráklio]

29. August Enthauptung Johannis des Täufers = Ag. Ioánnis Pródromos [Olymbos auf Kárpathos; Kallýthies auf Rhódos; Kéfalos auf Kos; Levkótopos in der Präfektur Serres in Zentralmakedonien]

08. September Mariä Geburt (Geníssi tís Theotókou) [Mesochóri, Kárpathos; Gortynía, Arkádien; Límni,Evia; Kloster Tsambíka und Skiádi auf Rhodos; Afra auf Korfu; viele Kirchen und Klöster in Epirus, z.B. Káto Panagía in Arta und Panagía Lambovitissa in Thesprotiko, in der Präfektur Préveza; auf Spétses wird im Hafen die Schlacht von Spétses von 1822 nachgespielt und mit einem Fest und Feuerwerk gefeiert]

14. September Kreuzerhöhung (Ipsosis Tímios Stavrou)[wichtiger kirchlicher Feiertag, der vielerorts groß begangen wird, u.a. Kallithiés auf Rhodos; Mykonos-Stadt]

26. Oktober Ag. Dimítrios [Kalavárda auf Rhodos, Mória auf Lésbos, Theológos auf Thasos; zugleich wird der Befreiung Thessalonikis gedacht]

28. Oktober*** ›Epétios tou Ochi‹ (Ochi-Tag), der zweite der beiden Nationalfeiertage. Gefeiert wird ein ›Nein‹ (›Ochi‹), nämlich jenes, das Ioannis Metaxas als damaliger Staatschef am 28. Oktober 1940 zu einem mit einer Kriegsdrohung verbundenem Ultimatum Mussolinis sagte.

08. November Das Fest der Erzengel Michael und Gabriel (ton Taxiarchón Michaíl ke Gavriíl) [Dodekaneninsel Sými beim Kloster Panormítis; Mésta und Anávatos auf Chíos; Kalamáta auf dem Peloponnes; auf Kreta wird an dem Tag zugleich der Zerstörung des Arkadi-Klosters (Moní Arkadioú) gedacht]

GRIECHENLAND ERLEBEN

MEHR ALS SÄULEN UND SONNE

Bedauerlicherweise haben sich an zwei Stellen im Buch kleine Fehler eingeschlichen. Nachfolgend die Vervollständigung einer Druckfehlstelle auf Seite 177 und die Korrektur zweier fehlerhafter Seitenangaben in der Übersicht »Nützliches auf einen Blick«.

Seite 177

Bewegliche Feiertage

Rosenmontag*** In Griechenland der ›Saubere Montag‹ (›Kathari Deftéra‹). Er markiert das Ende des auch in Griechenland vielerorts mit Masken und Kostümen gefeierten Karnevals und den Beginn der Fastenzeit. Gern wird er mit Picknick und Drachensteigen gefeiert

Ostern*** (Páscha) fällt selten mit dem Ostern der anderen christlichen Kirchen zusammen, weil es nach dem Julianischen Kalender berechnet wird. Feiertage sind von Karfreitag (Megáli Paraskeví) bis Ostermontag (Deftéra tou Páscha). Dieses größte Fest im Jahreszyklus hat als Familienfest in etwa die Bedeutung wie in anderen Ländern Weihnachten. Nach Möglichkeit kommt die ganze Familie zusammen. Man besucht den Gottesdienst samstagnachts, isst im Anschluss daran eine Festtagssuppe - meist eine ›magirítsa‹, die aus Lamm- oder Ziegeninnereien bereitet wird - und rot gefärbte Eier. Man begrüßt sich mit »Christos ist auferstanden« (»Christos anésti«) und antwortet »wahrhaftig auferstanden« (»alithós anésti«). Das traditionelle Ostermahl am Sonntagmittag ist Lamm oder Zicklein, am liebsten im Freien im großen Familien- und Freundeskreis am Spieß gebraten.

Ostertermine der nächsten Jahre (jeweils Karfreitag bis Ostermontag)

2009: 17. – 20. April	2010: 02. – 05. April	2011: 22. – 25. April
2012: 13 – 16. April	2013: 03. – 06. Mai	2014: 18. – 21. April
2015: 10. – 13. April	2016: 29. April – 2. Mai	2017: 14. – 17. April
2018: 06. – 09. April	2019: 26. – 29. April	2020: 17. – 20. April

Pfingsten*** Pentikostí (So. & Mo.) 50 Tage (nach Julianischem Kalender) nach Ostern

*** = gesetzlicher Feiertag / Ag. = Hl. (heilig)

Umschlaginnenseite hinten

NÜTZLICHES AUF EINEN BLICK	
Umschriftsystem und Hilfen zur korrekten Aussprache	► S. 200-208
Körpersprache	► S. 73-76
Kulinarisches Wörterbuch	
• Griechisch - Deutsch	► S. 217
• Deutsch - Griechisch	► S. 233
Kleiner Weinführer	
• Rebsorten	► S. 61-64
• Qualitätssystem und Appellationen	► S. 65-66
Festtagskalender	► S. 174-177
Meere und Inselgruppen kurz beschrieben	► S. 152-154
Griechenland-Informationen	► S. 215-216

Wir bitten diese Ungenauigkeiten zu entschuldigen
und wünschen Ihnen viel Freude
bei Ihren eigenen Griechenland-Entdeckungen.

Ihr Conbook Verlag

11. November Ag. Minás [Iráklio, Kreta - Prozession zu der Kathedrale gleichen Namens]

14. November Ag. Fílippos [Kykladeninsel Sérifos]

21. November Fest Mariä Tempelgang (im Orthotoxen Kalender Parthénos María; im Volksmund Panagía Mesosporítissa oder -Polysporitissa nach dem Brauch, verschiedene Körner zusammen zu kochen und sie mit Wünschen für eine gute Ernte zu verschenken, da das Fest in die Zeit der Aussaat fällt) [Thermí auf Lesbos; Ag. Gálas auf Chíos; Frilingiánika auf Kythira; Zía auf Kos und viele weitere Orte]

04. Dezember Ag. Varvára [gleichnamiger Ort in der Präfektur Iráklio auf Kreta; Loúros nördl. von Préveza in der Region Epirus; Pámfylla auf Lésbos]

06. Dezember Ag. Nikoláos [besonders in Hafenorten, da der Hl. Nikolaus als Patron der Seefahrer gilt; Piräus; Alexandroúpolis; Ermoúpolis auf Sýros; Skála Kallirächis auf Thásos; Pétra auf Lesbos; Ag. Nikoláos auf Kréta]

25. Dezember*** Christoúgena (Christi Geburt) **1. Weihnachtstag** Am Vorabend ziehen Kinder von Haus zu Haus und singen, begleitet von Triangeln, ›Kalanta‹ (Lieder zur Ankündigung der Geburt Christi). Dafür bekommen sie eine kleine Belohnung.

26. Dezember*** Sýnaxis Theotókou (2. Weihnachtstag)

Bewegliche Feiertage

Rosenmontag*** In Griechenland der ›Saubere Montag‹ (›Kathari Deftéra‹). Er markiert das Ende des auch in Griechenland vielerorts mit Masken und Kostümen gefeierten Karnevals und den Beginn der Fastenzeit. Gern wird er mit Picknick und Drachensteigen gefeiert

Lieblingsbeschäftigungen

Muße

»Wir sind unmüßig, um Muße zu haben.« / »Denn das Ziel des Krieges ist der Friede und das der Geschäftigkeit die Muße.« / »Die Muße ist die Schwester der Freiheit.«

Aristoteles

Man hat das Gefühl, je weiter man sich in Europa nach Norden und Westen bewegt, desto mehr ist den Menschen wahre Muße abhanden gekommen. Sobald sie einige freie Stunden haben, beginnen sie, sich über Freizeitgestaltung Gedanken zu machen oder, noch extremer, sich einer Freizeitindustrie zu überantworten. In Griechenland wird Freizeit noch weitgehend als Muße empfunden. Skolí (σχολή) ist der altgriechische Begriff dafür. Daraus leitet sich in vielen Sprachen die ›Schule‹ als Ort der Bildung ab, denn der Muße kommt eine große Bedeutung bei der Bildung des Menschen, seines Charakters und seiner kreativen Möglichkeiten zu. Ihre Bedeutung erkannte und betonte bereits Aristóteles. Sie bietet Raum für Gedanken und Gespräche, für Aufmerksamkeit nach innen und nach außen. Sie erlaubt dem Menschen, bei sich selbst zu sein, sich selbst wahrzunehmen. Sie macht ihn aber auch offen für seine Umwelt und seine Mitmenschen.

Ihr ist es wohl zu danken, dass man kaum verbiesterte, verkniffene Gesichter zu sehen bekommt, dass man leicht Hilfe findet, wenn man sie braucht, dass sich die Menschen Zeit für sich selbst, für einander und für ihre Gäste nehmen in Griechenland. Die Muße, die sie sich gönnen, ertüchtigt den Geist der Menschen, die körperliche Arbeit ihren Leib. Mit Freizeitgestaltung und planmäßigen Fitnessübungen müht sich kaum einer ab. Freilich geht man zum Jagen oder Fischen, ins Theater oder Kino, wo sich die Gelegenheit dazu bietet, schließt sich zu Interessengemeinschaften wie Kulturvereinigungen oder Fraueninitiativen zusammen, musiziert und tanzt zusammen, die Jungen gehen in die Disco. Doch aufwendige Hobbies und Verplanung der freien Zeit sind nicht an der Tagesordnung. Dagegen sitzen die Männer oft stundenlang im Kafeníon, mal jeder mit sich selbst beschäftigt, mal in lebhafte Gespräche vertieft. Die Frauen tun es ähnlich in der Konditorei, auf dem Kirchplatz, auf der Bank vor einer der Kapellen oder einfach auf der Stufe vor ihrer Haustür oder

Kombolói

der einer ihrer Nachbarinnen. Die jungen Leute haben ihre eigenen schicken Cafés und Bars, die sie frequentieren.

Kombolói

»Der Professor liest nicht, er denkt nach. Er fragt sich ›Warum?‹, vollendet aber die Frage nicht. Er denkt ›Wie?‹, ohne etwas Bestimmtes im Sinn zu haben. Er steht auf und sucht mit den Augen sein Komboloi. Er braucht eine Beschäftigung für seine Finger, die ihn durch ihr monotones Herumtrommeln auf der Zeitung verraten.«

Amanda Michalopoulou, ›Oktopusgarten‹

Die Männer spielen gern mit kleinen Kettchen aus Perlen, die auf Leder- oder Synthetikfäden aufgereiht sind. Sie lassen die Perlen durch die Finger gleiten, drehen das Kettchen in der Luft. Das kann meditativ ebenso wie gesprächsbegleitend wirken. Zugleich ist das Kettchen Glücksbringer, der Knoten, der es zusammenhält, ist ein altes Glückssymbol. Obwohl die Kombológia (Mehrzahl von ›Kombolói‹) dem Rosenkranz oder den ›Tasbih‹ genannten islamischen Gebetskettchen ähneln, haben sie keine religiöse Funktion. Die religiöse Entsprechung des Rosenkranzes ist vielmehr eine Gebetsschnur, die ›Komboskíni‹ genannt wird und nur aus Knoten, ohne Perlen, besteht.

Távli

Eine weitere typische Beschäftigung im Kafeníon ist das Táflispiel, eine Art Backgammon. Die Wirte halten für ihre Gäste Bretter mit Würfeln und Spielsteinen bereit. Beginnen zwei mit dem Spiel, sind sie oft bald von einer dichten Traube von Zuschauern und Kommentatoren umringt.

Kouvénta, die Unterhaltung, das Gespräch

Doch Hauptanlass des Kafeníonbesuchs bleibt das Gespräch, ›Kouvénta‹, wie es heißt. Widmet man sich ihm, so tut man es mit Muße, man klatscht, tauscht Neuigkeiten aus, redet einfach so dahin über das Wetter, die Jahres- oder Tageszeit, palavert über Politik und die Verdienste und Unterlassungen des Bürgermeisters, tauscht Ratschläge aus und bahnt gemächlich Geschäfte und Hochzeiten an.

Der Fernseher

Standardinventar in jedem Haushalt

von Heidi Diakoumopoulos

Als bevorzugtes Unterhaltungs- und Informationsmedium dient der Fernseher. Das Programm ist auf die einzelnen Zuschauergruppen zugeschnitten. Morgens berieseln Talkshows, moderiert von gleich aussehenden, schlanken, langbeinigen Blondinen das Kaffeeklatschprogramm, in dem die gesellschaftlichen Ausrutscher, Peinlichkeiten und Skandale gerade im Rampenlicht stehender Persönlichkeiten kommentiert und ausdiskutiert werden. Je skandalöser, desto willkommener. Diese Programme werden hauptsächlich von Hausfrauen gesehen und von Ladenbesitzern, die den Fernseher von früh morgens bis Ladenschluss ›nebenbei‹ mitlaufen lassen. Interessantes wird dann direkt mit Kunden kommentiert.

Die Jugend bevorzugt die importierten amerikanischen Spielfilme. Diese sind meist nicht synchronisiert, jedoch mit griechischen Untertiteln versehen. Der aufmerksame und des Englischen bewanderte Zuschauer wird in der Übersetzung stets kleine ›Schönheitsfehler‹ entdecken.

Die Nachrichten sind ein besonderes Ereignis. Selbst hartgesottene Griechen sind dem Schnellsprechtempo der Nachrichtensprecher oft nicht gewachsen. Nur anfangs wird über die internationalen Geschehnisse berichtet, den Hauptteil der Sendung gestalten die Sender mit lokalen Neuigkeiten, die meist auf dem Niveau Tratsch und Klatsch basieren.

Spielshows siedeln sich überwiegend nachmittags auf dem Fernsehprogramm an. Da findet man Pendants von ›Wer wird Millionär‹, ›Deutschland sucht den Superstar‹ und dergleichen. Diese Sendungen verbuchen hohe Zuschauerquoten.

Jedoch sind manche Medienkonzepte nur für bestimmte Länder geeignet. So schlug der Versuch, ›Wetten dass‹ dem griechischen Publikum schmackhaft zu machen, fehl. Hier zeichnen sich Unterschiede zwischen den Mentalitäten und den Fernsehgewohnheiten der beiden Länder ab. Der Deutsche vertritt hier die Tüftler und Hobbyisten, die Spaß daran finden, in ihrer Freizeit ausgefallene Fertigkeiten zu entwickeln, wohingegen in Griechenland derartige Hobbys befremdend und seltsam anmuten.

Sport

2004 war das Jahr, in dem die Welt nach Griechenland blickte und dort eine Sportnation sah. Außer der Ausrichtung und dem erfolgreichen Ablauf der Olympischen Sommerspiele mit 16 Medaillen für das Land, war es der Sieg der Fußballnationalmannschaft bei der Europameisterschaft, der diesen Ruf begründete. Das hat **Fußball** ins Rampenlicht als Zuschauersport gerückt, an der Spitze stehen die Vereine Olympiakós aus Piräus und Panathinaïkós aus Athen. Weitere bekannte und erfolgreiche Vereine sind der Athener AEK und PAOK aus Thessaloníki. Sie wurden in den 1920er Jahren von Flüchtlingen aus Kleinasien gegründet und haben ›Konstantinopel‹ im Namen und den Doppeladler (▶ Seite 104) im Emblem. AEK ist die Abkürzung von ›Athlitikí Enosi Konstantinoupóleos‹ = ›Sportvereinigung Konstantinopel‹. PAOK steht für ›Panthessaloníkeios Athlitikós Omilos Konstantinoupolitón‹ = ›thessalonikischer Sportverein der Konstantinopolitaner‹.

Viele Begegnungen werden im Fernsehen übertragen und - wenn es sich um wichtige handelt - gespannt nicht nur zu Hause, sondern auch auf den TV-Schirmen der Kafeníons und Großbildleinwänden der Cafés und Bars verfolgt.

Die zweite wichtige Sportart, in der es die griechische Nationalmannschaft auch schon bis zur Europameisterschaft brachte, ist **Basketball**. Trotz der Begeisterung für Fuß- und Basketball sind beide doch eher Zuschauer- als Breitensport. Bei Alt und Jung beliebte Freizeitsportarten sind vor allem gemächliche und beschauliche Aktivitäten wie **Jagen** und **Angeln**, die den schönen Nebeneffekt haben, von praktischem Nutzen zu sein.

Marathonlauf

Die Mutter aller Marathonstrecken führt von dem Ort Marathon nach Athen

von der Marathonläuferin Heidi Diakoumopoulos, die 2008 als Dritte des Griechischen Kaders ins Ziel lief

Marathonläufe sind beliebt. Der Begriff Marathon ist mittlerweile in den allgemeinen Sprachschatz eingegangen und steht für Ausdauer erfordernde Aktivitäten. Man spricht von Marathonsitzungen, Fernseh-, Partymarathons. Warum ›Marathon‹?

Die Geschichte ist allgemein bekannt: Nach Herodot begibt sich Phidippides, ein Hemerodromos (Botenläufer), auf den Weg nach Sparta, um für den athenischen Herrscher Miltiades militärischen Beistand gegen die in Marathon eingefallenen Perser von den Spartanern zu erbeten. Leider waren die Spartaner zum Zeitpunkt des Angriffs nicht in der Lage, ihr laufendes Fest, das Karneia, zu unterbrechen. So musste Phidippides die Strecke bis nach Marathon wieder zurücklegen, wo das zahlenmäßig unterlegene Heer der Griechen die Perser unvermuteter Weise in die Flucht schlug. Phidippides wurde daraufhin gleich weiter nach Athen geschickt, um den Sieg zu verkünden, wo er dann im Stadtteil Psichiko mit den Worten »nikikamen« (»wir haben gesiegt«) zusammenbrach und starb. Psichiko bedeutet ›die Seele entführt‹ und so erhielt der Vorort seinen Namen zu Ehren des Volkshelden Phidippides.

Eine Sage, sagen viele. Aber was ist daraus entstanden? Der Begriff Marathon hat sich über 2000 Jahre hinweg in unsere Gegenwart durchgearbeitet, in unserer Gesellschaft Wurzeln geschlagen, keiner, der nicht um seine Bedeutung weiß. In vielen deutschen Städten finden mittlerweile jedes Jahr Marathonläufe statt - mit enormen Teilnehmerzahlen. Genau genommen veranstaltet man einen 42,195 Kilometer langen Lauf. Den Marathon gibt es tatsächlich nur 40 Kilometer nordöstlich von Athen. Eine Tatsache, keine Sage.

Zu den größten Marathonläufen der Welt sind New York, Berlin und London avanciert. Kein Wunder, da in diesen Ländern die höchsten Raten der Freizeitlaufbewegung zu verzeichnen sind. Schade eigentlich, da Griechenland durch seine herrliche Landschaft, sei es am Meer oder im Gebirge, geradezu prädestiniert für Dauerläufe in noch teilweise unberührter Natur scheint. Die Laufbegeisterung hat die Massen noch nicht erfasst. Noch nicht, die Tendenz ist steigend. Im November 2008 nahmen an dem Event (5 und 10 Kilometerlauf inklusive) über 10000 Läufer teil. Ein Aufwärtstrend, der dem Städtchen Marathon zu seiner gebührenden Anerkennung zurückverhilft, die ihm mit der allgemeinen Bedeutung ›42,195 Kilometer-Lauf‹ abhanden gekommen ist. Der heutige griechische Läufer ist stolz auf die ›klassiki Diadromi‹ (›klassische Strecke‹), man weiß um die Bedeutung, dass die Geburt des Laufsports in Hellas stattgefunden hat. So wie man auch stolz darauf ist, dass Griechenland die Wiege der Demokratie sei. Ehre, wem Ehre gebührt.

Die Jugend läuft kaum. Ein allgemeines Phänomen, das Griechenland zu beklagen hat. Ein Phänomen, das in der Erziehung gründet. Die meisten Griechen sind zu sehr um das Wohlergehen ihres Nachwuchses besorgt, so dass jegliche Ausübung körperlicher Aktivität in einer unnötigen Überbelastung enden könnte. Also versucht man, dies zu vermeiden. So findet man gerade auf den längeren Distanzen Altersklassen über Dreißig und älter. Die Bestzeiten der Leistungssportler können sich kaum international messen, daraus resultiert, dass bei olympischen Spielen und Weltmeisterschaften wenige Griechen ihr Land repräsentieren. Gewiss spielt hier der soziale Faktor eine große Rolle. Man betrachte sich nur die Weltspitze des Männermarathons. Läufer aus Afrika führen das weite Feld an, meist weit vorne weg, in einsamer Führung. Dahinter der Rest tapferer Europäer, die nicht mit den ausdauernden Athleten aus Kenia, Äthiopien und Marokko mithalten können.

Um beim ›Athenmarathon‹ genannten Lauf auf der klassischen Strecke von Marathon in die Landeshauptstadt einen persönlichen Streckenrekord zu erzielen, muss man seine Hausaufgaben in Sachen Bergtraining gemacht haben. Ab Kilometer 11 beginnt eine 5 Kilometer lange Steigung, gefolgt von einer weiteren 10 Kilometer langen Anhöhe, die in der Stadt, 12 Kilometer vor dem Ziel endet. Eine Herausforderung für jeden Läufer.

So kommt es auch, dass die Strecke von Marathon über Nea Makri, den Hafenort Rafina, weiter nach Pikermi, Palini, Glika Nera, Ajia Paraskevi, Gerakas, Psichiko, mit Ziel dem Panathenaikon Stadion, spärlich mit Zuschauern und Beifall klatschenden Schaulustigen bestückt ist. So ist der ›echte‹ Marathonläufer auf sich allein gestellt. So wie damals. Phidippides hatte auch keine Unterstützung frenetischer Zuschauermengen, als er die frohe Botschaft nach Athen übermitteln sollte. Das könnte man als antike Einsamkeit des echten Marathonläufers bezeichnen.

Ein Moment, der sich auf jeden Fall bei einem gelaufenen Athenmarathon jedem Läufer ins Gedächtnis prägt: die Ruhe der Stadt. Die trippelnden Schritte der schmerzenden Beine, die Erwartung des nahenden Stadions. Die Vorfreude auf das Ende des Leidens, das jeder verspürt. Die Metropole schweigt am Tag des Marathons. Man hört und sieht keine Autos, keine Metro, keinen Bus. Gespenstische Ruhe zu Ehren eines Hemerodromos, der Geschichte geschrieben hat.

Feiern

»Die Götter aber sich erbarmend über der Menschen zur Arbeit geborenes Geschlecht, haben ihnen zur Erquickung in der Mühsal, die wiederkehrenden Götterfeiern gesetzt und ihnen zu Festgenossen die Musen und den Musenführer Appollon und den Dionysos gegeben, auf dass sie, sich nährend im festlichen Umgang mit den Göttern, wieder Geradheit empfingen und Richte.«

Platon

Anlässe zum Feiern gibt es viele: Persönliche - wie Namenstage, Taufen und Hochzeiten - und Kirchenfeste, von den großen, in ganz Griechenland begangenen kirchlichen Feiertagen wie Ostern, Pfingsten und Mariä Himmelfahrt bis zu den Dorffesten lokalen Charakters. ›Panigýri‹ heißen diese Kirchweihfeste. Der Kirchenheilige und das Leben werden an ihnen gefeiert mit Gottesdiensten, gemeinsamem Essen, Musik, Tanz. Manchmal dauert das Fest mehrere Tage. Die Bräuche, wie es begangen wird, sind vielfältig und teils sehr alt. Einige davon sind auf ► Seite 92 beschrieben.

Aber auch ganz ohne Anlass gerät ein Abend unter Freunden leicht zum Fest. Das kann der gemeinsame Besuch einer Taverne - vielleicht mit einer mit Livemusik - ebenso sein wie ein Essen zu Hause, zu dem man eingeladen hat oder das ungezwungen zur geselligen Runde wird, wenn Verwandte oder Freunde vorbeischauen.

Dabei wird auch schon mal spontan gesungen und musiziert, vielleicht auch getanzt. Oder man sitzt zu zweit oder zu dritt auf der Terrasse einer Ouzerí vor Oúzo, Wasser und kleinen Tellerchen voller Leckerbissen, winkt vorübergehende Bekannte herbei, die sich Stühle an den Tisch ziehen und schon ist eine gut gelaunte, gesellige Runde beisammen, die stundenlang das Essen und das Leben genießt.

›Paréa‹ nennt man den Kreis Gleichgesinnter, in dem es sich gut aus sich herausgehen, plaudern, lachen und Alltag und Mühsal vergessen lässt, sei es bei einem Veranstaltungsbesuch, einem Ausflug, Bar-, Café- oder Restaurantbesuch. Man telefoniert sich spontan zusammen oder hat gemeinsame Lieblingslokale, wo man sich trifft.

Zicklein am Spieß ist ein beliebtes Osteressen im Familien- und Freundeskreis.

Bild: Stavros Abatzidis

WORT UND TAT

UND WAS ZUM REDEN UND REISEN GEHÖRT

*»Nur aufs Ziel zu sehen,
verdirbt die Lust am Reisen.«*

Friedrich Rückert (1788 - 1866)

Nach dem Umschmeicheln von Leib und Seele, dem Wandeln durch Raum und Zeit, soll es nun ans Eingemachte gehen. Das Bereisen des Landes steht im Mittelpunkt dieses Kapitels. Es ist praktischen Dingen gewidmet, ohne die kein Reisen möglich ist, und will dabei Interessantes am Rand aufzeigen. So geht es um Transportmittel und Verständigung und somit die griechische Sprache.

TRANSPORTMITTEL

»Geh nicht nur die glatten Straßen. Geh Wege, die noch niemand ging, damit du Spuren hinterlässt und nicht nur Staub.«

Antoine de Saint-Exupéry (1900-1944)

Die eigenen Füße

›Me ta pódia‹, mit (nichts als) den Füßen sind Griechen dann unterwegs, wenn es nicht anders geht oder wenn sie eine Wallfahrt machen. Wenn es etwas Schwerwiegendes zu büßen oder bitten gibt, gönnen sich Pilger für die letzten Meter des Wegs zuweilen nicht einmal den Komfort von Schusters Rappen, sondern legen ihn auf den Knien zurück. Da so wenig zu Fuß gegangen wird, stört es auch kaum jemanden, wenn Trottoirs - so denn vorhanden- entfremdet werden. Sie eignen sich als Terrasse von Bars und Cafés, zum Parken von Autos und Mofas, zum Lagern von Waren und Baumaterialien und zum Bepflanzen mit Bäumen. Der Reisende sollte sich aber nicht abhalten lassen, ausgiebig die eigenen Füße zu gebrauchen. Mögen sie auch nicht das Transportmittel der Wahl sein, um von Athen nach Thessaloniki zu gelangen, so bescheren sie einem auf Inseln einer Größe von oft weit unter 100 km^2 die schönsten Reiseerlebnisse. Nur so wird man die Blumen am Wegrand, die den Pfad kreuzenden Schildkröten und Eidechsen, das Zwitschern der Vögel und Summen der Bienen, den Duft von Thymian, Feigen- und Kiefernbäumen genießen. Alte Pfade, die die Dörfer untereinander und mit Kirchen und Klöstern verbinden, sind fast überall vorhanden, wenn auch Zustand und Vollständigkeit unterschiedlich sind, so dass eine topographische Karte und feste Schuhe gute Dienste tun.

Man sollte dabei die Entfernungen jedoch nicht unterschätzen. Mag eine Insel, wie beispielsweise Kea, auch gerade mal 20 km lang sein, so lässt sich das bei dem dauernden Auf- und Ab der Hügel nicht so ohne weiteres bewältigen. Hitze und Mangel an Schatten kommen je nach Jahres- und Tageszeit erschwerend hinzu. Bei weiteren Zielen ist daher in Erwägung zu ziehen, einen Teil der Strecke oder eine der beiden Richtungen motorisiert zurückzulegen, sei es mit dem Bus oder Taxi oder einem der meist hilfsbereiten motorisierten Einheimischen.

Fahrräder

Auch dieses Muskelkraft erfordernde Fortbewegungsmittel ist nicht beliebter als die bloßen Füße, bei den meisten Griechen jedenfalls. Unter den Touristen gibt es immer mehr Mountainbiker, für diesen Sport scheinen die meisten Gegenden wie geschaffen. Berge gibt es genug, Kurven und herrliche Ausblicke auch. Reisende, die das Radeln weniger als Sport denn als Fortbewegungsmittel begreifen, tun sich in Holland leichter als in Griechenland.

Esel

Zum Transportieren von Griechenland-Klischees scheinen die Grautiere unentbehrlich zu sein. Kaum ein Reiseprospekt, in dem nicht irgendwo ein Esel abgedruckt ist, vorzugsweise sitzt eine alte Frau in langen schwarzen Röcken darauf. Folglich zucken viele Touristenfinger auch schon am Kameraauslöser, wenn sich irgendwo ein solches Fotomotiv bietet. In den Städten geht der Eseljäger mit der Kamera dabei oft leer aus, doch in ländlichen Regionen leisten Esel, ganz unbeeindruckt davon, ob man sie fotogen findet oder nicht, praktische Dienste. Vor allem in Bergdörfern, deren Häuser sich an die Hänge schmiegen und durch enge Gässchen und Treppenpfade verbunden sind, sind Esel Transportaufgaben besser gewachsen als Mofas oder gar Autos.

Auf der weitgehend autofreien Insel Hydra wird die Schiffsfracht auf Eselsrücken umgeladen.

Motorrad / Mofa

Ob der kurzen Verkehrsstrecken und der günstigeren Transportmöglichkeit auf den Fähren sind motorisierte Zweiräder auf den Inseln sehr beliebt. Sie sind auch für die zahlreichen schmalen Gassen und Wege besser geeignet als PKWs. Doch auch in dem Verkehrsgewirr von Athen und anderen Städten des Festlandes und des Peloponnes sind sie von Vorteil, um sich bei Staus irgendwie durchzufädeln und sie irgendwo abzustellen, notfalls unerlaubt auf Gehwegen und in Arkaden. Bei den Vermietern sind unter Touristen zurzeit die vierrädrigen der Renner. Auf kurvigen Schotterpisten kommen sie aber leicht ins Schleudern. Auf jeden Fall sollte man auf guten Sonnenschutz achten, wenn man mit dem Motorrad unterwegs ist, beim Fahrtwind spürt man die Kraft der Sonne nicht und holt sich leicht einen Sonnenbrand.

PKWs

Freilich gibt es auch sie fast überall, von einigen Ausnahmen wie etwa Hydra und Spétses abgesehen, die sich weitgehend autofrei halten. Die Hauptstrecken sind meist asphaltiert, auf manchen Inseln ist das allerdings nur eine Straße ringsherum oder mitten durch die Insel. Doch sollte man vorsichtig und nicht zu schnell fahren, denn es ist nicht die Regel, dass tiefe Schlaglöcher oder brüchige Böschungen zumindest gekennzeichnet sind, oft treten sie völlig unerwartet nach einem guten Teilstück auf. Nebenstrecken sind häufig mehr oder weniger gute Schotter- oder Sandstraßen, in Bergdörfer fährt man besser überhaupt nicht erst hinein, sondern parkt davor. Ein Wenden ist oft nicht möglich und die engen Gassen sind doch eher etwas für Esel oder bestenfalls Mofas, von den vielen Stufen ganz zu schweigen.

Taxis sind verhältnismäßig günstig, sie können am Taxistand bestiegen, telefonisch bestellt oder unterwegs angehalten werden. Es ist üblich, dass die Fahrer weitere Fahrgäste mit gleichem Ziel mitnehmen und auch von ihnen den Fahrpreis kassieren. Es gibt offizielle Tarife, die manchmal öffentlich aushängen und mit Aufschlägen für Gepäck, an Feiertagen, nachts und zu Zielen wie Häfen und Flughäfen aufgestockt werden. Vor allem in ländlichen Gebieten sind motorisierte Griechen meist sehr hilfsbereit und nehmen müde Wanderer auch schon mal mit. Zuweilen halten sie ungefragt, wenn sie sehen, wie sich einer zu Fuß in der Mittagshitze abplagt. Denn ihnen würde das nur in der Not oder auf der Pilgerschaft in den Sinn kommen. Mietwagen können in vielen größeren Ortschaften und auf allen touristisch einigermaßen erschlossenen Inseln zumindest meist im Fährhafenort gemietet werden. Eine Vollkaskoversicherung (CDW = Collision Damage Waver) wird jedoch selten oder nur mit Selbstbeteiligung angeboten. Wo sie zu haben ist, schließt sie Schäden an Reifen und Unterboden nicht mit ein.

Öffentlicher Bus- und Schienenverkehr

Öffentlicher Nahverkehr

Städtische Busse gibt es in Athen, Thessaloníki und anderen größeren Städten. Athen hat eine Linie speziell für Touristen, die Linie Nr. 400. Sie verbindet im 30-Minutentakt von 9.00h bis 18.00h im Winter und 7.30h bis 21.00h im Sommer die bedeutenden Sehenswürdigkeiten miteinander, touristische Ansagen inklusive. Strecke und genauer Fahrplan sind an den Haltestellen angeschlagen und in einer Broschüre beschrieben, die im Touristenbüro erhältlich ist. Die Tickets werden im Bus gelöst und berechtigen während der 24-stündigen Gültigkeitsdauer zum beliebigen Ein- und Aussteigen ebenso wie zur Benutzung anderer städtischer Transportmittel, außer den Flughafen- und Saronidaexpress-Linien. Außerdem hat Athen eine Straßenbahn und ein kleines U-Bahnnetz. Auch der internationale Flughafen Elefthérios Venizélos ist über letzteres, über Busse und eine Vorortbahn angebunden.

Webtipps

Athener Verkehrsbetriebe: www.oasa.gr *(engl., gr.)*
Athener Metro (Linien 2 und 3): www.ametro.gr *(engl., gr.)*
Athener Metro (Linie 1 = Verbindung Piräus-Athen): www.isap.gr *(engl., gr.)*
Athener Flughafen (Verkehrsanbindung unter Travellers & Visitors / Access & Parking): www.aia.gr *(engl., gr.)*

Überland- und Inselbusse

Fast überall in Griechenland gibt es auch ein gutes **Netz von Überlandbussen** der Gesellschaft KTEL.

Webtipps

www.ktel.org (gr mit engl. Hotline-Angabe)

Einige Gebiete haben bessere, teils auch englische regionale Websites, z. B. www.ktelmacedonia.gr für Thessaloniki und Makedonien und www.bus-service-crete-ktel.com für Kreta. Am besten unter ktel und jeweiligem Reisegebietsnamen suchen.

Inselbusse verbinden Hauptorte und größere Dörfer der meisten Inseln miteinander. Die Dichte des Streckennetzes und der Fahrtzeiten ist je nach Insel und Saison sehr unterschiedlich. Das einzige, worauf man sich auf fast jeder Insel außerhalb der Ferien und Wochenenden verlassen kann, sind die Schulbusse, die auch Passagiere mitnehmen, die nicht die Schulbank drücken wollen beziehungsweise müssen. Sie gehen morgens irgendwann zwischen 7.00h und 8.00h und mittags zwischen 13.00h und 14.30h zurück und man kann die Fahrkarten normalerweise im Bus kaufen. Größere Inseln wie Kreta, Rhodos und Lesbos verfügen natürlich über ein Busnetz, das die größten Orte mehrmals täglich verbindet. Von den kleineren haben wenige eine befriedigende Fahrplandichte. Drei bis sechs Busse am Tag ist da schon fast Spitzenleistung. Die Fahrpläne hängen meist an Haltestellen und liegen in manchen Büros, Supermärkten und Kafeníons aus.

Eisenbahn

Das Bahnnetz der Gesellschaft OSE bedient einen großen Teil des Festlandes. Eisenbahnfotograf Jan-Geert Lukner (www.blockstelle.de) ist viele Strecken abgefahren und empfiehlt folgende Linien beziehungsweise besonders schönen Abschnitte davon:

- **Athen - Thessaloníki:** Abschnitt Levádia - Lárissa mit tiefen Schluchten, hohen Brücken und weiten Ausblicken.
- **Thessaloníki - Flórina:** Abschnitt Skýdra - Amýndeo mit weiten

Vor dem Hintergrund des Golfes von Maliakós fährt der IC 70 hoch über dem Abgrund über einen der zahlreichen Viadukte auf der Bahnstrecke Athen - Thessaloniki in der Gebirgsgegend südlich des Ortes Lianokládi

Bild: Jan-Geert Lukner

Ausblicken, hohen Brücken und der Vorbeifahrt am großen Vegorítida-See).

- **Thessaloníki - Alexandroúpoli:** schluchtenreicher Abschnitt Sérres - Xánthi, insbesondere die Nestos-Schlucht.

Auf dem Peloponnes existiert eine Schmalspurbahn, die so manchen nostalgischen Eisenbahnfan anzieht und landschaftlich schöne Abschnitte umfasst. Leider waren jedoch bei Drucklegung dieses Buches nur Teilstrecken davon in Betrieb, obwohl die Renovierungs- und Umbauarbeiten der letzten Jahre an sich abgeschlossen sein sollten. So wird die schöne Strecke von Korinth über Tripolis nach Kalamata, die durch das einsame Hochgebirge Arkadiens führt, leider momentan nicht bedient. Stattdessen verkehren Busse.

Jan-Geert Lukner gibt für den Peloponnes zurzeit folgende Empfehlung, die sich beispielsweise mit einem Besuch der antiken Stätte von Olympia kombinieren ließe:

- **Pírgos - Kalamáta:** An der Küste durch Dünenwald, östlich von Kaló Néro Anstieg ins Gebirge mit vielen Viadukten. Sehr zu empfehlen: Die Bahnstation Kaiafas mitten im Dünenwald - der Geheimtipp für einen einsamen Strand mit Bahnstation!

Webtipps

Griechische Eisenbahngesellschaft: www.ose.gr oder www.osenet.gr
Private Website mit Streckenbeschreibungen und Fotos: www.blockstelle.de

Innergriechische Flugverbindungen

Bei der Weite des Landes und seiner von Bergen und Strecken zu Wasser geprägten Topographie ist das Flugzeug das Transportmittel der Wahl, wenn Eile geboten ist. Zahlreiche Inlandsverbindungen tragen diesem Umstand Rechnung. Obwohl es auch Querverbindungen gibt, gehen die meisten Strecken sternförmig von Athen aus, weit weniger beispielsweise von Thessaloníki und Alexandroúpoli.

Webtipps

Website des Athener Flughafens: www.aia.gr.
Fluggesellschaften: www.olympicairlines.com und www.aegeanair.com.

Schiffsverkehr

»Dreimal ertönt das Horn, und der Schornstein der Fähre taucht an der Spitze der Hafenmole auf. Kurz darauf schiebt sich der Bug ins Bild, seine weiße Masse wird immer länger und füllt bald die ganze Hafeneinfahrt aus. Das Schiff dreht nach links ab und beginnt, sich im Rückwärtsgang der Anlagestelle zu nähern, während die Heckklappe langsam heruntersinkt.«

Petros Markaris, ›Nachtfalter‹

Das Wichtigste zuletzt. Ein wesentlicher Teil griechischer Mobilität sind die Fähren. Sie bestimmen den Rhythmus der kleineren Inseln.

Landung auf Sifnos

Laufen sie ein, erfüllt sich der Hafenort plötzlich mit Leben, sind sie doch Hauptverbindungsmittel zur Außenwelt. Kurz bevor sie mit metallischem Rasseln den Anker herablassen, eilt die Hafenpolizei herbei, PKWs und Lastwagen reihen sich auf, um an Bord zu fahren, Passagiere finden sich ein, Taxis warten auf Kunden, Zimmervermieter auf Gäste, um ihnen ihre Unterkünfte anzupreisen, sobald sie das Schiff verlassen. Bis zu Windstärke 8 verkehren die Fähren, stürmt es heftiger, wird der Betrieb eingestellt, was vor allem im Herbst und Winter des Öfteren geschieht. Dies gilt es bei der Reiseplanung zu bedenken, es kann leicht geschehen, dass Fährverbindungen wetterbedingt kurzfristig gestrichen werden und man für einige Tage auf einer Insel ›festsitzt‹.

Aber selbst bei gutem Wetter ändern sich Fahrtzeiten häufig, die Gültigkeitsdauer der an Fährbüros und Anlegestellen ausgehängten Fahrpläne beträgt meist nur circa acht Tage, danach kommen neue heraus. An Fährschiffen sind unzählige Typen verschiedener Gesellschaften unterwegs, von recht altertümlichen kleinen vor allem auf Nebenstrecken bis zu riesigen, komfortablen Schnellfähren, auf denen man selbst starken Seegang kaum spürt. Daneben verkehren noch schnellere ›Fliegende Katzen und Delphine‹, die ›Flying Cats‹ und ›Flying Dolphins‹, und Postschiffe, die nur Passagiere transportieren und vor allem die kleinsten unter den Inseln an das Schifffahrtsnetz anbinden. Auf manchen Inseln gibt es zudem Wassertaxis,

Wassertaxis verbinden die Insel Poros und den Ort Galatás auf dem Peloponnes.

mit denen man sich zu den Stränden, zu anderen Inseln oder zum Festland bringen lassen kann, und Ausflugsboote, die die touristischen Highlights anfahren.

Schließlich werden griechische Küsten gern von Kreuzfahrtschiffen und Seglern angesteuert. Über 3000 Segel- und Motoryachten verschiedener Größen halten Unternehmen bereit.

Webtipps

Aktuellen Fährverbindungen und Fahrpläne: www.gtp.gr abrufbar.

VERSTÄNDIGUNG

Auch ohne der griechischen Sprache mächtig zu sein, kann man sich in Griechenland meist gut verständigen. Gedankt ist das zum einen den Sprachkenntnissen, die viele Griechen haben, zum anderen ihrer Aufgeschlossenheit, Kontaktfreudigkeit und Hilfsbereitschaft.

Das Wichtigste: ›Ja‹ und ›Nein‹ richtig verstehen

Ausgerechnet bei diesem grundlegenden Punkt können am leichtesten Missverständnisse entstehen. Sowohl der verbale als auch der körpersprachliche Ausdruck von Bejahung und Verneinung können in Griechenland zu den größten Missverständnissen führen.

Darum merke
Griechisch ›Ne‹ = Deutsch ›Ja‹
Griechisch ›Ochi‹ = Deutsch ›Nein‹

Die körpersprachlichen Entsprechungen, die nicht weniger missverständlich sind, werden auf ▶ Seite 73 erklärt.

Viele Griechen sprechen Fremdsprachen

Die jüngeren Leute sprechen Englisch, einige auch Deutsch. Viele Griechen mittleren und höheren Alters haben früher im Ausland gearbeitet, zahlreiche davon in Deutschland. Viele sind auch zur See gefahren und haben sich dabei die Sprachen anderer Länder angeeignet. Ältere Leute der Oberschicht verfügen oft über gute Französischkenntnisse, da früher Französisch als Fremdsprache der Gebildeten galt.

Die meisten Griechen finden einen Weg zu kommunizieren, denn sie unterhalten sich gern, mit Fremden nicht weniger als mit ihren Landleuten. Kaum ein Grieche gibt auf, wenn er nicht versteht, was man ihm sagt. Ein knappes »den katalavéno« (»ich verstehe nicht«) oder eine Achselzucken als Antwort ist die Ausnahme. Normalerweise werden entweder fremdsprachenkundige Landsleute hinzu gerufen oder das, was verbal nicht vermittelbar ist, wird unter Zuhilfenahme von Händen, Füßen, Block und Bleistift oder was auch immer dienlich sein mag zum Ausdruck gebracht. Auch wenn man motorisiert unterwegs ist und sich mitten im Stadtverkehr verfahren hat, wird man normalerweise freundliche Hilfsbereitschaft statt ungeduldiger Hupkonzerte erfahren, wenn man hilfesuchend einem anderen Verkehrsteilnehmer einen Straßen- oder Ortsnamen zuruft. Meist reicht das, um den Weg gewiesen zu bekommen. Im besten Fall bedeutet einem ein anderer Auto- oder Motorradfahrer, man möge ihm folgen bis zum Ziel oder zumindest bis zur nächsten übersichtlicheren Stelle oder dem nächsten Hinweisschild.

Ein Wander- und Badeurlaub auf dem herbstlichen Samothraki. *Auf der kleinen Insel, die als imposantes Bergmassiv aus der Ägäis ragt, tut man sich als deutscher Tourist verhältnismäßig leicht. Viele der älteren Einwohner sprechen Deutsch mit schwäbischem Akzent, denn sie haben etliche Jahre ihres Lebens im Raum Stuttgart gearbeitet. Für Dimítrios, den Wirt der kleinen Ouzerí am Taxistand im Fährhafenort Kamariótissa, waren es die Jahre von 1959 bis 1964. Danach war er 28 Jahre Taxi gefahren, bevor er das gemütliche Lokal eröffnete, das nach der großen Platane, unter der seine blauen Holzstühle stehen, als ›Plátanos‹ bekannt ist. Für den etwa gleichaltrigen Gast mit der schwarzen Kapitänsmütze, der für die Stammgäste der Ouzerí der ›Kapetánios‹ (›Kapitän‹) ist, war Stuttgart nur der Ausgangspunkt. In Hamburg, aber auch in England und Österreich war er anschließend als Musiker tätig.*

Auch in den Dörfern am Meer und in den Bergen trifft man immer wieder auf Leute mit ähnlichem Lebenslauf, die gern von ihrer Zeit in Schwaben erzählen. Mit ihrer Hilfe sind bald die alten Wege und begehbaren Führungen der Bewässerungskanäle und -schläuche, die zu Wasserfällen und erfrischenden natürlichen Becken führen, gefunden, so dass sich abseits der Verkehrsstraßen jeden Tag eine andere Ecke der Insel erwandern lässt. Auch wo der Fußweg hinauf zum Gipfel und gleichnamigen Ort Profitis

Ilías beginnt, weiß man in dem Dorf Lákkoma zu zeigen. Zwei Äpfel und zwei Aprikosen als Wegzehrung gibt es obendrein. Aber dann ...?

Bald wird der breite Schotterweg zum schmalen Pfad. Kurz darauf teilt er sich. Zum Glück ist ein Schäfer mit seiner Herde unterwegs. Ihn hatte es offenbar nie nach Stuttgart gezogen, so dass eine längere Unterhaltung mit ihm mangels gemeinsamer Sprache nicht möglich ist. Die Worte »Profítis Ilías« und »monopáti« reichen jedoch, dass er den richtigen der zwei Pfade weist. Mit Gesten und Worten, von denen er hofft, dass sie verstanden werden, gibt er auch zu verstehen, dass es zunächst hinunter ins Tal geht und dann auf der anderen Seite wieder empor. Einige Male fragt er nach »katálaves?« (»hast du verstanden?«). Trotz der Bejahung scheint er seine Zweifel zu haben, dass diese zwei Schäfchen in blauen Jeans, weißen T-Shirts und Sonnenhüten, die nicht zu seiner Herde gehören, für die er sich aber dennoch verantwortlich fühlt, weil sie sich hilfesuchend an ihn gewandt hatten, finden, wonach sie suchen. Darum hält er Ausschau nach einem Kollegen auf dem gegenüberliegenden Berghang und ruft ihm laut zu, er solle die weitere Wegweisung übernehmen, sobald die Touristen auf der anderen Seite der Schlucht angelangt sind.

Die griechische Sprache

Lesbarkeit - die griechische Schrift

Eine gewisse Hürde ist die griechische Schrift, doch nicht erschrecken! Erstens kommen die Griechen dem Fremden entgegen, indem sie oft zusätzliche Angaben in lateinischer Schrift machen, zweitens ist es nicht allzu mühsam, sich das griechische Alphabet anzueignen. Einige Buchstaben sind mit den lateinischen identisch, andere aus der Mathematik vertraut. Mit etwas Übung lässt sich die griechische Schrift ganz gut entziffern.

Hinweis-, Orts- und Straßenschilder sind meist in griechischer und lateinischer Schrift abgefasst, Landkarten ebenso. Das gilt vor allem für die großen Städte und touristischen Gebiete. Nur abseits der Hauptverkehrswege kann es geschehen, dass die lateinische Beschriftung fehlt. Auch stehen im Straßenverkehr lateinische und griechische Namen oft nicht auf ein und demselben Schild, sondern zuerst kommt ein Schild in griechischer Schrift und erst einige Meter danach eines in lateinischer. Oft folgt das lateinische Schild etwas zu knapp vor Kreuzungen und Abzweigungen, so dass man beim Autofahren manchmal nicht mehr rechtzeitig reagieren kann.

Ist man mit dem öffentlichen Verkehr unterwegs, so tut man sich ohne griechische Schrift- und minimale Sprachkenntnisse gelegentlich schwer, vor allem abseits der Touristengebiete. Denn Busaufschriften und Fahrpläne sind nicht immer in lateinischer Schrift verfügbar. Freilich kommt einem auch hier die Hilfsbereitschaft der Griechen zugute. Man sollte aber dennoch das griechische Alphabet mit seinen lateinischen Entsprechungen zur Hand oder etwas eingeübt haben.

Hat man sich das griechische Alphabet etwas angeeignet, so wird man bald recht flüssig lesen können, denn die Aussprache ist regelmäßig. Bleibt nur noch, sich neben den Einzelbuchstaben die Aussprache einiger Buchstabenkombinationen zu merken, auf die die Alphabet- und Transkriptionstabellen dieses Buches auf ▶ Seite 201 hinweisen.

Richtig lesen ist nicht schwer, richtig schreiben dagegen sehr!
So leicht das korrekte Lesen ist, so schwer ist korrektes Schreiben. Beispielsweise gibt es folgende fünf verschiedene Weisen, den gleichen Laut ›i‹ zu schreiben: ι, η, υ ει und οι. Auch so mancher Grieche hat damit seine Probleme. Für den Touristen, der sich nur das nötigste der Schrift aneignen will, ist das ohne Bedeutung, aber gut zu wissen, damit er nicht darüber stolpert oder davon entmutigt wird.

Webtipp

Einführung in die griechische Schrift mit Sprachführer und Spiel: http://readiteasy.org

Umschrift

Hinweis: Eine Tabelle mit dem Griechischen Alphabet und seiner in diesem Buch angewandten lateinischen Umschrift befindet sich auf der Klappe am Ende des Buches und auf ▶ Seite 201-202; Erläuterungen nachstehend nach der Einleitung.

Seit dem 9. Jhd. v. Chr. wird die griechische Sprache mit griechischen Buchstaben geschrieben. Die griechische Schrift stellte die erste Alphabetschrift dar, die alle Vokale und Konsonanten umfasste, die nötig waren, um die gesprochene Sprache erschöpfend und rationell visuell wiederzugeben. Später entwickelte sich daraus die lateinische und die kyrillische Schrift. Daher das Wort ›Alphabet‹, also: ›Alpha, Beta ...‹.

In der Antike hatte das Griechische den Rang einer Weltsprache, in der beispielsweise auch das Neue Testament verfasst war. Heute finden wir griechische Buchstaben nur noch in der Wissenschaft, auf den Euronoten, wo wie natürlich neben den lateinischen hin gehören - und in Griechenland.

Um nicht dauernd über Worte in einem ungewohnten Alphabet zu stolpern, müssen griechische Namen irgendwie mit lateinischen Buchstaben wiedergegeben werden. Das ist problematisch, weil es nicht einheitlich gehandhabt wird. Der Grund dafür ist zum einen, dass antike Begriffe und Orte nach einem für das Altgriechische gebräuchlichen System transkribiert werden, während die Umschrift für das Neugriechische anders gehandhabt wird. Zum anderen existiert einfach kein gleichermaßen praktikables wie widerspruchsfreies Umschriftsystem. Deshalb haben sich Standards, wie sie beispielsweise von internationalen Organisationen verwendet werden, nicht generell durchgesetzt. Diese Problematik ist einer von vielen guten Gründen, sich ein wenig mit dem griechischen Alphabet zu beschäftigen.

In diesem Buch wird eine Umschrift verwendet, die sowohl der korrekten Aussprache als auch der Orientierung vor Ort Rechnung tragen soll. Es werden weitgehend die von dem Online-Lexikon ›Wikipedia‹ (www.wikipedia.de) erarbeiteten Transkriptionstabellen verwendet. Zusätzlich werden auf Kleinbuchstaben Betonungsakzente gesetzt, wie sie auch in der griechischen Schrift üblich sind. Bei Großbuchstaben wird darauf verzichtet.

Dieses System ist für Deutsche **weitgehend phonetisch**, abgesehen von einigen unwesentlichen Nuancen und den auf ► Seite 202 aufgelisteten Ausnahmen. Beachtet man diese Ausnahmen, so werden Worte, wenn sie so wie im Buch transkribiert ausgesprochen werden, von Griechen normalerweise verstanden.

Alphabet		
Griechischer Buchstabe	**Transkription** Fettdruck: in diesem Buch gebräuchliche Daneben: andere alternative (teils historisch bedingte traditionelle) In Klammern: Besonderheiten	**Aussprache**
(Α α) Álfa	**a**	**a** (kurz)
(Β β) Víta	**v**, b	**w** (wie in »warten«)
(Γ γ) Gáma	**g**, j,y	**g** (zu rg tendierend)(außer vor e und i) **j** (vor e und i)
(Δ δ) Délta	**d**, dh	**d** (wie das englische »th« in »the«: stimmhaft, mit der Zunge zwischen den Zähnen)
(Ε ε) Épsilon	**e**	**e** (kurz)
(Ζ ζ) Zíta	**z**, s	**s** (stimmhaft)
(Η η) Íta	**i**, e	**i**
(Θ θ) Thíta	**th**, t	**t** (wie englisches »th« in »think«: stimmlos, mit der Zunge zwischen den Zähnen)
(Ι ι) Ióta	**i**	**i** (zuweilen vor Vokalen zum j tendierend)
(Κ κ) Káppa	**k**	**k**
(Λ λ) Lámda	**l**	**l**
(Μ μ) Mi	**m** (außer initial in der μπ-Verbindung, s.u. »wichtige Konsonantengruppen«)	**m**
(Ν ν) Ni	**n** (außer initial in der ντ-Verbindung, s.u. »wichtige Konsonantengruppen«)	**n**
(Ξ ξ) Xi	**x**, ks	**ks**
(Ο ο) Ómikron	**o**	**o**
(Π π) Pi	**p** (außer in der μπ-Verbindung, s.u. »wichtige Konsonantengruppen«)	**p**
(Ρ ρ) Ro	**r**	**r** (gerollt)
(Σ σ ς) Sígma[1]	**s**, ss, sz, ß	**s** (scharf bzw. ss)
(Τ τ) Taf	**t** (außer in der ντ-Verbindung, s.u. »wichtige Konsonantengruppen«)	**t**
(Υ υ) Ýpsilon	**y**,i (außer in der αυ u. ευ-Verbindung. s.u. »wichtige Vokalgruppen«)	**i**
(Φ φ) Fi	**f**, ph	**f**
(Χ χ) Chi	**ch**, h, kh	**ch**
(Ψ ψ) Psi	**ps**	**ps** (wie in »Kapsel«)
(Ω ω) Oméga	**o**	**o**

[1] Es gibt in der griechischen Schrift zwei Varianten für das kleine Sigma: Am Wortende verwendet man die Form ς, ansonsten σ. Die Aussprache ist identisch.
Bei manchen Buchstaben (wie z.B. k, ξ und χ) gibt es Nuancen in der Aussprache je nach vorherigem und folgenden Buchstaben. In der Praxis ist dies jedoch für unambitionierte Griechisch-Einsteiger vernachlässigbar und bleibt hier unerwähnt.

Wichtige Vokalgruppen		
Griechische Buchstaben	**Transkription**	**Aussprache**
αι	**e**, ä	e
ει	**i**, ei	i
οι	**i**, oi	i
ου	**ou**[1], u, oy	u
αυ	**av** oder **af**[2], au	aw oder af[2]
ευ	**ev** oder **ef**[2], eu	ew oder ef[2]

[1] Abweichung vom »phonetischen« Prinzip weil Lautung fast passt und in allen anderen Umschriften üblich.
[2] Vor Vokalen und den stimmhaften Konsonanten (β, γ, δ, ζ, λ, μ, ν, ρ): »av, ev«; sonst »af, ef«.

Wichtige Konsonantengruppen		
Griechische Buchstaben	**Transkription**	**Aussprache**
μπ	**b** am Wortanfang u. nach Konsonant; **mp** oder **mb** im Wort nach Vokal[3]	b am Wortanfang, mp oder mb im Wort nach Vokal[3]
ντ	**d** am Wortanfang u. nach Konsonant; **nt** oder **nd** im Wort nach Vokal[3]	d am Wortanfang, nt oder nd im Wort nach Vokal[3]
τζ	**tz**, z, dz	ds (stimmhaft)
γκ	**g** am Wortanfang, ng im Wort	g am Wortanfang, ng im Wort
γγ	**ng**, gg	(n)g
γχ	**nch**, gch	n(g)ch

[3] Folgt auf die innerhalb eines Wortes stehende Konsonantengruppen μπ (mp) oder ντ (nt) ein Vokal oder ein stimmhafter Konsonant (β, γ, δ, ζ, λ, μ, ν, ρ), so ist mit »mb« bzw. »nd« zu umschreiben, folgt ein stimmloser Konsonant dagegen mit »mp« bzw. »nt«.

Ausnahmen vom phonetischen Prinzip		
In diesem Buch geschrieben	**gesprochen**	**Beispiele**
ou (betont oú)	u	m**ou**sakás wird m**u**sakás gesprochen f**oú**rnos (= Bäckerein, Backofen) wird f**ú**rnos gesprochen
y	i	t**y**rí wird t**i**rí gesprochen
g	vor e und i: j (sonst g)	**Gi**orgos wird **J**orgos gesprochen
z	stimmhaftes s	nicht ts wie in Zeile, sondern s, wie in Ro**s**e me**z**édes (= Vorspeisen) wird me**s**é-des gesprochen

Anmerkungen

Th wird wie im Englischen ›think‹ gesprochen, als stimmloser, dentaler Reibelaut, also mit der Zungenspitze hinter den Zähnen

D wird als lateinische Umschrift sowohl für **δ/Δ** als auch für die Buchstabenkombination **Ντ**, wenn sie am Wortanfang steht, verwendet, da beide ähnlich dem deutschen ›d‹ gesprochen werden. Steht das ›d‹ für δ/Δ, so wird es wie im Englischen ›that‹ gesprochen, also stimmhaft, mit der Zungenspitze zwischen den Zähnen. Manches Umschriftsystem verwendet dafür ›dh‹ (analog dem ›th‹ für θ/Θ), was aber weder in Standards wie ISO 843 eingegangen ist, noch sich sonst durchsetzen konnte.

sch - das so transkribierte seltene Aufeinandertreffen der Buchstaben σ/Σ (=s/S) und χ (=ch) - wird nicht wie im Deutschen (z.B. in Schule oder Moschus) zu einem Laut zusammengezogen. ›s‹ und ›ch‹ sind zwei eigenständige Laute. Beispiel: μοσχάρι (= Kalb), umschrieben als moschári, wird mos-chári gesprochen. Manche Umschriftsysteme schreiben dafür: moshári. Das mag für diese seltene Buchstabenfolge problemloser zu einer annähernd korrekten Aussprache führen. Da in diesem Buch generell σ mit s und χ mit ›ch‹ wiedergegeben wird, wird dies der Konsequenz halber auch in diesem Fall meist beibehalten, wobei dort, wo es wichtig erscheint, in Klammern als Erinnerung die alternative Umschrift angegeben wird. Hier Konsequenz zu üben erleichtert nämlich den Einstieg in die griechische Schrift, falls sich jemand damit ein wenig befassen will.

Die Ausnahmen vom phonetischen Prinzip wurden gemacht, weil sich diese Schreibweise durchgesetzt hat und fast ausnahmslos auf griechischen Ortsschildern und Landkarten verwendet wird. Von dem internationalen Standard ISO 843 weicht diese Transkription vor allem bei einigen Buchstabengruppen ab. So werden ει und οι als ›i‹ wiedergegeben, da sie ›i‹ gesprochen werden, während ISO 843 ›ei‹ und ›oi‹ vorschlägt. Durchgesetzt hat sich dieser Standard außerhalb von Behörden und Institutionen nicht. Denn ein Umschriftsystem für Deutsche muss nun einmal anders sein als eines für Engländer oder Franzosen, um möglichst direkt zu einer korrekten Aussprache zu führen.

Akzente werden gesetzt, um die betonte Silbe hervorzuheben, da falsch betonte Worte von den Griechen meist nicht verstanden werden und zuweilen eine ganz andere Bedeutung haben. Bitte lassen Sie sich von einem Akzent auf dem zweiten Vokal der Buchstabenkombination oú nicht dazu verleiten, das ›o‹ und ›u‹ getrennt auszusprechen. ›ou‹ und ›oú‹ wird immer ›u‹ gesprochen, nur eben im ersten Fall unbetont, im zweiten Fall ruht die Betonung auf dem Laut.

Hört man ein Wort in einem bestimmten Kontext anders betont, so liegt dies daran, dass es dann in einem anderen Kasus (= grammatischen Fall) als dem Nominativ (= dem 1. Fall) steht. Denn oft verschiebt sich die Betonung der Substantive je nach Kasus ebenso wie die der Verben je nach der Person und Zeit, in der sie stehen. Manche anderen Umschriftsysteme benutzen statt Akzenten auf den Selbstlauten (Vokalen) eine Verdoppelung der darauf folgenden Mitlaute (Konsonanten). Sie schreiben z.B. ›Jammas!‹ für ›Prost!‹. Das ist durch die Akzentsetzung unnötig.

Stolpersteine

g

Der größte Stolperstein ist das ›g‹. Vor ›e‹ und ›i‹ wird es ›j‹ gesprochen. So sind etwa für den Vornamen des Dichters Γιάννης Ρίτσος (Giánnis Rítsos) außerdem die Varianten Ioannis, Jannis oder Yannis im Umlauf. Hier erlauben wir uns, ab und zu inkonsequent zu sein, weil das ›j‹ als Umschrift neben dem ›g‹ sehr gebräuchlich und manchmal sinnvoller ist. Wenn beispielsweise der Name des Schriftstellers Giórgis Giatromanolákis (Γιώργης Γιατρομανωλάκης) auf allen Titelseiten seiner ins Deutschen übersetzten Bücher mit Jórgi(s) Jatromanolákis wiedergegeben wird, dann schreiben wir das auch so. Denn schließlich soll man seine Bücher ja finden, wenn man danach sucht. Besonders ratlos steht man vor der Buchstabenfolge ›ygi‹. Sie wird ›ij‹ oder, vereinfacht gesagt, ›j‹ ausgesprochen. Sie kommt zwar in wenigen Worten vor. Doch ist ausgerechnet eines dabei, das Teil vieler, alltäglicher griechischen Wendungen ist, nämlich das für ›Gesundheit‹. Es lautet ›υγεία‹ (auch υγειά betont). So sagen die Griechen »ygiá mas!« (»Ygiá mas!« (»Jámas!«) -»Unsere Gesundheit«) für »Prost!«. Hier würde eindeutig ›j‹ für die Buchstabenfolge ›ygi‹ problemloser auf Anhieb zu einer passenden Aussprache führen. Darum haben wir an einigen Stellen so transkribiert, zumindest in Klammern. Doch kommt dieser Stolperstein verhältnismäßig selten vor, so dass er dem ansonsten gut geeigneten Transkriptionssystem nicht zu sehr im Weg steht. Bei solchen extremen Stolpersteinen, die seltene Ausnahmen sind, werden hier meist beide möglichen Umschriften, die konsequentere und die phonetischere, nebeneinander gestellt: ›ygiá mas (jámas)‹.

D Hier ist weniger die Aussprache das Problem, als die Rücktranskription. Denn außer Δ wird auch Ντ mit einem lateinischen ›D‹ transkribiert. Sucht man also ein Wort, das mit einem phonetischen ›D‹ beginnt, im Wörterbuch, so muss man unter ›N‹ nachblättern. Unter Δ wäre das Gesuchte zu finden, wenn der gesprochene Buchstabe wie der Anfangslaut des englischen Wortes ›the‹ klingt.

Griechische Schrift als Hilfestellung

Wo es wichtig erscheint und den Lesefluss nicht allzu sehr stört, wurden in Klammern Ausdrücke und Namen in griechischer Schrift sowie alternative bzw. phonetische Schreibweisen angegeben, meist nur an der wichtigsten bzw. ersten Stelle im Text. Diese ab und zu gemachten zusätzlichen Angaben sollen auch helfen, sich beim Lesen daran zu erinnern, dass beispielsweise ›gemistá‹ ›jemistá‹ gesprochen wird und ›ou‹ ebenso wie ›oú‹ einfach als ›u‹.

Eingebürgerte deutsche Schreibweisen werden beibehalten

So wird z.B. ›Rhodos‹ geschrieben, obwohl die Konvention ›Rodos‹ verlangen würde. Ähnlich wird mit Namen verfahren, die im Deutschen völlig von dem griechischen Wort abweichen. So wird normalerweise von ›Kreta‹ gesprochen, einmal jedoch klargestellt: ›Kreta‹ (gr. Κρήτη = Kríti). Es wird wie üblich von Piräus gesprochen, statt den offiziellen Stadtnamen ›Πειραιάς‹ in ›Pireás‹ zu transkribieren.

Zwei Parallelsprachen

Katharévousa - Dimotikí

Während es in deutschsprachigen Ländern lediglich die Rechtschreibung und deren Reform ist, die immer wieder die Geister scheidet, tobte in Griechenland jahrhundertelang ein Kampf zwischen zwei stark unterschiedlichen griechischen Sprachformen. Die eine ist **Katharévousa** (gr. Καθαρεύουσα), die ›Reine Sprache‹ oder Hochsprache, ein Kunstprodukt, das weder mit dem Altgriechischen noch mit der gesprochenen Volkssprache gleichzusetzen ist. Die andere ist **Dimotikí** (gr. δημοτική), die tatsächlich gesprochene Sprache. 1976 hat sich letztere nach langem Hin und Her als Staatssprache durchgesetzt. Zuvor war denjenigen, die Katharévousa nicht beherrschten, der Zugang zu höherer Bildung und staatlichen Ämtern verwehrt geblieben. Zwar wurde bereits 1917 Dimotikí zur Unterrichtssprache der Volksschule erklärt, doch blieb an höheren Schulen und Universitäten, bei der staatlichen Verwaltung einschließlich der Gerichte, der Armee und der Kirche Katharévousa noch immer die alleinige offizielle Sprache. 1964 wurden dann Dimotikí und Katharévousa zu gleichberechtigten Schulsprachen erklärt, jedoch verblieben höhere Bildungswege de facto nach wie vor unter dem ungebrochenen Einfluss der Hochsprache. Die Militärdiktatur (1967–1974) erklärte 1967 Katharévousa schließlich noch einmal zur Amtssprache und drängte Dimotikí wieder auf die ersten vier Schuljahre zurück.

Erst 1976 endete die Epoche des staatlichen Sprachpurismus in Griechenland endgültig, als die Regierung Karamanlis am 30. April Dimotikí zur alleinigen Unterrichtssprache erhob und Monate später den Gebrauch der Dimotikí in allen öffentlichen Verlautbarungen und Dokumenten verlangte. Damit war das Ende einer jahrhundertealten Zweisprachigkeit eingeläutet.

1982 wurde schließlich die polytonische Rechtschreibung abgeschafft und das monotonische System, das nur noch einen Akzent kennt, als für die Schulen verbindlich festgelegt. Es wurde ein Standard-Neugriechisch (gr. Neoellinikí kiní) geschaffen, wobei einige neuere Katharévousa-Einflüsse berücksichtigt wurden. Obwohl sich diese Sprachform durchgesetzt hat, sind Katharévousa-Ausdrücke unter anderem noch in Wörterbüchern, Sprichwörtern, dem Rechts- und Kirchenwesen und in geographischen Begriffen präsent. So haben viele Orte zwei Namen oder zumindest zwei Endungen und heißen somit oft am Ortseingang anders als am Ortsausgang.

Auch bald zwei Parallelschriften?

Greeklish in der elektronischen Kommunikation

Kaum ist der Streit Katharévousa oder Dimotikí beigelegt, bahnt sich ein anderer an. Soll das lateinische Alphabet zur Darstellung der griechischen Sprache verwendet werden? Unangefochten ist die Praxis, Touristen zuliebe Informationen, auf die sie angewiesen sind, in lateinischen Schriftzeichen zur Verfügung zu stellen, meist parallel zu den griechischen Schriftzügen. Aber unter Griechen? Computer- und Internetanwendern der Anfangszeiten dieser Technik blieb kaum etwas anderes übrig, solange nur der 7-Bit-ASCII-Schriftsatz zur Darstellung des Englischen verfügbar war. Deutschsprachige mussten damals ja auch ›ae‹ statt ›ä‹, ›ue‹ statt ›ü‹ schreiben und tun es teils heute noch in der elektronischen Kommunikation, damit ihre Texte auch von allen Computern weltweit richtig dargestellt werden. Inzwischen unterstützen zwar die meisten Computeranwendungen mittels Unicode die griechische Schrift, so dass diese normalerweise auch benutzt wird. Gänzlich wieder verschwunden ist das transkribierte Griechisch dadurch aber nicht aus der Computerwelt. ›Greeklish‹ (Gríklis, Γκρίκλις), abgeleitet von ›Griechisch‹ (engl. ›Greek‹) und ›Englis(c)h‹, wird es genannt. Auf einigen Homepages und für Internetanwendungen wie IRC und E-Mail sowie in der SMS-Kommunikation wird es noch eingesetzt. Auch haben manche Kreise Gefallen daran gefunden, finden es schick und gestalten es phantasievoll zu einem eigenen Jargon aus, der nur von Insiderkreisen verstanden wird. So wird hin- und rücktranskribiert bis aus Englisch ›this is hard to read‹ (›das ist schwer zu lesen‹) über Griechisch ›δις ιζ χαρντ του ριντ‹ Greeklish ›dis iz xarnt tou rint‹ wird.

Debatte vor geschichtlichem Hintergrund

Von konservativen Kräften misstrauisch beäugt wird dieses Greeklish, erinnert es doch an ungeliebte vergangene Zeiten, wie die venezianische, katholisch geprägte Herrschaft über einige Teile Griechenlands. Vor allem Missionare hatten sich damals der lateinischen Schrift bedient. So lautet ein gebräuchlicher Begriff für das lateinisch transkribierte Griechisch ›frangochiótika‹ (φραγκοχιώτικα, ›frankochiotisch‹), nach der von Chios ausgehenden katholischen Mission in der Ägäis. ›Frango‹ hat hier die erweiterte Bedeutung ›westeuropäisch‹ beziehungsweise ›römisch-katholisch‹.

Die Akademie von Athen verfasste 2001 einen offenen Brief, in dem vor einem Ersatz des griechischen durch das lateinische Alphabet gewarnt wurde. Eine auf www.wikipedia.de übersetzte Passage davon lautet:

»Wir halten jeden Versuch, die griechische Schrift in ihrem Ursprungsland durch eine andere zu ersetzen, nicht nur für pietätlos, sondern auch für unsinnig. (...) Wie schon damals, als die Venezianer überall dort, wo sie herrschten, versuchten, die griechischen Schriftzeichen in den griechischen Texten [durch lateinische] zu ersetzen, werden wir uns auch jetzt wehren, indem wir alle Mitgriechen dazu aufrufen, für das vollständige Verschwinden dieser unheiligen Pläne einzutreten.«

Das A und O

Griechische Buchstaben in der Christlichen Symbolik

Hat man sich das griechische Alphabet angeeignet, so erschließen sich einem aus der Kirche vertraute Symbole.

»Ich bin das A und das O, der Erste und der Letzte, der Anfang und das Ende«, heißt es in der Offenbarung des Johannes.

Denn der erste und der letzte Buchstabe des griechischen Alphabets, Alpha und Omega (A und Ω), stellen nach alter Vorstellung die Schlüssel des Universums dar. Sie sind ein Symbol für das Umfassende, die Totalität, für Gott und insbesondere für Christus als den Ersten und Letzten. So fand auch in den allgemeinen Sprachgebrauch die Wendung »Das ist das A und O« Eingang. Man bezeichnet mit ihr, das, worauf es ankommt, das Wesentliche.

Alpha und Omega tauchen häufig als Begleitmotiv zum ›Christusmonogramm‹ auf, auch dieses lässt sich auf das griechische Alphabet zurückführen. Obwohl einige Gelehrte es auch als Abwandlung heidnischer Symbole für den Sonnengott sehen und ihm auch die lateinische Bedeutung ›Pax‹ (›Friede‹) zugeschrieben wird, lässt es sich in erster Linie als die Anfangsbuchstaben des Namens ›Christus‹ lesen: X (Chi) und P (Rho).

Schließlich leitet sich auch das Jesusmonogramm ›IHS‹ von der Transkription der ersten beiden und des letzten Buchstaben des Griechischen Namens Jesu, ›iota-ita-sigma-omikron-ypsilon-sigma‹ oder ›ΙΗΣΟΥΣ‹, ab. Das I ist das griechische Iota, das H das Ita und das S das Sigma.

Bezeichnungen für die Griechen und das Griechische

Hellenen (Ellines, Έλληνες) - so bezeichnen sich die Griechen seit den Zeiten Homers. **Hellas** (Ellás, Ελλάς) oder Hellada (Ellada, Ελλάδα) ist die entsprechende Bezeichnung für das Land, **Ellinikótita** die für das Griechentum beziehungsweise die griechische Kultur.

Romií (Ρωμιοί) (altgr. Roméi (Ῥωμαῖοι) - ›Römer‹ nannten sich die Griechen in der Spätantike. Nachdem der Begriff ›Hellenen‹ zunehmend mit ›heidnisch‹ gleichgesetzt wurde, stand Romií für die christlichen Griechen. Auch heute noch wird diese Bezeichnung von den Griechen neben Hellenen (Ellines) als Selbstbezeichnung verwendet. Die davon abgeleitete Bezeichnung für das Griechische im Sinn von Griechischer Kultur und Identität ist **Romiosíni**.

Byzantiner - Dieser Begriff wurde von westlichen Geschichtsschreibern geschaffen, um die Bewohner der von ihnen Byzantinisches Reich genannten Osthälfte des römischen Reiches (330-1453) zu bezeichnen, zu der auch die Griechen gehörten und in der weitgehend die griechische Sprache verbreitet war. Er gründet sich auf seine Hauptstadt Konstantinopel (das heutige Istanbul), die früher Byzanz hieß. Der Doppeladler der byzantischen Flagge symbolisiert die griechisch-orthodoxe Kirche.

Fanarioten nannte man die alteingesessenen griechischen Bewohner Konstantinopels, des heutigen Istanbuls. Der Name leitet sich vom Fanar, dem Amtssitz des orthodoxen Kirchenoberhaupts, des Patriarchen, ab, in dessen Viertel die wohlhabenden und politisch einflussreichen griechischen Familien großenteils lebten.

Griechen - woher kommt nun die deutsche Bezeichnung?
Vom lateinischen Graecus, welches seinerseits im griechischen Grekós (Γραικός) seinen Ursprung hat, dem Namen eines böotischen Stammes, der sich im 8. Jahrhundert v. Chr. in Italien ansiedelte und unter dessen Namen die Hellenen im Westen bekannt wurden. In der Mythologie war Graecus ein Bruder des Latinus und Neffe des Hellen, des Urvaters der Hellenen.

Gräzität bezeichnet das Wesen altgriechischer Sprache und Sitte.

Begriffe für die Fremden und das Fremde

Frángikos (Φράγκικος) bzw. in Zusammensetzungen **frángo** (φράγκο)
Über die wörtliche Bedeutung ›fränkisch‹ hinaus, bedeutet das Adjektiv im Griechischen im weiteren Sinn ›westeuropäisch‹, im engeren ›römisch-katholisch‹. So lautet der Titel eines der bekanntesten Rembetika-Lieder ›Frángosyrianí‹ (›katholisches Mädchen von Syros‹).
Levantiner ist die Bezeichnung für die Bewohner der Levante, wie die Republik Venedig ihre Besitzungen im östlichen Mittelmeer nannte. Der Begriff leitet sich vom mittelfranzösischen ›levant‹ für ›aufsteigen‹ ab und bezieht sich auf die aufgehende Sonne, entspricht also dem deutschen ›Morgenland‹ oder altgriechischen ›Anatolía‹ (Ανατολία) für das ›Land der aufgehenden Sonne‹. Teils werden unter Levantiner vor allem Personen mit gemischter europäisch-orientalischer Abkommenschaft verstanden, teils die nicht-muslimische Minderheit des osmanischen Reiches insbesondere in Konstantinopel. Neben Armeniern und Juden waren dies vor allem Griechen.

Eigennamen

Häufige griechische Personennamen

Herkunft der Vornamen

Viele der griechischen Vornamen stammen aus der Antike, das heißt aus dem Altgriechischen. Der Name Aléxandros beispielsweise setzt sich aus der Vorsilbe ›alex‹ (›Schutz‹) und dem Wort ›andros‹ (›Mann‹) zusammen. Der griechischen Mythologie entlehnte Namen wie Athina, Artemis und Daphne sind heute noch beliebt, ebenso wie die Namen großer antiker Philosophen und Redner wie Sokrátis und Dimosthénis.

Ein weiterer großer Teil der heute gängigen Vornamen ist zur Zeit der Christianisierung Griechenlands zwischen 100 und 400 n. Chr. verbreitet worden. Dabei handelt es sich um Namen von Heiligen der griechisch-orthodoxen Kirche und um Begriffe, denen eine religiöse Bedeutung zukommt, wie ›Apóstolos‹ (›Apostel‹).

In neuerer Zeit wurden auch westeuropäische Namen beliebt. Mal entstanden ihre griechischen Entsprechungen nach quasi altgriechischen Regeln, um etwa aus ›Alice‹ ›Alíki‹ (Αλίκη) zu machen, mal wurde direkt transkribiert, wie bei ›Jenny‹ (Τζένη) oder ›Viktor‹ (Βίκτωρ).

Namensgebung, Kurz- und Kosenamen

Nach griechischer Tradition werden Kinder nach ihren Großeltern benannt, die erstgeborenen zumindest. Danach sind meist weitere Verwandte namensgebend. Obwohl diesem Brauch im modernen urbanen Griechenland immer weniger gefolgt wird, wird er in weiten Teilen des Landes nach wie vor praktiziert. So geschieht es oft, dass bei Familientreffen mehrere Kinder einer Generation den gleichen Vornamen haben. Darum sind Spitznamen, Kurz- und Kosenamen schon aus Unterscheidungszwecken gebräuchlich. Oft lässt man einfach einige Silben oder Buchstaben weg, um den Themistoklís zum Thémis und die Theodóra zur Dóra zu machen. Von den drei Buben mit dem Namen Panagiótis, die ihrem Opa zum Namenstag gratulieren, hört einer auf den Namen Pános, einer nennt sich Giótis und der dritte Panaís. Der beliebte Name Konstandínos wird als Kóstas oder Kostís abgekürzt. Doch auch Kótso hat sich im Lauf der Zeit als Kurzform eingebürgert.

Kosenamen werden meist durch das Anhängen einer **Verkleinerungsendung** gebildet: Bei Männernamen sind das die Suffixe -ákis und oúlis, bei Frauennamen -ítsa, -oúla und seltener -ó. So wird, ähnlich wie aus dem Peter das Peterchen oder Peterle wird, aus dem Pétros der Petrákis oder Petroúlis. Daraus lässt sich dann abermals eine Kurzform bilden, so dass so mancher Pétros beziehungsweise Petroúlis schließlich Róulis gerufen wird. Die Eléni wird zur Elenítsa. Anna kann man zärtlich Annoúla oder Annió rufen. Nicht alle Namen können mittels derselben Anhängsel verniedlicht werden. Die Suffix-Bildung unterliegt wie in den meisten anderen Sprachen verschiedenen grammatikalischen Regeln.

Wie die Liebe durch den Magen geht, zeigt sich daran, dass durch die Anhängung von Suffixen gebildete Zärtlichkeitsformen **nicht nur bei Eigennamen sondern auch bei kulinarischen Bezeichnungen** sehr gebräuchlich sind. So wird aus dem beliebten Anisschnaps Oúzo ein Ouzáki, ein ›Ouzochen‹, wenn man ihn bestellt. Patátes, wie die Kartoffeln heißen, werden zu patatoúles, wenn sie auf den Tisch kommen.

Mancher Träger traditioneller und weit verbreiteter Namen wie María und Giórgos, **angliziert** seinen Namen und lässt sich stattdessen lieber Mary oder George nennen. Andere Giórgos geben ihren Namen in lateinischer Schrift als Jorgo, Jorgis oder Jorgi wieder.

Deklination von Personennamen

Giórgos - Giórgou - Giórgo! Kóstas - Kósta! Personennamen werden im Griechischen dekliniert, ganz wie andere Substantive. Dabei gibt es einen im Deutschen unbekannten Fall, den Vokativ, d.h. einen eigenen Kasus für das Rufen bzw. Ansprechen. So spricht man also einen Mann namens Kóstas mit »Hallo Kósta« an, addressiert den Giórgos mit »Lieber Giórgo«. Das ›s‹ am Ende geht also bei der Anrede verloren. ›Giórgou‹ wird daraus, wenn der Name im Genitiv steht, also besitzanzeigend gebraucht wird, in der Bedeutung ›des Georg‹.

Bei weiblichen Vornamen ist die Beugung ebenfalls von der Endung (-a, -i, -o) abhängig, in der Regel aber lauten der feminine Nominativ und Vokativ gleich. Ob wir also von der Maria erzählen oder sie rufen, es heißt immer »Maria«.

Familiennamen

Es gibt **weibliche und männliche Formen von Familiennamen**, wobei der Name der Frau die Genitivform (der Wes-Fall) des Namens des Mannes ist (bspw. Kóstas Angelópoulos / Iríni Angelopoúlou; Geórgos Lekatzas / Maria Lekatza). Das entspricht dem Verständnis Iríni Angelopoúlou, die Frau oder Tochter des Sotíris Angelópoulos. Ohne dass Frauen in der Art der großen Emanzipationsbewegungen anderer Länder laut gegen solche Namensformen, die Dominanz des männlichen und eine gewissen Abhängigkeit ausdrücken, aufbegehren, werden sie in den griechischen Medien allmählich still und leise verdrängt. Es ist also letztlich verstärkt von »Kyría (Frau) Angelópoulos« die Rede.

Ganz allgemein fand eine an sprachgebräuchlicher Aufwertung der Weiblichkeit interessierte Emanzipationsbewegung, wie sie deutschsprachige Länder kennen, nicht statt. Die Idee, Texte zu komplizieren, um ganz gerecht beide Geschlechter einzubeziehen, fand hier keine Anhänger. Solche Formalitäten stören kaum einen.

So ließ man es auch bleiben, an althergebrachten Namensformen zu rütteln, wo das unnötige Komplikationen bringt. Unsitten, von denen leicht abzulassen ist, werden jedoch ohne viel Aufheben eingestellt. Dazu gehört beispielsweise der alte Brauch, die Frau ihres eigenen Vornamens zu berauben und sie stattdessen mit der weiblichen Form des Vornamens ihres Mannes zu benennen, aus der ›Iríni‹, die den ›Kóstas‹ geheiratet hat, also eine ›Kóstena‹ zu machen. Frauen derart als Anhängsel ihres Ehemanns zu benennen, passt nun wirklich nicht in unsere Zeit. Das wird gespürt, ohne dass man darüber zu diskutieren braucht. Man lässt es also, es sei denn eine unverbesserliche, feuchtfröhliche Männerrunde unter sich will sich mal abfällig über Frauen äußern.

Geographische Bezeichnungen

Namenswirrwarr bei den geographischen Bezeichnungen bereitet dem Fremden so manche Kopfschmerzen. Die wechselvolle Geschichte des Landes, seine jahrtausende alte Sprache, der über Jahrhunderte parallele Gebrauch verschiedener Sprachformen (Altgriechisch, die ›Hochsprache‹ Katharévousa und die ›Volkssprache‹ Dimotikí) und umgangssprachliche Gewohnheiten ließen mehrere nebeneinander gebräuchliche Namen für ein- und dieselben Orte entstehen. Nicht immer wird der amtliche Name in Landkarten, auf Hinweisschildern und in der touristischen Literatur gebraucht, sondern oft eine der Parallelbezeichnungen. Dazu kommen im Ausland gebräuchliche Namen, die von den griechischen oft stark abweichen und sich eher an altgriechische als an die amtlichen modernen Bezeichnungen anlehnen. Ist man der griechischen Schrift nicht mächtig, so sorgt obendrein für Verwirrung, dass kein einheitliches System für die Übertragung der griechischen Buchstaben in lateinische besteht.

Und schließlich auch das noch: **Ortsnamen kommen zuweilen mehrfach vor**, manchmal sogar auf ein- und derselben Insel. So gibt es auf Korfu ein Dorf Agios Stefanos im Nordwesten der Insel und einen Ort gleichen Namens im Nordosten. Zu allem Überfluss liegen sie auch noch in etwa auf der gleichen Höhe. Befindet man sich also in der Mitte Nordkorfus und fragt nach »Ag. Stefanos«, so kann es geschehen, dass einen der eine, den man fragt, nach rechts schickt, der nächste nach links.

Häufig ist auch der Name ›Kastélli‹, der meist auf den Standort eines ehemaligen venezianischen Kastells verweist. Auf Kréta trägt ihn eine Gemeinde im Landesinneren in der Präfektur Iráklio. Doch auch ein Ort an der Nordwestküste wird von den Einheimischen als ›Kastélli‹ bezeichnet. Korrekt heißt er Kíssamos. Die meisten Landkarten machen einen Kompromiss und nennen ihn ›Kastélli Kissamoú‹. Manchmal gibt es auch feine, kleine Unterschiede zwischen ansonsten identischen Ortsnamen. So unterscheidet sich das südkretische Dorf Myrthios nur durch das grammatische Geschlecht vom ansonsten gleichnamigen Myrthios in der Inselmitte. Das südliche ist also weiblich und nennt sich ›i Myrthios‹, das zentrale heißt ›o Myrthios‹ und ist männlich.

Andererseits haben viele Orte mehrere Namen. Teils wird neben der modernen Bezeichnung die antike verwendet. So findet man den Hauptort der Kykladeninsel Kea (Tziá) auf manchen Karten als ›Ioulída‹, auf anderen als ›Ioulís‹ bezeichnet. Ortsnamen der zwei Sprachformen Dimotikí und Katharévousa bestehen parallell, wobei der Katharévousa-Name oft im Plural steht. Manchmal spiegeln die Namen auch die wechselvolle Geschichte wieder. Die Stadt Iraklio auf Kreta zum Beispiel wurde in antiker Zeit von den Doriern

›Ἡρακλεία‹ (›Hērakleia‹) genannt, was die weibliche Form des Adjektivs zum Namen des antiken Helden Herakles ist und somit ›die Herakleische‹ oder ›Heraklesstadt‹ bedeutet. Als die Araber den Ort 824 eroberten, nannten sie ihn mit dem arabischen Wort für Graben, ›Handaq‹. Daraus wurde griechisch ›Chándax‹ oder ›Chándakas‹.

Die später herrschenden Venezianer italienisierten dies zu ›Candia‹. Nach der Eroberung durch die Türken setzte sich die ›große Burg‹ bedeutende Bezeichnung ›Megálo Kástro‹ durch bis schließlich nach dem Anschluss Kretas an Griechenland 1913 in Anlehnung an die Antike Iraklion als neuer Name angenommen wurde.

Chóra (χώρα) ist ein umgangssprachlicher Begriff für den Hauptort einer bestimmten Region, vor allem einer Insel. Er wird häufig statt des amtlichen Ortsnamens gebraucht. So kann man auch einfach nach ›Chóra‹ fragen, wenn man Ioulída (Ioulís) auf Kea oder Mytilíni auf Lesbos sucht. Die lexikalische Bedeutung des Wortes ist ›Land, Ort, Territorium‹. Archäologen und Historiker bezeichnen mit Chóra dagegen das wirtschaftlich genutzte Umland von antiken Stadtstaaten, den Poleis.

Insel und Hauptort werden oft mit ein und demselben Namen bezeichnet, während weitere Dörfer eigene Ortsnamen tragen. So kann man durch die Bezeichnung Chóra auch klar machen, dass man beispielsweise nicht die Insel Náxos meint, sondern deren Hauptstadt.

Skála (Σκάλα) bedeutet ›Treppe‹, ›Anlegeplatz‹ (vom lateinischen scala). So werden die Siedlungen am Meer bezeichnet, die einen Bezug zu einer meist wesentlich höher gelegenen inländischen Ortschaft gleichen Namens haben. Man hängt dem Wort Skála dessen Genitiv an, wenn es Verwechslungen geben kann. So gibt es beispielsweise auf der Ägäisinsel Lesbos ›Skála Polichnitoú‹ bei dem Thermalbad ›Polichnítos‹, ›Skála Eressoú‹ in der Nähe von ›Eressós‹, ›Skála Sikaminéas‹ bei ›Sikaminéa‹. Der Hafen des Dorfes Vassiliká heißt ›Skála Vassilikón‹, der von Kallóni ›Skála Kallonís‹.

Traditionell wurden in den Bergen versteckte Rückzugsorte zum Schutz vor Eindringlingen und Seeräubern gebaut. Heute dient eine Skála am Meer neben der Fischerei oft in erster Linie dem Tourismus und besteht großenteils aus Hotels, privaten Gästezimmern und Ferienwohnungen, Geschäften, Tavernen und Cafés. Da es sich dabei um ein Saisongeschäft handelt, kann es geschehen, dass sie in den Wintermonaten mehr oder weniger menschenleer ist, weil sich die Betreiber in das Mutterdorf des Küstenablegers oder gar nach Athen zurückziehen. Manchmal ist es aber auch umgekehrt, dass die Bergdörfer allmählich aussterben, weil sie zugunsten der Orte am Meer verlassen werden.

Profítis Ilías (griechisch Προφήτης Ηλίας, ›Prophet Elija‹) heißen üblicherweise die jeweils höchsten Berge auf griechischen Inseln. Auf fast jeder Insel findet man einen Berg dieses Namens. Im Alten Testament war der Berg Horeb der Fluchtort des Propheten Elias vor der Verfolgung durch die Königin Isebel.

GRIECHENLAND-INFORMATIONEN

Zusätzlich zu den in den einzelnen Kapiteln des Buches genannten Links sollen nachstehend noch einige allgemeine und nützliche Adressen und Telefonnummern folgen. Nach Möglichkeit werden deutschsprachige Informationsmöglichkeiten genannt, viele sind jedoch nur in der Kombination Griechisch und Englisch verfügbar.

Um zu den englisch- oder deutschsprachigen Informationen zu gelangen, ist meist ein Anklicken des entsprechenden Sprachlinks notwendig.

Griechische Zentrale für Fremdenverkehr (vielsprachig, allgemeine Informationen)
www.visitgreece.gr oder www.gnto.gr

Direktion für Deutschland
Neue Mainzer Straße 22
60311 Frankfurt/Main
Telefon: (0049) (069) 25 78 27 0, Fax: (0049) (069) 25 78 27 29
E-Mail: info@gzf-eot.de

Büro Schweiz
Löwenstraße 25
CH-8001 Zürich
Telefon: (0041-44) 2210105, Fax: (0041-44) 2120516
E-Mail: eot@bluewin.ch

Büro Österreich
Opernring 8
A-1010 Wien
Telefon: (0043-1) 5125317-8, Fax: (0043-1) 5139189
E-Mail: grect@vienna.at

Griechische Botschaften
www.griechische-botschaft.de
www.griechische-botschaft.at
www.greekembassy.ch

Kommerzielles deutsches Griechenland-Portal
Die übersichtliche Seite bietet neben kommerziellem Reisebüro-Service die Plattform für eine Community, die mit individuellen Reiseberichten, Insidertipps und Erfahrungsaustausch über ein Forum Informationen aus erster Hand liefert.
www.in-greece.de

Agrotourismus-Portal (engl.,gr.)
Unterkünfte, handwerkliche und landwirtschaftliche Betriebe, Treckingrouten, Brauchtum etc.
www.agrotravel.gr

Touristische Athen-Informationen (engl.)
www.breathtakingathens.com

Unterkünfte und Fährverbindungen (engl.,gr.)
www.gtp.gr

Wetterbericht
www.hnms.gr (engl.,gr)
www.noa.gr/forecast (engl.,gr)
vor allem Seewetter: www.poseidon.ncmr.gr (engl.,gr)

Kultur
www.griechische-kultur.de (deutsch)
www.culture.gr (engl.,gr)

Zeitungen und Journale:
Griechenland Zeitung (deutsch) - wöchentlich freitags erscheinende Ausgaben der ehemaligen ›Athener Zeitung‹ erhältlich als Druckversion am Kiosk, Abonnement oder Online-Version über das informative Portal:
www.griechenland.net (deutsch)
www.ekatimerini.com (engl.gr);
www.athensnews.gr (engl.)

Auskunft ›Gelbe Seiten Griechenland (engl., gr.)
www.xo.gr

Küche (Schwerpunkt Kreta):
www.creatan-nutrition.gr/de/ (u. a. auch deutsch)

KULINARISCHES WÖRTERBUCH

GRIECHISCH-DEUTSCH

Symbole für ›Art‹

Fisch, Meeresfrüchte, Weichtiere
Fleisch/Innereien
Backwaren, Teigwaren
Gemüse
Vorspeise, Salat, Sauce/Dip
Milchprodukte
(Zubereitungs-)Art

Abkürzungen
pl = Plural (Mehrzahl)
sing = Singular

Adjektive werden in der griechischen Spalte meist in der Form glyk|ós<í,ó> angegeben. Dabei steht vor dem senkrechten Strich | der Stamm, dahinter die männliche Singularendung, in spitzen Klammern erst die weibliche, dann die sächliche. Auf Pluralendungen wurde verzichtet, es sei denn das Adjektiv ist Teil einer Pluralwendung.

Substantive sind teils im Singular, teils im Plural (gelegentlich in beiden Formen) angegeben, je nachdem wie sie vorwiegend auf den Speisekarten stehen. Außer am Satzanfang werden griechische Substantive klein geschrieben. Da Aufzählungen wie Speisekarten jedoch meist große Anfangsbuchstaben setzen, wurden bei den häufig in Speisekarten gelisteten Gerichten auch große Initiale verwendet.

Verkleinerungs- (bzw.Kose-)formen sind auf griechischen Speisekarten sehr beliebt. So wird aus arní (Lamm) arnáki, aus dolmádes wird dolmadákia, aus patátes (Kartoffeln) patatóules etc. Davon sind nur die Gebräuchlichsten angegeben

Suche
Die Listen sind nach dem griechischen Alphabet sortiert. Obwohl es so vielversprechend ähnlich dem lateinischen mit α(a) und β(b) beginnt, stehen andere (unten fett gedruckte) Buchstaben an ungewohnter Stelle. Nachstehend das griechische Alphabet mit Groß- und Kleinbuchstaben und in Klammern der Umschrift in kleinen Lettern:

Α	α	(a)
Β	β	(b)
Γ	**γ**	**(g)**
Δ	δ	(d)
Ε	ε	(e)
Ζ	**ζ**	**(z)**
Η	η	(i)
Θ	**θ**	**(th)**
Ι	ι	(i)
Κ	κ	(k)
Λ	λ	(l)
Μ	μ	(m)
Ν	ν	(n)
Ξ	**ξ**	**(x)**
Ο	ο	(o)
Π	π	(p)
Ρ	ρ	(r)
Σ	σ	(s)
Τ	τ	(t)
Υ	**υ**	**(y)**
Φ	**φ**	**(f)**
Χ	**χ**	**(ch)**
Ψ	**ψ**	**(ps)**
Ω	**ω**	**(o)**

Griechisch	Griechisch in Umschrift	Deutsch	Art
FRÜHSTÜCK ΠΡΩΙΝΟ			
Αβγό	Avgó	Ei	
Αυγά μάτια	Avgá mátia	Spiegeleier	
βούτιρο	voútiro	Butter	
Μαρμελάδα	Marmeláda	Marmelade	
Μέλι	Méli	Honig	
Ομελέτα ~ απλή ~ γεμιστή ~ με τυρί ~ με ζαμπόν ~ με μπέικον ~ με πατάτες	Omeléta ~ aplí ~ jemistí ~ me tyrí ~ me zambón ~ me bíkon ~ me patátes	Omelett einfaches ~ gefülltes ~ Käse~ Schinken ~ ~ mit Speck ~ mit Kartoffeln	
Σάντουιτς	Sántouits	Sandwich	
Τόστ ~ ανάμικτο ~ με τυρί ~ με ζαμπόν	Tóst ~ anámikto ~ me tyrí ~ me zambón	Toast ~ gemischt ~ mit Käse ~ mit Schinken	
VORSPEISEN ΜΕΖΕΔΕΣ (OREKTIKA) SALATE, SAUCEN/DIPS ΣΑΛΑΤΕΣ GEMÜSE, VEGETARISCHE GERICHTE ΛΑΧΑΝΙΚΑ, ΧΟΡΤΟΦΑΓΗΤΑ IN ÖL GEGARTES GEMÜSE ΛΑΔΕΡΑ			
Α α / A a			
Αγγούρι	Angoúri	Gurke	
Αγγουροντομάτα σαλάτα	Angourodomáta saláta	Gurkentomatensalat	
Αγγουροσαλάτα	Angourosaláta	Gurkensalat	
Αγκινάρες ~ γεμιστές ~ αλά Πολίτα	Angináres ~ gemistés (jemistés) ~ alá Políta	Artischocken gefüllte ~ ~ nach der Art von Konstantinopel (in Zitronensauce - meist zusammen mit Frühlingsgemüse)	
Αντσούγιες	Antsoúgies	Anschovis (Anchovis)	
Αρακάς	Arakás	Erbsen	
Β β / B b (Aussprache: W)			
Βλήτα	Vlíta	Wildgemüse (Amarant) (ähnlich Chórta)	
Γ γ / G g (Aussprache: J (vor e und i); sonst G)			
Γεμιστά	Gemistá (Jemistá)	Gefüllte Tomaten und Paprikaschoten (vegetarisch, mit Füllung aus Reis und vielen Kräutern)	
Γίγαντες (Φούρνου)	Gígantes (foúrnou)	Riesenbohnen (aus dem Backofen)	
Ε ε / E e			
Ελιές	Eliés	Oliven	
Ι ι / I i			
Ιμάμ	Imám	mit Gemüse (vor allem Zwiebeln und Tomaten) gefüllte Auberginen	
Κ κ / K k			
Καβουροσαλάτα	Kavourosaláta	Krabbensalat oder Surimisalat	
Καρότο	Karóto	Karotte	
Κολοκυθάκια ~ τηγανιτά	Kolokythákia ~ tiganitá	Zucchini gebratene ~	

Griechisch	Griechisch in Umschrift	Deutsch	Art
Κολοκυθοκεφτέδες	Kolokythokeftédes	Zucchinibällchen	
Κολοκυθολουλούδα ~ τηγανιτά ~ γεμιστά	Kolokytholouloúda ~ tiganitá ~ gemistá (jemistá)	Zucchiniblüten ~, gebraten ~, gefüllt (meist mit Reis und Kräutern oder Fetakäse)	
Κουνουπίδι	Kounoupídi	Blumenkohl	
κρεμμύδι	kremmýdi	Zwiebel	
Λ λ / L l			
λαδερά	laderá	in Öl gegartes Gemüse	
λαδολέμονο	ladolémono	mit Öl und Zitrone	
λαδορίγανη	ladorígani	mit Öl und Oregano	
Λάχανο(σαλάτα)	Láchano(saláta)	Kraut(salat)	
M μ / M m (Ausprache: M, Kombination Μπ = B)			
Μανιτάρια	Manitária	Pilze	
Μαρούλι Μαρουλοσαλάτα	Maroúli Maroulosaláta	grüner Salat (Romana, Römischer Salat, Bindesalat - wird z.T. auch als Beilage gedünstet und als Teil von Eintöpfen serviert)	
Μελιτζάνα sing ~ Γεμιστή Μελιτζάνες pl ~ Ιμαμ ~ τηγανιτές	Melitzána sing ~ Gemistí Melitzánes pl ~ Imam ~ tiganités	Aubergine sing Gefüllte ~ Auberginen pl ~ gefüllt mit Gemüse gebratene ~	
Μελιτζανοκεφτέδες	Melitzanokeftédes	Auberginenbällchen	
Μελιτζανοσαλάτα	Melitzanosaláta	Auberginensalat	
Μπάμιες	Bámies	Okra	
Μπουρέκι	Bouréki	Kreta: Gemüseauflauf oder -pastete; andernorts: gefüllter Blätterteig	
Μπριάμ	Briám	Gemüseeintopf (Karotten, Kartoffeln, Zucchini, Auberginen etc.)	
Μπρόκολο	Brókolo	Brokkoli	
N ν / N n (Aussprache der Kombination Ντ = D)			
Ντάκος	Dákos	zwiebackartiges trockenes Brot mit Olivenöl beträufelt und mit Fetakäse bestreut	
Ντολμάδες Ντολμαδάκια	Dolmádes Dolmadákia	Weinblätter (gefüllt mit Reis und Kräutern)	
Ντομάτα	Domáta	Tomate	
Ντοματοσαλάτα	Domatosaláta	Tomatensalat	
Π π / P p			
Παντζάρια	Pandzária	rote Beete	
Πατάτες ~ τηγανιτές ~ λεμονάτες φούρνου	Patátes ~ tiganités ~ lemonátes fóurnou	Kartoffeln Brat~, Pommes frites ~ in Zitronensauce aus dem Backofen	
Πικάντικη (πολίτικη)	Pikántiki (polítiki)	Kraut-Paprikasalat (nach der Art von Konstantinopel)	
Πιπεριές ~ τηγανητές	Piperiés ~ tiganités	Paprikaschoten ~ gebratene Paprikaschoten	
Πολίτικη	Polítiki	gemischter Rohkostsalat (Konstantinopel-Salat)	
Ρ ρ / R r			
Ρεβίθια	Revíthia	Kichererbsen	

Griechisch	Griechisch in Umschrift	Deutsch	Art
Ρεβιθοκεφτέδες	Revithokeftédes	Kichererbsenbällchen	
Ρεβιθοσαλάτα	Revithosaláta	Kichererbsensalat	
Ρώσικη	Rósiki	Russischer Salat	
Σσ / Ss			
Σαλάτα ~ χωριάτικη	Saláta ~ choriátiki	Salat Bauernsalat (Tomaten, Gurken, Zwiebeln, Schafskäse, etc.)	
Σκορδαλιά	Skordaliá	Knoblauchdip / -sauce	
Σπανάκι ~ με κιμά Σπανακόπιτα	Spanáki ~ me kimá Spanakópita	Spinat ~ mit Hackfleisch Spinatpastete(-tasche)	
Σπαράγγια	Sparángia	Spargel	
Ττ / Tt			
Ταραμοσαλάτα	Taramosaláta	Tarama = Fischroggencreme/-dip	
Τζατζίκι	Tzatzíki	Tzatziki = Dip / Creme aus Joghurt, Öl, evt. Zitronensaft, Knoblauch, Gurken u. evt. Dill	
Τηγανιτές πατάτες	Tiganités patátes	Bratkartoffeln / Pommes Frites	
Τονοσαλάτα	Tonosaláta	Thunfischsalat	
Τουρσί Τουρσιά διάφορα	Toursí Toursiá diáfora	eingelegtes / mariniertes Gemüse gemischte eingelegte Gemüse	
Τυροκαυτερή	Tyrokafterí	Brotaufstrich/Dip auf Frischkäse mit scharfe Paprika	
Τυροσαλάτα	Tyrosaláta	Käsesalat	
Φφ / Ff			
Φάβα	Fáva	Erbsenpüree (kalt oder lauwarm, mit Zitrone & Öl als Dip angemacht)	
Φακή (sing) Φακές (pl)	Fakí Fakés	Linse (sing) Linsen (pl)	
Χχ / Ch ch			
Χόρτα	Chórta	Wildgemüse (Oberbegriff für (Un)kraut, unter den verschiedene Sorten, wie z.B. Vlíta fallen	
Χτυπητή	chtypití	Käsedip / Käsecreme (oft übersetzt als Käsesalat = Féta mit Paprika, Öl und oft anderen Zutaten wie Knoblauch und Kräutern aufgeschlagen (ähnl. tyrosaláta)	
Χωριάτικη	Choriátiki	Bauernsalat (Tomaten, Gurken, Zwiebeln, Schafskäse, Oliven, etc. mit Oregano gewürzt)	

SUPPEN ΣΟΥΠΕΣ			
Κοτόσουπα ~ αυγολέμονο	Kotósoupa ~ avgolémono	Hühnersuppe ~ mit Ei-Zitronensauce	
Κρεατόσουπα ~ με λαχανικά	Kreatósoupa ~ me lachaniká	Fleischbrühe ~ mit Gemüse	
Μαγειρίτσα	Magirítsa	Ostersuppe aus Lamminnereien (► Seite 17)	
Ντοματόσουπα	Domatósoupa	Tomatensuppe	
Ρεβίθια	Revíthia	Kichererbsen(suppe)	
Τραχανάς	Trachanás	Suppe aus Joghurt-Weizen-Granulat	
Φασολάδα	Fasoláda	Bohnensuppe	

Griechisch	Griechisch in Umschrift	Deutsch	Art
Χορτόσουπα	Chortósoupa	Gemüsesuppe	
Ψαρόσουπα	Psarósoupa	Fischsuppe	

FISCH, MEERESFRÜCHTE, WEICHTIERE ΨΑΡΙΑ, ΘΑΛΑΣΣΙΝΑ, ΜΑΛΑΚΙΑ			
Α α / A a			
Αντσούγιες	Antsoúgies	Anschovis (Anchovis)	
Αστακοκαραβίδα	Astakokaravída	Languste	
Αστακός ~ με Σπαγγέτι Αστακομακαρονάδα	Astakós ~ me Spangéti Astakomakaronáda	Hummer ~ mit Spagetti ~ (oder Languste) mit Spagetti	
Αθερίνα	Atherína	Streifenfischlein (winzige Fische, die ganz verzehrt werden können)	
Αχινός (sing) Αχινοί (pl) Αχινόσαλάτα	Achinós (sing) Achiní (pl) Achinósaláta	Seeigel ~salat	
Β β / B b (Aussprache: W)			
Βάτος oder Βατοτρυγόνα	Vátos oder Vatotrygóna	Rochen	
Γ γ / G g (Aussprache: J (vor e und i), sonst: G)			
Γάβρος oder Γαύρος	Gávros	kleine Fischsorte (von der Größe von Sardinen)	
Γαλέος	Galéos	Hundshai	
Γαρίδεσ ~ βραστές ~ γάμπαρη ~ μαγιονέζα ~ σαγανάκι ~ τηγανιτές	Garídes ~ vrastés ~ gámbari ~ magionéza ~ saganáki ~ tiganités	Garnelen / Scampi gekochte ~ Riesen~, Gambas ~ mit Mayonnaise ~ -Kasserole (meist mit Féta-Tomatensauce) gebratene Garnelen	
Γαριδοσαλάτα	Garidosaláta	Garnelensalat /Krabbensalat	
Γλώσσα	Glóssa	Seezunge	
Γόπα pl. Γόπεσ	gópa pl. gópes	kleine Brassenart	
Γοφάρι	Gofári	Blaufisch	
Ζ ζ / Z z (Aussprache: stimmhaftes S)			
Ζαργάνα	Zargána	Zargána = Makrelenhecht, Grünknochen	
Ι ι / I i			
ιχθυοτροφείου	ichthyotrofíou	gezüchtet (aus Fischzucht)	
Κ κ / K k			
Καβούρι Καβουροσαλάτα	Kavoúri Kavourosaláta	Krabbe Krabbensalat oder Surimisalat	
Κακαβιά	Kakaviá	Fischsuppe (normalerweise Hauptgericht)	
Καλαμάρια ~ γεμιστά ~ τηγανητά	Kalamária ~ gemistá (=jemistá) ~ tiganitá	Calamari gefüllte ~ gebratene ~	
καπνιστ|ός<ή,ό>	kapnist|ós<í,ó>	geräuchert	
Καραβίδα (ποταμού)	Karavída (potamoú)	(Fluss)-Krebs	
Κάρβουνα	Kárvouna	Holzkohlen	
Κέφαλος	Kéfalos	Meeräsche	

Griechisch	Griechisch in Umschrift	Deutsch	Art
Κολιός ~ παστός	Koliós ~ pastós	Makrele eingesalzene ~	
Κουτσουμούρες	Koutsoumoúres	Barben (ähnl. Barboúnia, blasser)	
Λ λ / L l			
λαδολέμονο	ladolémono	mit Öl und Zitrone	
λαδορίγανη	ladorígani	mit Öl und Oregano	
Λακέρδα	Lakérda	Thunfisch, Bonito	
Λαυράκι	Lavráki	Seebarsch	
Λυθρίνι	Lythríni	Meerbrasse, Rotbrasse	
Μ μ / M m (Ausprache: M, Kombination Μπ = B)			
Μαρίδα	Marída	Pikarelle (klein, ähnl. Sardine)	
Μουρμούρι	Mourmoúri	Marmorbrasse	
Μπακαλιάρος	Bakaliáros	Dorsch, Kabeljau, Stockfisch,	
Μπαρμπούνι(α) ~ σχάρας	Barboúni(a) ~ schàras	Rotbarbe(n) gegrillte ~	
Μπουμπουριστοί (Χοχλιοί ~)	Bouburistí (Chochlií)	gebratene Schnecken (=kretische Spezialität)	
Μύδια ~ σαγανάκι	Mýdia ~ saganáki	Muscheln Muschelpfanne (meist mit Schafskäse-Tomatensauce)	
Ξ ξ / X x			
Ξιφίας ~ ψητός	Xifías ~ psitós	Schwertfisch ~ vom Grill	
Π π / P p			
Πέρκα	Pérka	Barsch	
Πέστροφα	Péstrofa	Forelle	
Ρ ρ / R r			
Ρέγκα ~ καπνιστή	Rénga ~ kapnistí	Hering Räucher~	
Ροφός	Rofós	Zackenbarsch	
Σ σ / S s			
Σαλιγκάρια	Salingária	Schnecken	
Σαργός	Sargós	weiße Meerbrasse	
Σαρδέλα σαρδέλες παστές	Sardéla Sardéles pastés	Sardine eingesalzene Sardinen	
Σκουμπρί ~ καπνιστό	Skoumbrí ~ kapnistó	Makrele (ähnl. Κολιός) geräucherte ~	
Σκορπίνες	Skorpínes	Skorpionsfische	
Σολωμός ~ καπνιστός	Solomós ~ kapnistós	Lachs geräucherter ~	
Σουπιές	Soupiés	Tintenfische	
Συναγρίδα	Synagrída	Zahnbrasse	
Τ τ / T t			
Τόνος	Tónos	Thunfisch	
Τονοσαλάτα	Tonosaláta	Thunfischsalat	
Τρυγόνα	Trygóna	Rochen (ähnl. Saláchi)	
Τσιπούρα	Tsipoúra	Brasse, Dorade	
Τσίροσ Τσιροσαλάτα	Tsíros Tsirosaláta	getrocknete Makrele marinierte ~, Makrelenpastete	
Φ φ / F f			
Φαγγρί	Fangrí	Sackbrasse, Pagro	

Griechisch	Griechisch in Umschrift	Deutsch	Art
Χ χ / Ch ch			
Χέλι ~ καπνιστό	Chéli ~ kapnistó	Aal Räucher~	
Χριστόψαρο	Christópsaro	Petersfisch	
Χταπόδι ~Ψητό ~κρασάτο (μαγειρευτό)	Chtapódi ~ Psitó ~ krasáto (majirevtó)	Octopus, Krake ~ vom Grill ~ in Weinsauce (gekocht)	
Ψ ψ / Ps ps			
Ψαρόσουπα	Psarósoupa	Fischsuppe	

FLEISCH, INNEREIEN UND GEFLÜGEL VOM GRILL BRATEN A LA MINUTE / AUF BESTELLUNG ZUBREITET GRIECHISCHE KÜCHE (TRADITIONELLE) GEKOCHTE (GERICHTE)	ΚΡΕΑΤΑ, ΕΝΤΟΣΘΙΑ, ΠΟΥΛΕΡΙΚΑ ΣΧΑΡΑΣ ΨΗΤΑ ΤΗΣΩΡΑΣ ΕΛΛΗΝΙΚΗ ΚΟΥΖΙΝΑ (ΠΑΡΑΔΟΣΙΑΚΑ) ΜΑΓΕΙΡΕΥΤΑ (ΦΑΓΗΤΑ)		
Α α / A a			
Αρνί, Αρνάκι ~ γάστρας ~ μαστέλο ~ κλέφτικο ~ λεμονάτο ~ της σούβλας ~ φούρνου ~ ψιτό	Arní, Arnáki ~ gástras ~ mastélo (Spezialität von Sífnos) ~ kléftiko ~ lemonáto ~ tis soúvlas ~ foúrnou ~ psitó	Lamm ~ aus dem (Ton-)Topf (meist mit Tomaten und Kräutern) ~ nach Räuberart (► Seite 20) ~ in Zitronensauce ~ vom Spieß ~ aus dem Backofen ~braten	
Β β / V v (Aussprache: W)			
Βοδινό ~ Γιαουρτλού	Vodinó ~ giaourtloú	Rind-(fleisch) ~ mit würziger Joghurtsauce	
Γ γ / G g (Ausprache: J (vor e und i); G sonst)			
Γάλος Γαλοπούλα	Gálos Galopoúla	Truthahn Truthenne	
Γιαουρτλού	Giaourtloú (Jaurtlú)	mit Joghurtsauce (meist Rinderhackfleisch)	
Γιουβέτσι	Giouvétsi	In Sauce im Backofen gegartes Fleisch, normalerweise zusammen mit Nudeln (meist Kritharáki)	
Γλώσσα ~ μοσχαρίσια ~ αρνίσια	Glóssa ~ moscharísia ~ arnísia	Zunge Kalbszunge Lammzunge	
Γουρουνόπουλο	Gourounópoulo	Spanferkel	
Γύροσ	Gýros (Jíros)	Drehspieß (ähnlich Kebab)	
Ε ε / E e			
ελαφρά ψημέν|οσ <η,ο>	elafrá psimén|os<i,o>	englisch (beim Steak: blutig, nur leicht angebraten)	
Ζ ζ / Z z (Aussprache: stimmhaftes S)			
Ζαμπόν	Zambón	Schinken (ähnl. Chirométi)	
Κ κ / K k			
καπνιστ|ός<ή,ό>	kapnist|ós<í,ó>	geräuchert	
Κάρβουνα	Kárvouna	Holzkohlen	
Κατσικάκι	Katsikáki	Zicklein (Zubereitungsarten s. unter ~Lamm~ (~αρνί~, ~arní~)	

Griechisch	Griechisch in Umschrift	Deutsch	Art
Κεμπάπ ~ με πίτα Γιαουρτλού ~	Kembáp ~ me píta Giaourtloú ~	Kebap (dünne, würzige, im Stapel gegrillte Fleischscheiben) (ähnl. Gýros) ~ mit Fladenbrot ~ mit würziger Joghurtsauce	
Κεφαλάκι ~ σούβλας	Kefaláki ~ soúvlas	(Lamm-/Kalbs-/Schweine-)Kopf ~ am Spieß	
Κεφτεδάκια	Keftedákia	Hackfleischbällchen	
Κόκορας ~ κρασάτο	Kókoras ~ krasáto	Gockel, Hahn ~ in Weinsauce	
Κοκορέτσι	Kokorétsi	in Darm gewickelte, am Spieß gegrillte Innereien	
Κοντοσούβλι ~ Προβατίνα ~ Χοιρινό	Kondosoúvli ~ Provatína ~ Chirinó	Stangenspieß (großer Spieß mit dicken, gewürzten Fleischstücken, von dem portionsweise verkauft wird) ~ aus Lammfleisch ~ aus Schweinefleisch	
Κοτόπουλο oder Κοτοπουλάκι ~ σουβλάς ~ ψητό	Kotópoulo oder Kotopouláki ~ souvlás ~ psitó	Hühnchen ~ am Spieß Brathuhn	
Κουνέλι	Kounéli	Kaninchen	
Κρέας ~ χοιρινό ~ βοδινό ~ μοσχαρήσιο ~ θηραμάτων	Kréas ~ chirinó ~ vodinó ~ moscharísio ~ thiramáton	Fleisch Schweinefleisch Rindfleisch Kalbfleisch Wildfleisch	
κιμά	kymá	Hackfleisch	
Λ λ / L l			
Λάχανο ντολμάδες	Láchano dolmádes	gefüllte Krautwickel / Kohlrouladen	
Λουκάνικο	loukániko	Wurst	
Μ μ / M m (Aussprache: M, Kombination Μπ = B)			
μισοψημέν|οσ <η,ο>	misopsimén|os<i,o>	medium (= rosa, halb durchgebraten beim Steak)	
μοσχάρι ~ κοκκινιστό ~ στιφάδο	Moschári ~ kokkinistó ~ stifádo	Kalbfleisch (Rindfleisch) ~ geschmort ~gulasch mit Zwiebelgemüse	
Μοσχαροκεφαλή	Moscharokefalí	Kalbskopf	
Μουσακάς	Mousakás	Mousaka (=Auflauf aus Auberginen, Kartoffeln, Hackfleisch, Bechamelsauce und Käse)	
Μπεκρή Μεζέ	Bekrí Mezé	»betrunkener Snack« (Schweinefl., Zwiebeln, Paprika in der Pfanne gebraten und mit Wein gelöscht)	
Μπιφτέκι	Biftéki	Hackfleischpflanzl, Burger	
Μπριζόλα ~ Χοιρινή	Brizóla ~ Chiriní	Kotelett (ähnl. παϊδάκια) Schweine~	
Μοσχαρίσια ~	Moscharísia ~	Kalbs- (Rinder-)kotelett oder -steak	
Μυαλά ~ μοσχαρίσια	Myalá ~ moscharísia	Hirn Kalbshirn	
Π π / P p			
Παϊδάκια ~ αρνιού	Païdákia ~ arniou	Rippchen, Koteletts (ähnl. Μπριζόλα) Lamm~	

Griechisch	Griechisch in Umschrift	Deutsch	Art
Παντσέτα	Pantséta	Schweinebauch	
Παστίτσιο	Pastítsio	Nudelauflauf mit Hackfleisch	
Πατσάς	Patsás	Kuttelsuppe	
Πιλάφι	Pilάfi	Pilaf (Reisgericht wird auch mit Fleisch und Gemüse gegessen)	
Σ σ / S s			
Σνίτσελ ~ Χοιρινό ~ Κοτόπουλο	Snítsel ~ Chirinó ~ Kotópoulo	Schnitzel Schweine~ Hühner~	
Σούβλα	Soúvla	Spieß	
Σουβλάκι ~ Χοιρινό	Souvláki Schweine~	(Fleisch)spießchen Schweine~	
Σουτζουκάκια ~ Σμυρνέικα	Soutzoukákia ~ Smyrnéika	Hackfleischklößchen /-röllchen ~ nach Art von Smyrna (in würziger Tomatensauce)	
Σπετζοφάι	Spetzofái	Wurst-Gemüse-Pfanne (thessalische Spezialität) (▶ Seite 22)	
στα κάρβουνα	sta kárvouna	auf Holzkohlen (gegrillt)	
στιφάδο	Stifádo	Zwiebelfleisch, Gulasch mit Zwiebelgemüse	
Συκωτάκι	Sykotáki	Leber	
Φ φ / F f			
Φιλέτο	Filéto	Filet	
Χ χ / Ch ch			
Χήνα	Chína	Gans	
Χοιρινό	Chirinó	Schweinefleisch	
Χοιρομέρι	Chiroméri	Schinken (ähnl. Ζαμπόν)	
Ψ ψ / Ps ps			
Ψαρονέφρι	Psaronéfri	Rinderfilet	
Ψητό	Psitó	Braten	
ψητ|ός<ή,ό>	psit|ós<í,ó>	gebraten	

KÄSE, MILCHPPRODUKTE ΤΥΡΙΑ, ΓΑΛΑΚΤΟΚΟΜΙΚΑ			
βούτιρο	voútiro	Butter	
γάλα	Gála	Milch	
Γιαούρτι ~ με βράσμα ~ με μέλι (και καρύδια)	Giaoúrti (Jaúrti) ~ me vrásma ~ me méli (kai karýdia)	Joghurt ~ mit Feigensirup ~ mit Honig (und Walnüssen)	
Γραβιέρα	Graviéra	Hartkäsesorte	
Καλαθάκι ~ Λήμνου	Kalatháki ~ Límnou	Körbchenkäse (fétaartiger Frischkäse) ~ von Limnos (AOC)	
κασέρι	Kaséri	Butterkäse	
Κασεροκροκέτες	Kaserokrokétes	Käsekroketten	
Κεφαλοτύρι ~ σχάρας ~ σαγανάκι	Kefalotýri ~ scháras ~ saganáki	Hartkäsesorte gegrillter ~ in der Pfanne gebackener ~	
Λαδοτύρι ~ ψητό	Ladotýri ~ psitó	in Öl gelagerter Schafs/Ziegen-Hartkäse ~ gegrillt	
Μετσοβόνε	Metsovóne	Räucherkäsesorte	

Griechisch	Griechisch in Umschrift	Deutsch	Art
Μυζήθρα	Myzíthra	Molkenkäse; teils als Frischkäse, teils auch gesalzen und getrocknet als Reibekäse	
Ρυζόγαλο	Ryzógalo	Reispudding	
Σαγανάκι	Saganáki	In der Pfanne gebraten(er Käse)	
σαντιγύ	santigý (santijí)	Schlagsahne	
Τυροσαλάτα	Tyrosaláta	Käsesalat	
Φέτα	Féta	Scheibe, Käse (meist Schafskäse) in Salzlake gereift	
~ ψητή	~ psití	~ aus dem Backofen	
~ σαγανάκι	~ saganáki	~ in der Pfanne gebraten	
Φορμαέλλα (Αράχωβας)	Formaélla (Aráchovas)	Hartkäsesorte (aus dem nahe bei Delphi gelegenen Ort Aráchova)	
Χαλούμι	Chaloúmi	zypriotische Käsesorte	
Χτυπητή	chtipití	Käsedip / Käsecreme (oft übersetzt als Käsesalat = Féta mit Paprika, Öl und oft anderen Zutaten wie Knoblauch und Kräutern aufgeschlagen (ähnl. tyrosalata)	

TEIGWAREN UND REIS	ZYMARIKA KAI PYZI		
Αστακομακαρονάδα	Astakomakaronáda	Spagetti mit Languste od. Hummer	
Κριθαράκι	Kritharáki	reiskornförmige Nudeln	
Μακαρόνια ~ με κιμά	Makarónia ~ me kimá	Spagetti, Nudeln, Pasta ~ Bolognaise	
Ρύζι	Rýzi	Reis	
Τηγανίτα	Tiganíta	Pfannkuchen	
Τραχανάς	Trachanás	Teigwaren aus Grieß, Milch & Eiern	
Χυλοπίτες	Chylopítes	Art Eiernudeln	

OBST	ΦΡΟΥΤΑ		
Ακτινίδιο	Aktinídio	Kiwi	
Αχλάδι	Achládi	Birne	
Βερίκοκο	Veríkoko	Aprikose	
Βύσσινα	Výssina	Sauerkirschen	
Δαμάσκηνα	Damáskina	Pflaumen	
Καρπούζι (1 φέτα)	Karpoúzi (1 féta)	Wassermelone (1 Scheibe)	
Κεράσια	Kerásia	Süßkirschen	
Κολοκύθι	Kolokýthi	Kürbis	
Κυδώνι	Kydóni	Quitte	
Λεμόνι	Lemóni	Zitrone	
Μήλο	Mílo	Apfel	
Μπανάνα	Banána	Banane	
Πεπόνι	Pepóni	Honigmelone	
Πορτοκάλι	Portokáli	Orange, Apfelsine	
Ροδάκινο	Rodákino	Pfirsich	
Σταφύλια	Stafýlia	Trauben	
Σύκο	sýko	Feige	
Φράουλες	fráoules	Erdbeeren	

Griechisch	Griechisch in Umschrift	Deutsch	Art
Φρούτα εποχής	Froúta epochís	Früchte der Jahreszeit	
Φρουτοσαλάτα	froutosaláta	Obstsalat	
Nüsse			
Αμύγδαλο	Amýgdalo	Mandel	
Καρύδι	Karýdi	Walnuss	
Τσάγαλο	Tságalo	frische Mandel	
Φυστίκι	fystíki	Pistazie	
SÜSSPEISEN, SÜSSWAREN, DESSERTS GLYKA, ΕΠΙΔΟΡΠΙΑ			
Βανίλια ~ Υποβρύχιο	Vanília ~ Ypovrýchio	Vanille; Mastichcreme (▶ Seite 40) ~ Vanília-U-Boot	
Βράσμα	Vrásma	Feigensirup (▶ Seite 39)	
γλυκό κουταλιού	glykó koutalioú	Löffelsüßes (▶ Seite 39)	
λουκουμάδες	Loukoumádes	frittierte Teigkugeln mit Honig übergossen (▶ Seite 42)	
λουκούμι	Loukoúmi	Geleekonfekt (▶ Seite 40)	
Παγωτό ~ με γλυκό κουταλιού ~ με σαντιγί ~ κρέμα ~ φράουλα	Pagotó ~ me glykó koutalioú ~ me santigí ~ kréma ~ fráoula	Speiseeis ~ mit Sirupfrüchten ~ mit Schlagsahne Vanilleeis Erdbeereis	
Υποβρύχιο (s.Βανίλια)	Ypovrýchio	U-Boot (Art Süßspeise, ▶ Seite 40)	
Χαλβάς	Chalvás	Halva (▶ Seite 40)	
BACKWAREN ΑΡΤΟΠΟΙΪΑΣ			
Αμυγδαλοτά	Amygdalotá	Mandelkonfekt (▶ Seite 43)	
Γαλακτομπούρεκο	Galaktomboúreko	Blätterteig-Puddingcreme-Pastete	
Δίπλες	Díples	frittierte Teigschleifchen oder -röllchen	
καλιτσούνια	Kalitsoúnia	Teigtaschen (gefüllt mit Gemüse, Kräutern oder Käsecreme)	
Κανταϊφι	Kandaífi	Engelshaar-Gebäck (aus dünnen Teigfäden gebacken) (▶ Seite 42)	
Καρυδόπιτα	Karydópita	Walnusskuchen	
κουραμπιέδες	Kourambiédes	Art Weihnachtsplätzchen	
Μαντολάτο	Mandoláto	weißer Mandelnougat (▶ Seite 40)	
Μελομακάρονα	Melomakárona	Art (Weihnachts)gebäck	
Μπακλαβάς	Baklavás	»Bakalava« (Gebäck aus mit Nüssen gefülltem Blätterteig, das in Sirup getränkt wird)	
Μπουγάτσα ~ με κρέμα	Bougátsa ~ me kréma	Blätterteiggebäck (▶ Seite 42) ~ mit Cremefüllung (süß)	
Μυτζηθρόπιτα	Mytzithrópita	Blätterteigtasche mit ricottaähnlichem Molkenkäse gefüllt	
Παξιμάδι	Paximádi	zwiebackähnliches, mehrfach gebackenes Brot	
Παστέλι	Pastéli	Sesam-Honig-Riegel	
Πίτα	Píta	Fladen(brot), Pastete	
Σκαλτσούνια	Skaltsoúnia	(Art) Kleingebäck (▶ Seite 43)	
Φραντζόλα	frandzóla	Baguette(brot)	
Φραντζολάκι	frandzoláki	Baguettebrötchen	

Griechisch	Griechisch in Umschrift	Deutsch	Art
Ψωμί ~ Χωριάτικο	Psomí ~ Choriátiko	Brot Bauern~	
Ρεβανί oder Ραβανί	Revaní oder Ravaní	Revani (= in Sirup getränkter Grießkuchen)	
Σκορδόψωμο	Skordópsomo	Knoblauchbrot	
Σπανακόπιτα	Spanakópita	Blätterteigpastete (/-tasche) mit Spinatfüllung	
Τυρόπιτα	Tyrópita	Blätterteigpastete (/-tasche) mit Käsefüllung	

GETRÄNKE		
Erfrischungsgetränke - Wasser / Αναψυκτικά - Νερά		
βυσσινάδα	vyssináda	Sauerkirschsaft
εμφιαλωμένο νερό	emfialoméno neró	Wasser in der Flasche (ohne Kohlensäure)
κουτάκι	koutáki	Dose
μέταλλικο νερό	métalliko Neró	Mineralwasser
μπουκάλι	boukáli	Flasche
νερό	neró	Wasser
σόδα	sóda	Sodawasser, Mineralwasser mit Kohlensäure
χυμός ~ πορτοκάλι Φυσικός ~ ~ λεμόνι ~ ροδάκινο ~ μήλου	chymós ~ portokáli fisikós ~ ~ lemóni ~ rodákino ~ mílou	Saft Orangen~ frisch gepresster ~ Zitronen~ Pfirsich~ Apfel~
Biere / Μπύρες		
βαρέλι	varéli	Fass
βαρελίσιο	varelísio	vom ~
Wein / Οίνος / Κρασί		
αφρώδης οίνος	afródis ínos	Schaumwein
ερυθρό(ς)	erythró(s)	rot
κοκκινέλι	kokkinéli	Roséwein (-retsina)
κόκκινο(ς)	Kókkino(s)	rot
Κρασί ~ από βαρέλι, oder ~ βαρελίσιο	Krasí ~ apó varéli oder ~ varelísio	Wein ~ vom Fass
Λευκό(ς)	lefkó(s)	weiß
ξηρό(ς)	xiró(s)	trocken
οίνος Εμφιαλωμένος ~ ~ βαρελίσιος	ínos Emfialoménos ~ ~ varelísios	Wein Flaschenwein Wein vom Fass
Ρετσίνα	Retsína	Retsina (geharzter Wein)
ροζέ	rosé	Rosé
χύμα (βαρελίσιο)	chýma (varelísio)	lose, unverpackt, offen (vom Fass)
Spirituosen / (Αλκοολούχα) Ποτά		
Βότκα	Vótka	Vodka
καραφάκι (200 γρ)	karafáki (200 gr)	Kleine Karaffe (200 ml)
Κοκτέιλς	Koktéils	Cocktails
Λικέρ	Likér	Likör

Ουίσκι	Ouíski	Whisky
Ούζο	Oúzo	Ouzo (griechischer Anisschnaps)
Ρακή/ρακί	Rakí	Tresterschnaps (kretische Bezeichnung)
Ρούμι	Roúmi	Rum
Τσίπουρο	Tsípouro	Tresterschnaps
Τσικουδιά	Tsikoudiá	Tresterschnaps (kretische Bezeichnung)
Kaffee, Heißgetränke / Καφέδες, Ροφήματα (Ζεστά)		
Ελληνικός ~ γλυκός διπλός ~ ~ μέτριος ~ σκέτος	Ellinikós glykós diplós ~ ~ métrios ~ skétos	griechischer (Kaffee) süßer ~ doppelter ~ mittelsüßer ~ ungesüßter ~
Εσπρέσσο	Esprésso	Espresso
ζάχαρη	záchari	Zucker
Καπουτσίνο	Kaputsíno	Capuccino
Καφέσ (sing) Καφέδεσ (pl)	Kafés (sing) kafédes (pl)	Kaffee
Νές Καφέ	Nes Kafé	Nescafe, Instantkaffee
Σοκολάτα ~ ζεστή ~ κρύα	Sokoláta ~ sestí ~ kría	Schokolade heiße ~ kalte ~
Τσάϊ ~ tou vounoú ~ χαμομήλι	Tsáí ~ tou vounoú ~ chamomíli	Tee Bergtee Kamillentee
Φίλτρου	Fíltrou	Filterkaffee
Φραπέ ~ Παγωτό	Frapé ~ Pagotó	Kaffee-Shake aus Instantkaffee ~ mit Eis (Eiskaffee)
Φρέντο	Fréndo	(Café oder Capuccino) Freddo (= kalter Kaffee/Espresso, teils mit Eis)

KRÄUTER, GEWÜRZE ΒΟΤΑΝΑ, ΜΠΑΧΑΡΙΚΑ		
άνηθος	ánithos	Dill
αλάτι	aláti	Salz
βανίλια	vanília	Vanille
βασιλικός	vasilikós	Basilikum
γαρύφαλλο	garýfallo	Nelke
γλυκάνισο	glykániso	Anis
δάφνη	dáfni	Lorbeer
δαφνόφυλλο	dafnófyllo	Lorbeerblatt
δεντρολίβανο	dentrolívano	Rosmarin
θυμάρι	thymári	Thymian
θρούμπι	throúmbi	Bohnenkraut
κανέλα	kanéla	Zimt
κύμινο	kýmino	Kümmel
μαϊντανός	maïndanós	Petersilie
μάραθο	máratho	Fenchel(blätter)
μοσχοκάρυδο	moschokárydo	Muskatnuss
πιπέρι	pipéri	Pfeffer

Griechisch	Griechisch in Umschrift	Deutsch	Art
ρίγανη	rígani	Oregano	
σαφράνι oder ζαφορά	zaforá, safráni	Safran	
σκόρδο	skórdo	Knoblauch	
φασκόμηλο	faskómilo	Salbei	

KULINARISCHE UND GASTRONOMISCHE BEGRIFFE

Α α / A a			
αλάτι	aláti	Salz	
αλμυρ|ός<ή,ό>	almyr|ós <í,ó>	salzig	
Αλμυρά	Almyrá	salzig, gesalzen, in Salz Konserviertes, Eingesalzenes	
ανάμικτ|οσ<η,ο>	anámikt|os<i,o>	gemischt	
αυγολέμονο	avgolémono	mit verquirltem Ei und Zitronensaft gebunden und verfeinert	
Β β / V v (Aussprache: W)			
βραστ|ός<ή,ό>	vrast|ós<í,ó>	gekocht	
Γ γ / G g (Ausprache: J (vor e und i); sonst G)			
γάστρα	gástra	(Ton-)Topf	
γεμιστ|ός<ή,ό>	gemist|ós<í,ó>	gefüllt	
γιαχνί	giachní	~Geschmortes~ (Zubereitungsart mit Zwiebeln und Tomaten)	
γιαχνιστ|ός<ή,ό>	giachnist|ós<í,ó>	geschmort	
γλυκ|ός<ή,ό>	glyk|ós<í,ó>	süß	
Ε ε / E e			
έδεσμα	édesma	Speise	
εδεσματολόγιο	édesmatológio	Kost, Küche (einer Region/ eines Landes etc.)	
ελαιόλαδο αγνό ~ άθερμο ~ παρθένο ~	eleólado agnó ~ áthermo ~ parthéno ~	Olivenöl reines ~ kalt gepresstes ~ ~ erster Pressung	
Εξοχικ|ός<ή,ό>	Exochik|ós<í,ó>	ländlich	
Ζ ζ / Z z (Aussprache: stimmhaftes S)			
ζάχαρη	záchari	Zucker	
Κ κ / K k			
καλοψημέν|οσ<η,ο>	kalopsimén|os<i,o>	durchgebraten, gar	
καπνιστ|ός<ή,ό>	kapnist|ós<í,ó>	geräuchert	
καράφα	karáfa	Karaffe	
κάρβουνα	kárvouna	Holzkohlen	
κατάλογος	katálogos	Speisekarte	
κατεψυγμέν|οσ<η,ο> (Abk.:κατ)	katepsygmén|os<i,o>	tiefgefroren, Tiefkühl-	
καυτερ|ός<ή,ό>	kafter|os<í,ó>	scharf, heiß	
κόκκαλο	kókkalo	Knochen	
Κουβέρ	Kouvér	Gedeck(preis)	
κουτάλι	kutáli	Löffel	
κρύ|ος<α,ο>	krý|os<a,o>	kalt	
κύριο πιάτο oder κύριο φαγητό	kýrio piáto oder kýrio fagitó	Hauptspeise	

Griechisch	Griechisch in Umschrift	Deutsch	Art
Λλ / Ll			
λάδι	ládi	Öl	
λίποσ	lípos	Fett	
Μμ / Mm (Aussprache: M, Kombination Mπ = B)			
μάγειρας	mágiras (májiras)	Koch	
μαχαίρι	machéri	Messer	
μεζέδες	Mezédes (ähnl. Orektiká)	Vorspeisen	
Μερίδα (pl:Μερίδεσ)	Merída (pl:Merídes)	Portion (pl: Portionen)	
μοστάρδα	mostárda	Senf	
Νν / Nn (Aussprache der Kombination Ντ: D)			
ντόπι|ος<α,ο>	dópi|os<a,o>	einheimisch	
Ξξ / Xx			
ξίδι	xídi	Essig	
ξιν|ός<ή,ό>	xin|ós<í,ó>	sauer	
Οο / Oo			
Ορεκτικά	Orektiká (ähnl. Μεζέδεσ)	Vorspeisen	
Ππ / Pp			
παστ|ός<ή,ό>	past|ós<í,ó>	eingesalzen, gepökelt	
πηρούνι	piroúni	Gabel	
πιάτο ~του σεφ	Piáto ~ tou sef	Platte / Teller Chef-Platte/Spezialempfehlung	
πικάντικ|ος<η,ο>	pikántik|os<i,o>	pikant, würzig, scharf	
Ποικιλία ~ ψαρικά ~ ~ τυριών	Pikilía ~ psariká ~ tirión	Gemischte Platte Gemischte Fischplatte Gemischte Käseplatte	
ποτήρι	potíri	Glas	
πουρμπουάρ	pourbouár	Trinkgeld	
Σσ / Ss			
Σαγανάκι	Saganáki	Kasserole; danach benannte Zubereitungsart: z.B. für Käse bedeutet es: gebraten, für Garnelen Muscheln: in Käse-(Tomaten)sauce.	
σάλτσα	sáltsa	Sauce	
σερβίρεται ~ με ~ από τις 07:30 έως τις 10:30	servírete ~ me ~ apó tis 07.30 éos tis 10.30	serviert, gereicht ~ mit wird von 07.30h bis 10.30h ~	
σερβιτόρος	servitóros	Kellner	
σκάρα (για ψήσιμο)	skára (gia psísimo)	Grill	
σκληρ|ός<ή,ό>	sklir|ós<í,ó>	hart, zäh	
Ττ / Tt			
τηγάνι	tigáni	Bratpfanne	
Τηγανιά	Tiganiá	Fleisch-Gemüsepfanne (meist Schweine- oder Hühnerfleisch mit Zwiebeln, Paprika und (meist scharfen) Gewürzen	
τηγανιτ|ός<ή,ό>	tiganit|ós<í,ó>	gebraten	
τουρσί	toursí	eingelegt, mariniert (Gemüse, Fisch etc.)	
τραπεζομάντηλο	trapezomántilo	Tischdecke	

Griechisch	Griechisch in Umschrift	Deutsch	Art
Φ φ / F f			
φέτα	féta	Scheibe	
φιλοδώρημα	filodórima	Trinkgeld	
φλιτζάνι	flitzáni	Tasse	
φρέσκ | ος<η(ια),ο>	frésk | os<i(ia),o>	frisch	
φυσικ | ός<ή,ό>	fysik | ós<í,ó>	natürlich	
X χ 7 Ch ch			
χαρτοπετσέτα	chartopetséta	Serviette	
χορτοφαγικός	chortofagikós	vegetarisch	
χορτοφάγος	chortofágos	Vegetarier	
χωρίς (αλκοόλ)	chóris (alkoól)	ohne (Alkohol)	
Ψ ψ / Ps ps			
ψημέν | οσ<η,ο>	psimén | os<i,o>	gebacken	
ψητ | ός<ή,ό> ~ στη σούβλα ~ φούρνου	psit | ós<í,ó> ~ sti soúvla ~ foúrnou	gebraten ~ am Spieß gebacken	
Ψητό	Psitó	Braten	
Ψωμί / Αρτος	Psomí / Artos	Brot	
Ω ω / O o			
ωμ | ός<ή,ό>	om | ós<í, ó>	roh	

KULINARISCHES WÖRTERBUCH

DEUTSCH-GRIECHISCH

Abkürzungen: pl = Plural (Mehrzahl) / sing = Singular

Anmerkungen:
Adjektive werden in der griechischen Spalte meist in der Form glyk|ós<í,ó> angegeben. Dabei steht vor dem senkrechten Strich | der Stamm, dahinter die männliche Singularendung, in spitzen Klammern erst die weibliche, dann die sächliche. Auf Pluralendungen wurde verzichtet, es sei denn das Adjektiv ist Teil einer Pluralwendung.

Substantive sind teils im Singular, teils im Plural (gelegentlich in beiden Formen) angegeben, je nachdem wie sie vorwiegend auf den Speisekarten stehen. Außer am Satzanfang werden griechische Substantive klein geschrieben. Da Aufzählungen wie Speisekarten jedoch meist große Anfangsbuchstaben setzen, wurden bei den häufig in Speisekarten gelisteten Gerichten auch große Initiale verwendet.

Verkleinerungs- (bzw.Kose-)formen sind auf griechischen Speisekarten sehr beliebt. So wird aus arní (Lamm) arnáki, aus dolmádes wird dolmadákia, aus patátes (Kartoffeln) patatóules etc. Davon sind nur die Gebräuchlichsten angegeben

Deutsch	Griechisch in Umschrift	Griechisch
EINIGE REDEWENDUNGEN IM RESTAURANT		
Guten Appetit!	Kalí órexi	Καλή όρεξη
Haben Sie?	Echete?	Εχετε;
mit	me	με
ohne	chorís	χωρίς
Ich habe eine Allergie gegen ..	Echo allergía sti../sto...	Έχω αλλεργία στη.../στο...
Wieviel kostet .. (es)?	Póso kostízi?	Πόσο κοστίζει;
Was wollen Sie trinken?	Ti tha piíte?	Τι θα πειίτε;
Auf Ihr / Dein Wohl!	Stin ygiá (já) sas / soú!	Στην υγειά σας / σού!
Bitte, die Rechnung	Parakaló, to logariasmó	Παρακαλώ, το λογαριασμό
Wo sind bitte die Toiletten?	Pou eínai parakaló i toualétes?	Που είναι παρακαλώ οι τουαλέτεσ;

KULINARISCHES WÖRTERBUCH		
Aal	chéli	χέλι
alkoholfrei	chorís alkoól	χωρίς αλκοόλ
Anis	glykániso	γλυκάνισο
Anschovis (Anchovis)	antsoúgies	αντσούγιες
Apfel	mílo	μήλο
Apfelsaft	chymós mílou	χυμός μήλου
Aprikose	veríkoko	βερίκοκο
Artischocken	anginámes	αγκινάρες
Aubergine (Imam)	melitzána (imám = Zubereitung: mit Zwiebeln und Tomaten gefüllt))	μελιτζάνα (ιμάμ)
Auberginenauflauf	mousakás	μουσακάς
Auberginenbällchen	melitzanokeftédes	μελιτζανοκεφτέδες
Auberginensalat	melitzanosaláta	μελιτζανοσαλάτα
Backofen (aus dem ~)	foúrnos (foúrnou)	φούρνος (φούρνου)
Backwaren	artopiías	αρτοποιίας
Baguette(brot)	frandzóla	φραντζόλα
Baguettebrötchen	frandzoláki	φραντζολάκι
Banane	banána	μπανάνα
Barben	barbounia (Rotbarben) koutsoumoúres	μπαρμπούνια (Rotbarben); κουτσουμούρες
Barsch	pérka	πέρκα
Basilikum	vasilikós	βασιλικός
Bauernbrot	psomí choriátiki	ψωμί χωριάτικο
Bauernsalat (Tomaten, Gurken, Zwiebeln, Schafskäse, etc.)	(saláta) choriátiki	(σαλάτα) χωριάτικη
Bergtee	tsái tou vounoú	τσάϊ του βουνου
Bier, Biere	bíra, bíres	μπύρα, μπύρες
Birne	achládi	αχλάδι
Blätterteig	fýllo	φύλλο
Blätterteiggebäck (Art z.B. mit Creme-, Käse oder Spinatfüllung-füllung)	bougátsa	μπουγάτσα
Blätterteigpastete, -tasche (auch Fladenbrot)	píta	πίτα
Blaufisch (Blaubarsch)	gofári	γοφάρι
Blumenkohl	kounoupídi	κουνουπίδι
Bohnen	fasólia (grüne ~) gígantes (Riesen~)	φασόλια γίγαντες
Bohnenkraut	throúmbi	θρούμπι
Bohnensuppe	fasoláda	φασολάδα
Bonito	lakérda	λακέρδα
Brasse	tsipoúra (Dorade) gópa (kleine Sorte) mourmoúri (Marmorbrasse) lýthríni (Rot-, Meerbrasse) sargós (weiße Meerbrasse)	τσιπούρα γόπα μουρμούρι λυθρίνι σαργός
Braten	psitó (pl: psitá)	ψητό (pl: ψιτά)
Bratkartoffeln	tiganités patátes	τηγανιτές πατάτες
Bratpfanne	tigáni	τηγάνι
Brokkoli	brókolo	μπρόκολο

Deutsch	Griechisch in Umschrift	Griechisch
Brot	psomí; artos	ψωμί; αρτος
Butter	voútiro	βούτιρο
Calamari	kalamária	καλαμάρια
Capuccino	kaputsíno	καπουτσίνο
Cocktails	koktéïls	κοκτέϊλς
Dessert(s)	epidórpio (pl: epidórpia)	επιδόρπιο (pl: επιδόρπια)
Dill	ánithos	άνηθος
doppelt|er<e,es>	dipl|ós<í,ó>	διπλ|ός<ή,ό>~
Dorsch (Kabeljau, Stockfisch)	bakaliáros	μπακαλιάρος
Dose	koutáki	κουτάκι
Drehspieß	gýros (jíros)	γύροσ
durchgebraten,	kalopsimén|os<i,o>	καλοψημέν|οσ<η,ο>
Ei	avgó	αβγό
Ei-Zitronensauce, -zubereitung	avgolémono	αυγολέμονο
eingelegtes (Gemüse, Fisch)	toursí	τουρσί
eingesalzen, gepökelt	past|ós<í,ó>	παστ|ός<ή,ό>
einheimisch	dópi|os<a,o>	ντόπι|ος<α,ο>
Eis	págos	πάγος
Eiscreme	pagotó (kréma)	παγωτό (κρέμα)
Eiskaffee	frapé pagotó (Shake aus Instant-kaffee mit Eis) fréndo (kalter Espresso oder Capuccino (teils mit Eis))	φραπέ παγωτό φρέντο
englisch (beim Steak: blutig; nur leicht angebraten)	elafrá psimén|os<i,o>	ελαφρά ψημέν|οσ<η,ο>
Erbsen	arakás	αρακάσ
Erbsenpüree (meist kalt oder lauwarm, mit Zitrone und Öl als Dip angemacht)	fáva	φάβα
Erdbeereis	pagotó fráoula	παγωτό φράουλα
Erdbeeren	fráoules	φράουλες
Erfrischungsgetränke	anapsiktiká	αναψυκτικά
Espresso	esprésso	εσπρέσσο
Essig	xídi	ξίδι
Fass (vom ~)	varéli (varelísio)	βαρέλι (βαρελίσιο)
Feige	sýko	σύκο
Feigensirup	vrásma	βράσμα
Fenchel(blätter)	máratho	μάραθο
Fett	lípos	λίποσ
Filet	psaronéfri; filéto	ψαρονέφρι; φιλέτο
Filterkaffee	fíltrou	φίλτρου
Fisch(e)	psári(a)	ψάρι(α)
Fischroggencreme/-dip	taramosaláta	ταραμοσαλάτα
Fischsuppe	psarósoupa; kakaviá	ψαρόσουπα; κακαβιά
Fladen(brot)	píta	πίτα
Flasche	boukáli	μπουκάλι
Flaschen- (wein)	emfialoménos (ínos)	εμφιαλωμένος (οίνος)
Fleisch	kréas (pl: kréata)	κρέας (pl: κρέατα)
Fleischbrühe	kreatósoupa	κρεατόσουπα
Forelle	péstrofa	πέστροφα

Deutsch	Griechisch in Umschrift	Griechisch
frisch	frésk|os<i(ia,o>	φρέσκ|ος<η(ια,ο>
Früchte (der Jahreszeit)	froúta (epochís)	φρούτα (εποχής)
Frühstück	proinó	πρωινό
Gabel	piroúni	πηρούνι
Gambas	(garídes) gámbari	(γαρίδεσ) γάμπαρη
Gans	chína	χήνα
gar	kalopsimén|os<i,o>	καλοψημέν|οσ<η,ο>
Garnelen	garídes	γαρίδεσ
Garnelenkasserole	garídes saganáki (mit Feta-(Tomaten)sauce)	γαρίδεσ σαγανάκι
Garnelensalat	garidosaláta	γαριδοσαλάτα
gebacken	psimén|os<i,o>; foúrnou	ψημέν|οσ<η,ο>; φούρνου
gebraten (am Spieß)	tiganit|ós<í,ó>; psit|ós<í,ó> (sti soúvla)	τηγανιτ|ός<ή,ό>; ψητ|ός<ή,ό> (στη σούβλα)
Gedeck(preis)	kouvér	κουβέρ
Geflügel	pouleriká	πουλερικά
gefüllt	gemist|ós <í,ó>	γεμιστ|ός<ή,ό>
Gefüllte Tomaten und Paprikaschoten	gemistá (jemistá)	γεμιστά
gegrillt, vom Grill	scháras (sháras); Psitá stin schára (shára)	σχάρασ; ψητά στη σχάρα
gekocht	vrast|ós <í,ó>	βραστ|ός<ή,ό>
Gekochtes, gekochte (Gerichte)	magireftá (fagitá)	μαγειρευτά (φαγητά)
Geleekonfekt	loukoúmi	λουκούμι
gemischt	anámikt|os<i,o>	ανάμικτ|οσ <η,ο>
Gemischte Platte Gemischte Fischplatte Gemischte Käseplatte	pikilía ~ psariká ~ tyrión	ποικιλία ~ ψαρικά ~ τυριών
Gemüse	lachaniká	λαχανικά
Gemüse, in Öl gegart	laderá	λαδερά
Gemüseeintopf (Karotten, Kartoffeln, Zucchini, Auberginen etc.)	briám	μπριάμ
Gemüsesuppe	chortósoupa	χορτόσουπα
geräuchert|er <e, es>	kapnist|ós<í,ó>	καπνιστ|ός<ή,ό>
geschmort	giachnist|ós<í,ó>	γιαχνιστ|ός<ή,ό>
Getränke (alkoholische ~)	(alkooloúcha)potá	(αλκοολούχα) ποτά
Gewürze	bachariká	μπαχαρικά
gezüchtet (aus Fischzucht)	ichthyotrofíou	ιχθυοτροφείου
Glas	potíri	ποτήρι
Gockel, Hahn	kókoras	κόκορας
Griechische Küche	ellinikí kouzína	ελληνική κουζίνα
Grießkuchen, sirupgetränkt	revaní oder ravaní	ρεβανί oder ραβανί
Grill	skára (gia psísimo)	σκάρα (για ψήσιμο)
Grillen	psísimo	ψήσιμο
grüner Salat	maroúli oder maroulosaláta (übliche Sorte: Romana, Römischer Salat, Bindesalat); prásini saláta	μαρούλι oder μαρουλοσαλάτα; πράσινη σαλάτα
Grünknochen (Makrelenhecht)	zargána	ζαργάνα

<table>
<tr><th>Deutsch</th><th>Griechisch in Umschrift</th><th>Griechisch</th></tr>
<tr><td>Gulasch mit Zwiebelgemüse</td><td>stifádo</td><td>στιφάδο</td></tr>
<tr><td>Gurke</td><td>angoúri</td><td>αγγούρι</td></tr>
<tr><td>Gurkensalat</td><td>angourosaláta</td><td>αγγουροσαλάτα</td></tr>
<tr><td>Gurkentomatensalat</td><td>angourodomáta saláta</td><td>αγγουροντομάτα σαλάτα</td></tr>
<tr><td>Hackfleisch</td><td>kymá</td><td>κυμά</td></tr>
<tr><td>Hackfleischbällchen</td><td>Keftédes oder keftedákia</td><td>Κεφτέδες oder κεφτεδάκια</td></tr>
<tr><td>Hackfleischklößchen /-röllchen (nach Art von Smyrna)</td><td>soutzoukákia (Smyrnéika = in würziger Tomatensauce)</td><td>σουτζουκάκια (σμυρνέικα)</td></tr>
<tr><td>Hackfleischpflanzl, Burger</td><td>biftéki</td><td>μπιφτέκι</td></tr>
<tr><td>Halva (► Seite 40)</td><td>chalvás</td><td>χαλβάς</td></tr>
<tr><td>hart</td><td>sklir|ós<í,ó></td><td>σκληρ|ός<ή,ό></td></tr>
<tr><td>Hartkäse</td><td>skliró tyrí (wichtige Sorten: Graviéra; Kefalotýri; Ladotýri)</td><td>σκληρο τυρί(wichtige Sorten: γραβιέρα; κεφαλοτύρι; λαδοτύρι)</td></tr>
<tr><td>Hauptspeise</td><td>kýrio piáto oder kýrio fagitó</td><td>κύριο πιάτο oder κύριο φαγητό</td></tr>
<tr><td>Heißgetränke</td><td>rofímata (zestá)</td><td>ροφήματα (ζεστά)</td></tr>
<tr><td>Hering</td><td>rénga</td><td>ρέγκα</td></tr>
<tr><td>Hirn</td><td>myalá</td><td>μυαλά</td></tr>
<tr><td>Holzkohlen (auf ~ gegrillt)</td><td>kárvouna (sta ~)</td><td>κάρβουνα (στα ~)</td></tr>
<tr><td>Honig</td><td>méli</td><td>μέλι</td></tr>
<tr><td>Honigmelone</td><td>pepóni</td><td>πεπόνι</td></tr>
<tr><td>Hühnchen</td><td>kotópoulo oder kotopouláki</td><td>κοτόπουλο oder κοτοπουλάκι</td></tr>
<tr><td>Hühnersuppe
~ mit Ei und Zitrone gebunden</td><td>kotósoupa
~ avgolémono</td><td>κοτόσουπα
~ αυγολέμονο</td></tr>
<tr><td>Hummer
~ mit Spagetti</td><td>astakós
~ me spangéti</td><td>αστακός
~ με σπαγγέτι</td></tr>
<tr><td>Hundshai</td><td>galéos</td><td>γαλέος</td></tr>
<tr><td>Innereien</td><td>endósthia</td><td>εντόσθια</td></tr>
<tr><td>Innereienspieß, gegrillt</td><td>kokorétsi</td><td>κοκορέτσι</td></tr>
<tr><td>Joghurt
~ mit Honig (und Walnüssen)
~ mit Feigensyrup</td><td>giaoúrti (jaúrti)
~ me méli (ke karýdia)
~ me vrásma</td><td>γιαούρτι
~με μέλι (και καρύδια)
~ με βράσμα</td></tr>
<tr><td>Joghurtsaucegericht</td><td>giaourtloú (jaurtlú)</td><td>γιαουρτλού</td></tr>
<tr><td>Kabeljau (Dorsch, Stockfisch)</td><td>bakaliáros</td><td>μπακαλιάρος</td></tr>
<tr><td>Kaffee (griechischer)</td><td>kafés (ellinikós)
pl: kafédes</td><td>καφέσ (ελληνικός)
pl: καφέδεσ</td></tr>
<tr><td>Kalbfleisch (Rindfleisch)
~geschmort
~gulasch mit Zwiebelgemüse</td><td>moschári (moshári)
~ kokkinistó
~ stifádo</td><td>μοσχάρι
~ κοκκινιστό
~ στιφάδο</td></tr>
<tr><td>Kalbskopf</td><td>moscharokefalí (mosharokefalí)</td><td>μοσχαροκεφαλή</td></tr>
<tr><td>Kalbszunge</td><td>glóssa moscharísia</td><td>γλώσσα μοσχαρίσια</td></tr>
<tr><td>kalt</td><td>krý|os<a,o></td><td>κρύ|ος<α,ο></td></tr>
<tr><td>Kamillentee</td><td>tsáï chamomíli</td><td>τσάϊ χαμομήλι</td></tr>
<tr><td>Kaninchen</td><td>kounéli</td><td>κουνέλι</td></tr>
<tr><td>Karaffe; kleine ~ (200 ml)</td><td>karáfa; karafáki (200 gr)</td><td>καράφα; καραφάκι (200 γρ)</td></tr>
<tr><td>Karotte</td><td>karóto</td><td>καρότο</td></tr>
<tr><td>Kartoffeln</td><td>patátes</td><td>πατάτες</td></tr>
<tr><td>Käse</td><td>tyrí</td><td>τυρί</td></tr>
<tr><td>Käsedip / Käsecreme (= Feta mit Paprika, Öl und oft anderen Zutaten wie Knoblauch und Kräutern aufgeschlagen (ähnl. tyrosaláta))</td><td>chtypití; tyrokafterí</td><td>χτυπητή; τυροκαυτερή</td></tr>
</table>

Deutsch	Griechisch in Umschrift	Griechisch
Käsekroketten	kaserokrokétes	κασεροκροκέτες
Käsesalat	tyrosaláta	τυροσαλάτα
Käsetasche, -pastete	tyrópita	τυρόπιτα
Kasserole (u. danach benannte Zubereitungsart)	saganáki	σαγανάκι
Kellner	servitóros	σερβιτόρος
Kichererbsen(suppe)	revíthia	ρεβίθια
Kichererbsenbällchen	revithokeftédes	ρεβιθοκεφτέδες
Kichererbsensalat	revithosaláta	ρεβιθοσαλάτα
Kirschen	kerásia	κεράσια
Kiwi	aktinídio	ακτινίδιο
Knoblauch	skórdo	σκόρδο
Knoblauchbrot	skordópsomo	σκορδόψωμο
Knoblauchdip / -sauce	skordaliá	σκορδαλιά
Knochen	kókkalo	κόκκαλο
Koch	mágiras (májiras)	μάγειρας
Kohlrouladen	láchano dolmádes	λάχανο ντολμάδες
Kopfsalat (Romána)	maroúli oder maroulosaláta	μαρούλι oder μαρουλοσαλάτα
Kotelett	brizóla oder païdáki (Lamm~)	μπριζόλα oder παϊδάκι
Krabbe	kavoúri	καβούρι
Krabbensalat	kavourosaláta	καβουροσαλάτα
Krake s. Octopus		
Kraut-Paprikasalat (nach der Art von Konstantinopel)	pikántiki (polítiki)	πικάντικη (πολίτικη)
Kraut(salat)	láchano(saláta)	λάχανο(σαλάτα)
Krautwickel	láchano dolmádes	λάχανο ντολμάδες
Krebs	karavída	καραβίδα
Küche	kouzína; Kost (einer Region): édesmatológio	κουζίνα εδεσματολόγιο
Kümmel	kýmino	κύμινο
Kürbis	kolokýthi	κολοκύθι
Kuttelsuppe	patsás	πατσάς
Lachs	solomós	σολωμός
Lamm	arní oder arnáki	αρνί oder αρνάκι
Lammzunge	glóssa arnísia	γλώσσα αρνίσια
ländlich	exochik|ós<í,ó>	εξοχικ|ός<ή,ό>
Languste	(astako)karavída	(αστακο)καραβίδα
Leber	sykotáki	συκωτάκι
Likör	likér	λικέρ
Linsen	fakés	φακές
Löffel	kutáli	κουτάλι
Löffelsüßes (► Seite 39)	glykó koutalioú	γλυκό κουταλιού
Lorbeer	dáfni	δάφνη
Lorbeerblatt	dafnófyllo	δαφνόφυλλο
mager (Speise)	ápachos|<i,o>	άπαχος|<η,ο>
Makrele	koliós; skoumbrí; tsíros (= getocknete ~)	κολιός; σκουμπρί; τσίρος
Mandel	amýgdalo; tságalo (frische ~)	αμύγδαλο; τσάγαλο

Deutsch	Griechisch in Umschrift	Griechisch
Mandelkonfekt, -gebäck (Art)	amygdalotá	αμυγδαλοτά
Mandelnougat (► Seite 40)	mandoláto	μαντολάτο
Marmelade	marmeláda	μαρμελάδα
medium (halb durchgebraten)	misopsimén | os<i,o>	μισοψημέν | οσ<η,ο>
Meeräsche	kéfalos	κέφαλος
Meerbrasse	lythríni	λυθρίνι
Meeresfrüchte	thalassiná	θαλασσινά
Messer	machéri	μαχαίρι
Milch	gála	γάλα
Milchprodukte	galaktokomiká	γαλακτοκομικά
Mineralwasser	métalliko neró	μέταλλικο νερό
mittel(süß)	métri | os<a,o>	μέτρι | ος<α,ο>
Molkenkäse (Sorte)	myzíthra	μυζήθρα
Muscheln Muschelpfanne (meist mit Schafs-käse-Tomatensauce)	mýdia ~ saganáki	μύδια ~σαγανάκι
Muskatnuss	moschokárydo (moshokárydo)	μοσχοκάρυδο
Nachtisch	epidórpio	επιδόρπιο
natürlich	fysik | ós<í,ó>	φυσικ | ός<ή,ό>
Nelke	garýfallo	γαρύφαλλο
Nescafe, Instantkaffee	nes kafé	νές καφέ
Nudelauflauf (mit Hackfleisch)	pastítsio	παστίτσιο
Nudeln	makarónia; kritharáki (reiskornförmig); chylopítes (kleine quadratische-Plättchen)	μακαρόνια κριθαράκι χυλοπίτες
Obst	froúta	φρούτα
Obstsalat	froutosaláta	φρουτοσαλάτα
Octopus ~ vom Grill ~ in Weinsauce (gekocht)	chtapódi ~ psitó ~ krasáto (majirevtó)	χταπόδι ~ψητό ~κρασάτο (μαγειρευτό)
offen (z.B. Wein) (vom Fass)	chýma (varelísio)	χύμα (βαρελίσιο)
Okra	bámies	μπάμιες
Öl	ládi	λάδι
Öl-Oregano-Zubereitung	ladorígani	λαδορίγανη
Oliven	eliés	ελιές
Olivenöl reines ~ kalt gepresstes ~ ~ erster Pressung	eleólado agnó ~ áthermo ~ parthéno ~	ελαιόλαδο αγνό ~ άθερμο ~ παρθένο ~
Omelet	omeléta	ομελέτα
Orange	portokáli	πορτοκάλι
Orangensaft	chymós portokáli	χυμός πορτοκάλι
Oregano	rígani	ρίγανη
Ostersuppe aus Lamminnereien (► Seite 17)	magirítsa (majirítsa)	μαγειρίτσα
Ouzo (griechischer Anisschnaps)	oúzo	ούζο
Pagro	fangri	φαγγρί
Paprikaschoten	piperiés	πιπεριές
Petersfisch	christópsaro	χριστόψαρο

<table>
<tr><th>Deutsch</th><th>Griechisch in Umschrift</th><th>Griechisch</th></tr>
<tr><td>Petersilie</td><td>maïndanós</td><td>μαϊντανός</td></tr>
<tr><td>Pfannkuchen</td><td>tiganíta</td><td>τηγανίτα</td></tr>
<tr><td>Pfeffer</td><td>pipéri</td><td>πιπέρι</td></tr>
<tr><td>Pfirsich</td><td>rodákino</td><td>ροδάκινο</td></tr>
<tr><td>Pflaumen</td><td>damáskina</td><td>δαμάσκηνα</td></tr>
<tr><td>pikant</td><td>pikántik|os<i,o></td><td>πικάντικ|ος<η,ο></td></tr>
<tr><td>Pikarelle (klein, ähnl. Sardine)</td><td>marída</td><td>μαρίδα</td></tr>
<tr><td>Pilaf (Reisgericht)</td><td>pilάfi</td><td>πιλάφι</td></tr>
<tr><td>Pilze</td><td>manitária</td><td>μανιτάρια</td></tr>
<tr><td>Pistazie</td><td>fystíki</td><td>φυστίκι</td></tr>
<tr><td>Platte / Teller</td><td>piáto</td><td>πιάτο</td></tr>
<tr><td>Pommes Frites</td><td>tiganités patátes</td><td>τηγανιτές πατάτες</td></tr>
<tr><td>Portion(en)</td><td>merída; pl merídes</td><td>μερίδα; pl μερίδεσ</td></tr>
<tr><td>pur</td><td>skét|os<i,o></td><td>σκέτ|ος<η,ο></td></tr>
<tr><td>Quitte</td><td>kydóni</td><td>κυδώνι</td></tr>
<tr><td>Reis</td><td>rýzi</td><td>ρύζι</td></tr>
<tr><td>Reispudding</td><td>ryzógalo</td><td>ρυζόγαλο</td></tr>
<tr><td>Retsina (geharzter Wein)</td><td>retsína</td><td>ρετσίνα</td></tr>
<tr><td>Riesenbohnen</td><td>gígantes (jígantes)</td><td>γίγαντες</td></tr>
<tr><td>Rind-(fleisch)</td><td>(kréas) vodinó</td><td>(κρέας) βοδινό</td></tr>
<tr><td>Rinderfilet</td><td>psaronéfri</td><td>ψαρονέφρι</td></tr>
<tr><td>Rippchen</td><td>païdákia</td><td>παϊδάκια</td></tr>
<tr><td>Rochen</td><td>vátos; trygóna; vatotrygóna; saláchi</td><td>βάτος; τρυγόνα; βατοτρυγόνα; σαλάχι</td></tr>
<tr><td>roh</td><td>om|ós<í,ó></td><td>ωμ|ός<ή,ό></td></tr>
<tr><td>Rohkostsalat (Konstantinopel-Salat)</td><td>polítiki</td><td>πολίτικη</td></tr>
<tr><td>Romanasalat, römischer Salat</td><td>maroúli oder maroulosaláta</td><td>μαρούλι oder μαρουλοσαλάτα</td></tr>
<tr><td>Rosé(retsina; -wein)</td><td>kokkinéli oder rosé</td><td>κοκκινέλι oder ροζέ</td></tr>
<tr><td>Rosmarin</td><td>dentrolívano</td><td>δεντρολίβανο</td></tr>
<tr><td>rot</td><td>kókkin|os<i,o> oder erythró(s)</td><td>κόκκιν|ος<η,ο> oder ερυθρό(ς)</td></tr>
<tr><td>Rotbarbe(n)</td><td>barboúni(a)</td><td>μπαρμπούνι(α)</td></tr>
<tr><td>rote Beete</td><td>pandzária</td><td>παντζάρια</td></tr>
<tr><td>Rum</td><td>roúmi</td><td>ρούμι</td></tr>
<tr><td>Russischer Salat</td><td>rósiki</td><td>ρώσικη</td></tr>
<tr><td>Sackbrasse</td><td>fangri</td><td>φαγγρί</td></tr>
<tr><td>Safran</td><td>zaforá, safráni</td><td>ζαφορά, σαφράνι</td></tr>
<tr><td>Saft</td><td>chymós</td><td>χυμός</td></tr>
<tr><td>Salat</td><td>saláta</td><td>σαλάτα</td></tr>
<tr><td>Salbei</td><td>faskómilo</td><td>φασκόμηλο</td></tr>
<tr><td>Salz</td><td>aláti</td><td>αλάτι</td></tr>
<tr><td>salzig</td><td>almyr|ós<í,ó></td><td>αλμυρ|ός<ή,ό></td></tr>
<tr><td>salzig, gesalzen, in Salz Konserviertes, Eingesalzenes</td><td>almyrá</td><td>αλμυρά</td></tr>
<tr><td>Sandwich</td><td>sántouits</td><td>σάντουιτς</td></tr>
<tr><td>Sardine</td><td>sardéla</td><td>σαρδέλα</td></tr>
<tr><td>Sauce</td><td>sáltsa</td><td>σάλτσα</td></tr>
<tr><td>sauer</td><td>xin|ós<í,ó></td><td>ξιν|ός<ή,ό></td></tr>
<tr><td>Sauerkirschen</td><td>výssina</td><td>βύσσινα</td></tr>
</table>

Deutsch	Griechisch in Umschrift	Griechisch
Sauerkirschsaft	vyssináda	βυσσινάδα
scharf, heiß	kafter | ós<í,ó>	καυτερ | ός,<ή,ό>
Schaumwein	afródis ínos	αφρώδης οίνος
Scheibe	féta	φέτα
Schinken	zambón; chiroméri	ζαμπόν; χοιρομέρι
Schlagsahne	santigý (santij)	σαντιγύ
Schnecken	salingária; chochlií; boubouristí (Zubereitungsart, kret. Spezialität)	σαλιγκάρια; χοχλιοί; μπουμπουριστοί
Schnitzel	snítsel	σνίτσελ
Schokolade	sokoláta	σοκολάτα
Schokoladeneis	pagotó sokoláta	παγωτό σοκολάτα
Schweinebauch	pantséta	παντσέτα
Schweinefleisch	(kréas) chirinó	(κρέας) χοιρινό
Schwertfisch (vom Grill)	xifías (psitós)	ξιφίας (ψητός)
Seebarsch	lavráki	λαυράκι
Seehecht	bakaliaráki	μπακαλιαράκι
Seeigel	achinós (pl:achiní)	αχινός (pl: αχινοί)
Seeigelsalat	achinósaláta	αχινόσαλάτα
Seezunge	glóssa	γλώσσα
Senf	mostárda	μοστάρδα
serviert, gereicht ~ mit wird ~ von 07.30h bis 10.30h	servírete ~ me ~ apó tis 07.30 éos tis 10.30	σερβίρεται ~ με ~ από τις 07:30 έως τις 10:30
Serviette	chartopetséta	χαρτοπετσέτα
Sirupfrüchte (▶ Seite 39)	glykó koutalioú	γλυκό κουταλιού
Skorpionsfische	skorpínes	σκορπίνες
Sodawasser, Selter	sóda	σόδα
Spagetti (Bolognaise)	makarónia oder spangéti (me kimá)	μακαρόνια oder σπαγγέτι (με κιμά)
Spagetti mit Languste oder Hummer	astakomakaronáda	αστακομακαρονάδα
Spanferkel	gourounópoulo	γουρουνόπουλο
Spargel	sparángia	σπαράγγια
Speck	lardí oder bíkon	λαρδί oder μπέικον
Speise	édesma	έδεσμα
Speiseeis	pagotó	παγωτό
Speisekarte	(timo)katálogos; menú	(τιμο)κατάλογοσ; μενού
Spiegeleier	avgá mátia	αυγά μάτια
Spieß	soúvla (großer Spieß, auf dem z.B. ganze Lämmer und Zicklein gegrillt werden); kondosoúvli (»Stangenspieß«= aufgespießte dicke, gewürzte Fleischstücke) gýros (vor vertikalem Grill sich drehender viellagiger, gewürzter Fleischspieß)	σούβλα; κοντοσούβλι γύροσ
Spießchen	souvláki (Fleisch-)	σουβλάκι
Spinat	spanáki	σπανάκι
Spinattasche (-pastete)	spanakópita	σπανακόπιτα
Spirituosen	(alkooloúcha)potá	(αλκοολούχα) ποτά

<table>
<tr><th>Deutsch</th><th>Griechisch in Umschrift</th><th>Griechisch</th></tr>
<tr><td>Stockfisch (Dorsch, Kabeljau)</td><td>bakaliáros</td><td>μπακαλιάρος</td></tr>
<tr><td>Streifenfischlein</td><td>atherína</td><td>αθερίνα</td></tr>
<tr><td>Suppe</td><td>soúpa</td><td>σούπα</td></tr>
<tr><td>süß</td><td>glyk|ós<í,ó></td><td>γλυκ|ός<ή,ό></td></tr>
<tr><td>Süßigkeiten, Süßwaren</td><td>glyká</td><td>γλυκά</td></tr>
<tr><td>Tasse</td><td>flitzáni</td><td>φλιτζάνι</td></tr>
<tr><td>Tee</td><td>tsáï</td><td>τσάϊ</td></tr>
<tr><td>Teigtaschen (gefüllt mit Gemüse, Kräutern oder Käsecreme)</td><td>kalitsoúnia</td><td>καλιτσούνια</td></tr>
<tr><td>Teigwaren</td><td>zymariká</td><td>ζυμαρικά</td></tr>
<tr><td>Thunfisch</td><td>tónos</td><td>τόνος</td></tr>
<tr><td>Thunfischsalat</td><td>tonosaláta</td><td>τονοσαλάτα</td></tr>
<tr><td>Thymian</td><td>thymári</td><td>θυμάρι</td></tr>
<tr><td>tiefgefroren, Tiefkühl-</td><td>katepsygmén|os<i,o></td><td>κατεψυγμέν|οσ<η,ο>
(Abkürzung:κατ)</td></tr>
<tr><td>Tintenfische</td><td>soupiés</td><td>σουπιές</td></tr>
<tr><td>Tischdecke</td><td>trapezomántilo</td><td>τραπεζομάντηλο</td></tr>
<tr><td>Toast</td><td>tóst</td><td>τόστ</td></tr>
<tr><td>Tomate</td><td>domáta</td><td>ντομάτα</td></tr>
<tr><td>Tomatensalat</td><td>domatosaláta</td><td>ντοματοσαλάτα</td></tr>
<tr><td>Tomatensuppe</td><td>domatósoupa</td><td>ντοματόσουπα</td></tr>
<tr><td>traditionell</td><td>paradosiak|ós<í,ó></td><td>παραδοσιακ|ός<ή,ό></td></tr>
<tr><td>Trauben</td><td>stafýlia</td><td>σταφύλια</td></tr>
<tr><td>Tresterschnaps</td><td>tsípouro; tsikoudiá oder rakí (kretische Bezeichnung)</td><td>τσίπουρο; τσικουδιά; ρακή oder ρακί</td></tr>
<tr><td>Trinkgeld</td><td>filodórima; pourbouár</td><td>φιλοδώρημα; πουρμπουάρ</td></tr>
<tr><td>trocken</td><td>xiró(s)</td><td>ξηρό(ς)</td></tr>
<tr><td>Truthahn</td><td>gálos</td><td>γάλος</td></tr>
<tr><td>Truthenne</td><td>galopoúla</td><td>γαλοπούλα</td></tr>
<tr><td>Tzatziki = Dip / Creme aus Joghurt, Öl, evt. Zitronensaft, Knoblauch, Gurken u. evt. Dill</td><td>tzatzíki</td><td>τζατζίκι</td></tr>
<tr><td>U-Boot (Süßspeise)</td><td>ypovríchio</td><td>υποβρύχιο</td></tr>
<tr><td>ungesüßt</td><td>skét|os<i,o></td><td>σκέτ|ος<η,ο></td></tr>
<tr><td>unverpackt</td><td>chýma</td><td>χύμα</td></tr>
<tr><td>Vanille</td><td>vanília (auch Bezeichnung für eine Nachspeise aus Mastichcreme)</td><td>βανίλια</td></tr>
<tr><td>Vanilleeis</td><td>pagotó kréma</td><td>παγωτό κρέμα</td></tr>
<tr><td>Vegetarier</td><td>chortofágos</td><td>χορτοφάγος</td></tr>
<tr><td>vegetarisch</td><td>chortofagikós (chortofajikós)</td><td>χορτοφαγικός</td></tr>
<tr><td>Vegetarische Gerichte</td><td>chortofagitá (chortofajitá)</td><td>χορτοφαγητά</td></tr>
<tr><td>Vorspeisen</td><td>mezédes; orektiká</td><td>μεζέδεσ; ορεκτικά</td></tr>
<tr><td>Walnusskuchen</td><td>karydópita</td><td>καρυδόπιτα</td></tr>
<tr><td>Wasser (in der Flasche)</td><td>neró (emfialoméno ~)</td><td>νερό (εμφιαλωμένο ~)</td></tr>
<tr><td>Wassermelone</td><td>karpoúzi</td><td>καρπούζι</td></tr>
<tr><td>Weichtiere</td><td>malákia</td><td>μαλάκια</td></tr>
<tr><td>Wein (vom Fass)</td><td>ínos (varelísios)
krasí (varelísio);
(apó varéli)</td><td>οίνος (βαρελίσιος)
κρασί (βαρελίσιο);
(από βαρέλι)</td></tr>
</table>

Weinblätter (gefüllt mit Reis und Kräutern)	dolmádes oder dolmadákia	ντολμάδες oder ντολμαδάκια
Weinsauce-, in ~	krasáto	κρασάτο
weiß	lefk | ós<í,ó> oder áspr | os<i,o>	λευκ | ός,<ή,ό> oder άσπρ | ος<η,ο>
Whisky	ouíski	ουίσκι
Wildfleisch	κρέας thiramáton	κρέας θηραμάτων
Wildgemüse	chórta (Oberbegriff für (Un)kraut) vlíta (Sorte Amarant)	χόρτα; βλήτα
Wodka	vótka	βότκα
Wurst	loukániko	λουκάνικο
Wurst-Gemüse-Pfanne (thessalische Spezialität) (▶ Seite 22)	spetzofái	σπετζοφάι
Zackenbarsch	rofós	ροφός
zäh	sklir | ós<í,ó>	σκληρ | ός<ή,ό>
Zahnbrasse	synagrída	συναγρίδα
Zicklein	katsikáki	κατσικάκι
Zimt	kanéla	κανέλα
Zitrone	lemóni	λεμόνι
Zitronensaft	chymós lemóni	χυμός λεμόνι
Zucchini (gebratene ~)	kolokythákia (~ tiganitá)	κολοκυθάκια (~ τηγανιτά)
Zucchiniballchen	kolokythokeftédes	κολοκυθοκεφτέδες
Zucchiniblüten	kolokytholouloúda	κολοκυθολουλούδα
Zucker	záchari	ζάχαρη
Zunge	glóssa	γλώσσα
Zwieback	paximádi	παξιμάδι
Zwiebel	kremmýdi	κρεμμύδι

GLOSSAR

Ägäis, Ägäisches Meer - Nebenmeer des europäischen Mittelmeers, zwischen Griechenland und der Türkei gelegen, ► Seite 152

Agía/Agíos/Agíi - gr. für Heilige/Heiliger/Heilige(pl.)

Agorá - Versammlungsplatz im Zentrum antiker Städte, neugr. Markt

Akropólis - hochgelegener Teil einer antiken griechischen Stadt, meist als Wehranlage und Kultplatz mit den wichtigsten Heiligtümern ausgebildet

Amán! - Ausruf, Säufzer mit dem Bedeutungsspektrum »Ach!«, »Erbarmen!«, »Mein Gott!«

Ano - Ober- (in Ortsnamen)

Arkadien - von altertumsher über viele Epochen als idyllisches Paradies friedlicher, glücklicher Hirten verklärte Gebirgslandschaft im Inneren des Peloponnes

Asklepion - nach Asklepios, dem altgriechischen Gott der Heilkunst benannte, ganzheitliche antike Heilstätte

Baklamás - griechisches Saiteninstrument, ► Seite 114

Bouzoúki - griechisches Saiteninstrument ► Seite 114

Bukolik - idyllische Hirtendichtung, die der Sehnsucht nach dem friedlichen, schlichten Schäferdasein Ausdruck gibt

Bürgerkrieg - gemeint sind heute in Griechenland meist die Auseinandersetzungen zwischen Kommunisten und Royalisten, die sich in den Jahren 1945-1949 zuspitzten

Byzantinisches Reich - Ostteil des römischen Reiches (330-1453), ► Seite 104

Cháron, Cháros - Der personifizierte Tod, ein Pendant unseres ›Sensenmanns‹, das der griechischen Mythologie entstammt. Als Fährmann brachte Cháron die Verstorbenen für eine Obolus genannte Münze über den Acharon oder einen der anderen Grenzflüsse der Unterwelt in das Reich des Hades, das Totenreich.

Chasápikos - griechischer Tanz, ► Seite 120

Chóra - Land, Ort, Territorium. Oft nennt man so den Hauptort einer Region oder Insel, manchmal offiziell, meist jedoch nur umgangssprachlich für einen anderslautenden amtlichen Namen

Choúnta - Militärregime (s. Obristen)

Diktatur - vor allem zwei Zeiten der Diktaturherrschaft sind heute in Griechenland damit gemeint:
Metaxás-Diktatur: Aug. 1936 bis Jan. 1941, ► Metaxás
Obristen-Diktatur: Apr. 1967 bis Juli 1974, ► Obristen

Dimotikí - die tatsächlich gesprochene ›Volkssprache‹ unter den zwei Parallelsprachen des Griechischen, die bis 1976 mit unterschiedlicher Gewichtung nebeneinander bestanden. Heute basiert auf ihr das gültige Standard-Neugriechisch (Neoellinikí kiní), in das nur wenige neuere Einflüsse der zweiten Parallelsprache Katharévousa einflossen. ► Seite 205

Dodekanes - Inselgruppe in der Ägäis, ► Seite 153

Doppeladler - Symbol der griechisch-orthodoxen Kirche und des byzantinischen Reiches ► Seite 104

Dorffest - s. Panigýri

Ellinikótita - Griechentum, ► Seite 209

Entechno Tragoúdi - Kunstlied, Chanson, ► Seite 122

Fanarioten - alteingesessene griechische Bewohner Konstantinopels, ► Seite 209

Féta - in Salzlake gereifter und aufbewahrter griechischer Schafs- oder Ziegenkäse

frángikos, frango - westeuropäisch, katholisch, ► Seite 209

Freiheitskampf, Freiheitskrieg - Kampf der Griechen gegen die Fremdherrschaft der Osmanen 1821-1829/1832, auf einigen länger von den Osmanen beherrschten Inseln wie z.B. Kreta auch später bis ins 19. Jh.

Fresko - auf den feuchten Putz aufgetragene Wandmalerei

Fumarolen - vulkanische Gas- und Wasseraustritte

griechisch-türkischer Krieg - 1919-1922: Griechenland besetzte Teile des im Zerfall begriffenen Osmanischen Reiches, in denen großenteils seit dem Altertum Griechen lebten. Für einige darunter hatte es durch Friedensverträge am Ende des 1. Weltkriegs das Völkerbundmandat erhalten, was von den Nachfolgern des osmanischen Reiches jedoch nicht akzeptiert wurde. Es folgte die Rückeroberung durch die Türken und am Ende des Krieges große Zwangsmigrationen infolge eines vereinbarten Bevölkerungsaustausches
1897: Bei diesen Auseinandersetzungen ging es in erster Linie um das zu ihrem Beginn noch unter osmanischer Herrschaft gestandene Kreta. Sie werden meist eher umgekehrt als »türkisch-griechischer Krieg« bezeichnet. Nach ihrem Ende wurde Kreta zunächst zu einem internationalen Protektorat. Griechenland wurden riesige Reparationssummen auferlegt, die es finanziell in den Ruin trieben.

Hades - (griech. Ἅδης / Aides) ›Unterwelt‹, Ort der Toten. In der griechischen Mythologie stand das Wort sowohl für das Totenreich, als auch für dessen Herrscher, einen Sohn des Kronos und der Rhea, dessen Gemahlin Persephone war.

Ikone - geweihtes Tafelbild

Ikonostase - Bilderwand orthodoxer Kirchen, die den Altarraum (Templon) vom Gemeinderaum (Naos) trennt

Ionische Inseln - Im Ionischen Meer (s.dort) gelegene Inselgruppe, ► Seite 154 und Übersichtskarte

Ionisches Meer - Teil des Mittelmeeres südlich der Adria, ► Seite 154 und Übersichtskarte

Julianischer Kalender - In den Ostkirchen großenteils statt des gängigen gregorianischen Kalenders angewandte Kalenderform. Die griechisch-orthodoxe Kirche bestimmt danach das Osterfest und die davon abhängigen Feiertage, die daher in den meisten Jahren später als bei uns gefeiert werden.

Junta - s. Choúnta u. Obristen

Kafeníon - griechisches Kaffeehaus (meist schlicht in der Einrichtung und vor allem von Männern frequentiert)

Kantaden, gr. Kantáda (pl.Kantádes) - Serenadenartige romantische Lieder, zunächst unter italienischem Einfluss seit Beginn des 19. Jh. auf den Ionischen Inseln entstanden; zu Beginn des 20. Jh. entwickelte sich eine eigene Athener Form

Katharévousa - die zwischenzeitlich zurückgedrängte »reine bzw. gehobene« unter den zwei Parallelsprachen des Griechischen, die bis 1976 mit wechselnder Gewichtung nebeneinander bestanden. Die andere ist Dimotikí, die tatsächlich gesprochene »Volkssprache«, die sich nun im wesentlichen durchgesetzt hat, ► Seite 205

Kato - Unter- (z.B. in Ortsnamen)

Kirchenfest - s. Panigýri

Kleften, Klephten (gr. Kléftes) - von der wörtlichen Bedeutung »Diebe« abgeleitete Bezeichnung für die Rebellen im Freiheitskampf der Griechen gegen die osmanische Vorherrschaft, ► Seite 109

Kleinasiatische Katastrophe - Als solche bezeichnen und empfinden die Griechen die Folgen des Griechisch-Türkischen Krieges (s. dort) von 1919-22. Dazu zählt die Vernichtung Smyrnas (s. dort) und die Flucht und Zwangsumsiedlung rund 1,5 Millionen kleinasiatischer Griechen, worauf Griechenlands Flüchtlingsanteil ein Viertel der Bevölkerung ausmachte.

Kleinasien - westliche Halbinsel Asiens, zwischen Mittelmeer und Schwarzem Meer, politisch ist das Gebiet Kerngebiet der Türkei

Kombolói - Perlenschnur, mit der die Männer ihre Finger beschäftigen

Konstantinopel - ehemalige Hauptstadt des Oströmischen Reiches, heute offiziell Istanbul genannt, um 660 v. Chr. von Dorern als Byzantion gegründet, 330 zu Ehren Kaiser Konstantins in Konstantinopel umbenannt, von Griechen heute noch abgekürzt »Póli« für Konstantinopolis genannt

Kykladen - ägäische Inselgruppe, ► Seite 153

Laïki Mousikí (oder Laïkó) - populäre Musik verschiedener Stilrichtungen, ▶ Seite 122
laïkós, laïkí, laïkó - gr. für volkstümlich, Volks-
Levante - östlicher Mittelmeerraum
Lykavittós - Mit 277 m höchste Erhebung im Stadtzentrum Athens mit guter Aussicht auf dessen Sehenswürdigkeiten
Mastícha - seit dem Altertum gewonnenes Harz für viele Verwendungszwecke, darunter medizinische und kulinarische, ▶ Seite 44
Mavrodáphne (Mavrodáfni) - einheimische griechische, rote Rebsorte, ▶ Seite 62
Metaxás, Ioánnis - griechischer General und Politiker, der im August 1936 die meist nach ihm benannte, faschistisch geprägte Diktatur einführte, die bis zu seinem Tod im Januar 1941 andauerte
Mezédes - Kleine Happen (ähnl. spanischen Tapas), die zu Getränken gereicht werden
Militärdiktatur - s. Diktatur
Mitrópolis - orthodoxe Bischofskirche
Mizídra - Molkenkäse, ▶ Seite 36
Monopáti - Fußweg, Pfad
Mythologie - Gesamtheit der überlieferten antiken Götter- und Heldensagen einer (hier der griechischen) Kultur
Nisiótika - Volksmusikstil der ägäischen Inseln, ▶ Seite 113
Obristen - Militärführer (Oberste); Bezeichnung für das Oberstentrio Papadópoulos-Patakós-Makarézos, das im April 1967 die Militärdiktatur einführte und weitere bis zum Ende der Diktatur im Juli 1974 folgende Militärregime
Odós (οδός) - gr. für Straße, Gasse
Odysseus - Listenreicher Held der griechischen Mythologie, Herrscher der Insel Itháki. Homer schreibt in der Ilias über die Heldentaten des Odysseus im Krieg um Troya und widmet seiner 10-jährigen Irrfahrt auf der Heimkehr davon einen eigenen, Odyssee genannten, Epos
OPE (O.P.E.) - kurz für: Onomasía Proeléfseos Elegchoméni, eine kontrollierte Herkunftsbezeichnung für griechische Likörweine
OPAP (O.P.A.P.) - kurz Onomasía Proléfseos Anotéras Piótitas, das griechische Pendant zur französischen Appellation d'Origine Contrôlée (kontrollierte Herkunftsbezeichnung)
Ormos (όρμος) - gr. für Ankerplatz, Bucht
Osmanen - türkische Dynastie (1299-1922), deren Stammvater Osman I. war. Auch Synonym für Oberschicht und Regierungsapparat ihres Reiches und für dessen Völker
Osmanisches Reich - Das Reich der Osmanischen Dynastie (1299-1922), das sich auf seinem Höhepunkt in Südosteuropa, dem Mittleren Osten und Nordafrika ausdehnte. Es wird auch als Ottomanisches Reich, in Europa auch als Türkei oder türkisches Reich bezeichnet. Seine Fahne zeigt einen weißen Halbmond und Stern auf rotem Grund
Oströmisches Reich - Im Westen wurde dafür auch die Bezeichnung »Byzantinisches Reich« verwendet, ▶ Byzantinisches Reich
Ouzerí - auf Aperitifs und Vorspeisen spezialisiertes Lokal, oft jedoch auch mit umfangreichem Speiseangebot aufwartend, das sich von dem der Tavernen kaum unterscheidet
Oúzo - Anisschnaps
Palikare, Palikarás, Palikári - »ganzer Kerl«, (Freiheits-)Kämpfer, Held, ▶ Seite 108
Panagía - die Allheilige, also die Gottesmutter Maria
Panigýri, Panígyri - (Dorf)-Fest, Kirch(en/weih)fest, ▶ Seite 92
Pantokrátor - Allherrscher, Christus als Weltenherrscher. Seine Darstellung findet sich oft in der Kuppel orthodoxer Kirchen
Papás - griechisch-orthodoxer Priester, deutsch auch oft »Pope« genannt
Paralía (παραλία) - gr. für Küste, Strand, Uferpromenade
Paréa - Clique, Kreis von Freunden oder Gleichgesinnten
Patronatstag - Tag, an dem eine Kirchengemeinde den Gedenktag des Heiligen feiert, dessen Namen ihre Kirche trägt

Póli - Stadt, oft als Kurznamen für Konstantinopel (Konstantinopolis) (s.dort) gebraucht

Pontos, Pontosgriechen - Die Pontos-Griechen oder Pontier (gr. Πόντιοι) sind die Nachfahren jener Griechen, die die südlichen Küsten des Schwarzen Meeres besiedelten, den sogenannten Pontus. Die Bezeichnung leitet sich von der dem Antiken Namen »Pontos« bzw. »Pontus Euxinos« des Schwarzen Meeres ab. Die christlichen Pontos-Griechen mussten das Gebiet durch den 1923 vereinbarten Bevölkerungsaustausch zwischen Griechenland und der Türkei verlassen, soweit sie nicht bereits zuvor geflohen waren. Muslimische Pontos-Griechen leben bis heute noch dort, sind türkische Staatsbürger und haben türkische Namen angenommen.

Rembétiko - unter dem Einfluss der Musik kleinasiatischer Flüchtlinge in urbanen Subkulturen entstandener griechischer Musikstil, ▶ Seite 117

Retsína - mit Harz versetzter Wein, ▶ Seite 59

Rodítis - einheimische griechische hellrosa Rebsorte, ▶ Seite 62

Romiosíni - das Griechische (im Sinn von Kultur und Wesensart), ▶ Seite 209

Saronischer Golf - zwischen Attika und dem Peloponnes gelegener Teil des Ägäischen Meeres (s. dort)

Savvatianó - einheimische griechische weiße Rebsorte, ▶ Seite 64

Skála (Σκάλα) - gr. für Treppe, Bezeichnung für Siedlung am Meer, ▶ Seite 214

Smýrna (Σμύρνη, Smirni) - Die kleinasiatische Stadt, die heute zur Türkei gehört und Izmir heißt, war in der dem griechisch-türkischen Krieg 1919-22 vorausgegangenen Zeit eine blühende kosmopolitischen Handels- und Hafenstadt gewesen, in der orthodoxe Griechen, muslimische Türken, Juden und Armenier in eigenen Stadtvierteln lebten, sich aber auch britische, französische, deutsche und italienische Kaufleute niedergelassen hatten. Seit dem Altertum vom Griechentum geprägt, hatte sie zunächst zum Byzantinischen, später nach einigen Wirren zum Osmanischen Reich gehört. Infolge der Gebietsneuordnungen und deren Anfechtungen nach dem 1. Weltkrieg endete das friedliche Nebeneinander der Völker. 1919 besetzten griechische Truppen die Stadt. Im September 1922 eroberten sie die Türken zurück. Ihre griechischen und Armenischen Viertel gingen in Flammen auf. Die griechische Bevölkerung floh oder wurde vertrieben und siedelte sich in Griechenland an.

Sporaden - meist werden die im Nordwestlichen Teil der Ägäis gelegenen Inseln so bezeichnet, teils aber auch zusätzlich Inseln in der südöstlichen Ägäis zwischen Kykladen u. Türkei, ▶ Seite 153

Syrtós - griechischer Reigentanz, ▶ Seite 120

Taverne - traditionelles, meist schlichtes, griechisches (Ess-)lokal

Távli - ein Backgammon ähnelndes Brettspiel

Taxiárchis - Erzengel

Tsifteteli - bauchtanzähnlicher griechischer Tanz, ▶ Seite 120

Tourkokratía, Türkenherrschaft - Vorherrschaft der auch als Türken bezeichneten Osmanen. Sie setzte 1453 mit dem Fall Konstantinopels ein und dauerte bis zur Befreiung infolge des Aufstandes 1821-1829

Tsípouro - Testerschnaps

türkisch-griechischer Krieg - s. griechisch-türkischer Krieg

Tyrópita - Blätterteiggebäck mit Schafskäsefüllung

Volkssprache - s. Dimotikí

Unabhängigkeit - gemeint ist meist die Befreiung von der Tourkokratía (s.dort), teils auch die von Fremdherrschaft allgemein

Unabhängigkeitskrieg - Kampf der Griechen 1821-1829/1832 gegen die Fremdherrschaft der Osmanen

Zeïbékikos - griechischer Tanz, ▶ Seite 119

Zwischenkriegszeit - Zeit zwischen Erstem und Zweitem Weltkrieg (1918-1939)

Stichwortverzeichnis

LITERATUR

AUSSERDEM IM **CONBOOK** VERLAG

Über die Kuriositäten der chinesischen und den Wahnsinn der us-amerikanischen Gesellschaft.

Sonja Piontek
CHINA, DIE TÜRKISE COUCH UND ICH - KURIOSES AUS DEM REICH DER MITTE
Erstauflage
ISBN 978-3-934918-41-2

CHINA, DIE TÜRKISE COUCH & ICH. Chen Luyaos Großmutter weiß noch immer nicht, dass ihre türkise Couch so gar nicht zum Rest der Einrichtung passt und Sonja erfährt erst nach 17 Monaten, dass man ihr den mühsam erkämpften Führerschein gesperrt hat und fährt somit anderthalb Jahre illegal durch die Volksrepublik.

Entgegen aller Erfahrungen aus den deutschen China-Restaurants bekommt der Gast in Peking erst einmal grundsätzlich keinen Reis serviert. Aber zumindest Miss Karin hat mal wieder unglaubliches Glück gehabt: sie darf in eine andere Stadt fliegen. Nur schade, dass sie das eigentlich gar nicht möchte...

Begleiten Sie Sonja Piontek auf ihrer faszinierenden und unterhaltsamen Reise durch den chinesischen Alltag und gewinnen Sie Einblicke in die alltäglichen Widrigkeiten und die vielen Freuden einer Westlerin mit einem Land und einer Kultur, die uns fremder nicht sein könnte!

»Überraschende Geschichten weiß Frau Piontek zu erzählen! [...] Überall macht sie für den Leser verblüffende kleine Beobachtungen, die zusammen das Mosaik eines Chinabildes ergeben, das ebenso ungewohnt wie erhellend ist. [...] In jedem Fall amüsieren die kleinen Geschichten und immer steht am Ende ein neuer Einblick in eine fremde Kultur - die wir dank Frau Piontek nun ein wenig besser, jedoch niemals so ganz verstehen werden.«

(Dr. Volker Stanzel, 2004-2007 deutscher Botschafter in China)

Gregor Schweitzer
HAUTNAH USA
VOM WAHNSINN EINER TRAUMGESELLSCHAFT
Erstauflage, Gebunden, Kunstleder
ISBN 978-3-934918-30-6

HAUTNAH USA. Um aus der Stereotypie des Alltags auszubrechen, begibt sich Gregor Schweitzer auf die Fersen von John Steinbeck und fährt mit seinem Hund Bronco 20.000 Meilen quer durch die USA und mitten ins Herz der amerikanischen Gesellschaft. In 63 Episoden beschreibt er schonungslos genau das, was ihm auf diesem Road Trip begegnet ist und taucht dabei tief in die Eigenheiten und Abgründe der amerikanischen Gesellschaft ein. Mit pathologischer Präzision, Wortgewandtheit und einer guten Portion Humor zitiert er menschliche Schicksale und schickt den Leser mit dem Kopf durch die heile Fassade des American Dream.

Ein einmaliger Bericht - und zugleich eine erschreckende, spannende und nicht minder humorvolle Charakterstudie über die vermeintliche Traumgesellschaft der USA.

»Dieses Buch öffnet den Blick für das Wesentliche, für die Dinge, die ein Land ausmachen, für die Menschen, die dort leben.«

(Media Mania)

»Hautnah USA sollte bei allen Idealisten als amüsante, ambitionierte, spannende und teilweise erschreckende Vorlektüre auf dem Pflichtprogramm stehen.«

(Corinna Hein, Buchwurm.info)